CORPS ET AME

ESSAIS SUR LA
PHILOSOPHIE DE S. THOMAS

Par M. J. GARDAIR

Professeur libre de philosophie
à la Faculté des lettres de Paris, à la Sorbonne.

PARIS

P. LETHIELLEUX, LIBRAIRE-ÉDITEUR

10, RUE CASSETTE, 10

CORPS ET AME

Du même auteur:

Cours complet sur la philosophie de saint Thomas, professé à la Sorbonne en 1890, 1891, 1892 (*En préparation*)

CORPS ET AME

ESSAIS SUR LA

PHILOSOPHIE DE S. THOMAS

Par M. J. GARDAIR

Professeur libre de philosophie
à la Faculté des lettres de Paris, à la Sorbonne.

PARIS

P. LETHIELLEUX, LIBRAIRE-ÉDITEUR

10, RUE CASSETTE, 10

Tous droits réservés

1892

PRÉFACE

Notre siècle, sur son déclin, semble de plus en plus oublier ce qui fait la noblesse et la supériorité caractéristiques de la nature humaine, je veux dire l'intelligence qui s'élève au dessus du temps et de l'espace dans le domaine de l'absolu, et la volonté, inclinée au bien, mais libre de choisir tel bien à son gré.

Raison et liberté sont encore sur toutes les lèvres, mais il n'est pas besoin d'être très perspicace pour voir que de jour en jour deviennent moins nombreux les esprits convaincus de la réalité de ces facultés maîtresses.

Nous avons fait du chemin depuis cent ans sur la pente du doute et de la négation. La lutte n'est pas seulement entre le surnaturel et la libre nature ; c'est la dignité même de l'homme naturel qui est en péril.

Quel est le mot qui tourne les têtes et imprime les opinions dirigeantes ? N'est-ce pas : *évolution ?*

Ne prétend-on pas savoir que de l'indétermination et du devenir évolue l'univers, avec ses perpétuels mouvements et son progrès illimité ?

L'atome primordial, le cristal aux formes géométriques, la plante presque animal, l'animal presque humain, l'homme encore animal, voilà des étapes de cette évolution qui transforme ce qui n'est pas en ce qui est, ce qui est moins en ce qui est plus ; et cette transformation qui fait de l'être avec du néant, a définitivement détrôné, dit-on, la création trop miraculeuse qu'on attribuait jadis à un Être premier, absolument Être.

Que faut-il penser de ce mouvement qui emporte l'esprit contemporain ? N'est-ce qu'un entraînement dans l'obscur, une chute dans l'inintelligible ?

Malgré tout, nous estimons qu'un peu de vérité se cache sous ces ténèbres, mais que le grand tort de notre époque est de trop vouloir faire du nouveau, de s'obstiner à mal connaître la tradition lumineuse qui a fait passer les vérités philosophiques depuis l'antiquité jusqu'aux âges chrétiens, en les dégageant de plus en plus de l'ombre qui les enveloppait.

Évolution n'est point, à notre avis, un mot vide qu'il faille bannir du langage métaphysique. C'est un terme qui a besoin d'explication.

Au risque de paraître suranné, nous osons dire que c'est en remontant au treizième siècle, en plein moyen âge, que nous avons trouvé l'évolution expliquée dans un système de philosophie religieuse, où vivent harmonieusement unies les plus profondes conceptions de la philosophie grecque et les plus hautes inspirations du christianisme.

Ce système, c'est celui de saint Thomas, disciple de Platon par saint Augustin, et d'Aristote par Albert-le-Grand, disciple avant tout du Christ, Homme-Dieu, Personne unique, où le théologien et le philosophe contemplent à la fois les perfections infinies de l'Essence divine et les étonnantes puissances de la nature humaine.

Nous avons le vif désir de faire goûter aux âmes sincères de notre temps ce que nous avons saisi de substantiel dans cette philosophie. Nous voudrions surtout amener à saint Thomas de nouveaux disciples, qui eussent le courage de le consulter lui-même directement dans les ouvrages qu'il a laissés, de vivre intimement avec lui pour se former à son école. Quel maître ! Quelle loyauté à écouter les objections, à les rechercher même ! Quelle netteté et quelle force dans l'exposition de sa doctrine ! Quelle sûreté dans la réplique ! Et par dessus tout, quelle hauteur de vues, quelle largeur d'esprit, quel amour simple et naïf de la vérité !

Ce volume d'essais ne donnera qu'un aperçu de l'enseignement de saint Thomas. Mais nous souhaitons qu'il en fasse désirer, commencer même l'étude personnelle et approfondie : comme après avoir vu l'architecture extérieure d'une cathédrale, on pénètre à l'intérieur, on jette un regard d'ensemble sur les beautés des nefs, des chapelles, des piliers et des voûtes, on s'efforce d'atteindre à l'idéal qu'a voulu traduire en pierre le génie de l'artiste ; puis on sort recueilli, renvoyant à d'autres visites, à d'autres méditations, l'examen plus attentif des détails, la considération plus contemplative de l'idée.

Si ce livre est de quelque utilité à ses lecteurs, qu'ils en soient reconnaissants à saint Thomas lui-même : c'est vraiment à lui qu'ils le doivent.

J. GARDAIR.

I

L'ACTIVITÉ
DANS LES CORPS INORGANIQUES

L'ACTIVITE
DANS LES CORPS INORGANIQUES

CHAPITRE PREMIER

Nature et sujet de l'activité physico-chimique.

I. Description de l'activité qui apparaît dans le monde inorganique : mouvement, transmission des qualités physiques, combinaisons et décompositions chimiques. — II. Explication hypothétique de ces phénomènes par l'inertie de la matière et par le mouvement, dont Dieu seul serait la cause active. — III. Réfutation de cette hypothèse : preuves de l'activité seconde des corps inorganiques. — IV. Sujet de cette activité : l'univers n'est pas un seul être individuel, mais un assemblage de corps individuellement distincts. — V. Objection de la divisibilité indéfinie de l'étendue contre l'unité individuelle d'un corps : le dynamisme résout la difficulté en niant l'étendue et en conservant l'unité et l'activité. — VI. Discussion sur le dynamisme de Leibniz et du P. Boscowich. — VII. Exposé sommaire d'une autre solution d'après la théorie de la *matière* et de la *forme*. — VIII. Les atomes, les forces et l'éther. Critique des systèmes de Hirn et de Wurtz. Problème de l'indivisibilité des atomes.

I. — Les êtres vivants sont animés, à des degrés divers, d'une activité dont le principe est en eux-mêmes et dont le but est l'accomplissement de leur perfection. La plante végète ; l'animal végète et sent ;

l'homme végète, sent et pense. Mais ce ne sont pas les seules natures actives que nous révèlent l'observation et l'expérience. Le monde inorganique, lui-même, représente et imite, à sa manière, l'activité essentielle de l'Être infini qui l'a créé.

Tout agit en ce monde de la matière. Les corps gravitent les uns vers les autres, par la vertu d'une force mystérieuse et rigoureusement ordonnée ; ils se poussent et se repoussent suivant des lois constantes et universelles ; ils paraissent se communiquer mutuellement le mouvement même par lequel chacun d'eux est entraîné ou agité ; en passant ainsi d'un corps à l'autre, le mouvement change souvent de mesure et de physionomie, il s'harmonise suivant des proportions différentes, se divise, se décompose ou se recompose ; mais la quantité du mouvement acquis d'une part est toujours équivalente à la quantité du mouvement disparu de l'autre : il semble que l'univers possède dans son sein une seule et unique énergie, constamment immuable en intensité totale, mais aussi constamment variable dans ses métamorphoses de détail.

Dans ces manifestations mouvementées, le mouvement est la base de tous les phénomènes, mais il n'est pas le seul phénomène que nous présente la nature. Elle est parée de qualités sensibles, qui ont, elles aussi, leur activité particulière. Ainsi, les corps s'échauffent entre eux, s'éclairent et se colorent, s'électrisent, se magnétisent. La communication de ces qualités est, comme le mouvement et en même temps que le mouvement, qui leur sert de support, soumise à la loi de l'équivalence entre ce qui disparaît et ce qui apparaît. Les divers modes de l'énergie matérielle, mouvement mécanique, son, chaleur, lumière, électricité, magnétisme, sont liés entre eux par des lois de génération mutuelle ou, tout au moins, de corrélation physique. Par exemple, le mouvement produit la chaleur ; la chaleur produit la lumière et l'électricité; l'électricité produit lumière, chaleur, magnétisme, mouvement ; c'est le mouvement qui engendre le son, et le mouvement sonore se communique à de grandes distances par les courants électriques ; la chaleur, produite par le mouvement, l'engendre à son tour. La science a mesuré avec précision la quantité de chaleur que produit une quantité de mouvement mécanique prise pour unité, et inversement la quantité de mouvement ou de travail mécanique qu'engendre une unité de chaleur : il y a, de même, une équivalence constante entre la quantité de telle ou telle force dépensée et la quantité de telle autre force produite dans toute communication de l'activité corporelle.

Enfin, par l'influence mutuelle de leurs qualités actives et passives, les corps se transforment les uns les autres pour constituer de nouvelles substances. Sous l'impulsion d'un agent extérieur, ils se travaillent entre eux, s'altèrent ensemble, s'unissent, se combinent et composent ainsi des corps substantiellement nouveaux ; d'autres fois, ce sont des corps mixtes qu'un agent extérieur décompose en leurs éléments constitutifs. La quantité d'énergie dépensée se transforme en travail de combinaison ou de décomposition, et il y doit avoir équivalence entre les forces consommées et les activités internes engendrées. Ce qui est bien constaté, c'est qu'il y a égalité parfaite entre les quantités de matière employées dans ces combinaisons ou ces résolutions et les quantités de matière qui en résultent.

Telles sont les péripéties principales que nous montre l'observation du monde inorganique.

II. — Ici se pose une question préalable. Nous attribuons une activité aux corps, même non vivants ; ne nous trompons-nous point ? Ne transportons-nous pas dans le règne minéral une propriété qui n'appartient qu'aux êtres doués de vie ?

Sans doute les corps bruts sont mobiles ; ils paraissent même toujours en mouvement d'une manière ou d'une autre; mais le mouvement, ils le subissent, ils le reçoivent passivement ; ils ne le produisent pas, ils n'en sont pas les agents proprement dits ; il leur a été imprimé à l'origine du monde par le premier moteur de toutes choses, et, quand ils semblent le transmettre à d'autres corps, il ne fait que passer par eux, en vertu de l'impulsion première : le seul véritable moteur, c'est toujours Dieu lui-même ; lui seul agit dans la nature inanimée, dont les propriétés caractéristiques sont l'étendue et l'inertie.

Toutes les qualités sensibles des corps, toutes les forces physiques ne sont que des manifestations du mouvement ; pas plus que lui, elles ne supposent une activité dans la matière. Naturellement divisée en un nombre immense d'atomes presque infiniment petits, la matière est agitée de mouvements incessants, étonnamment variés ; mais ce n'est pas elle qui s'agite : tout ce qu'elle a, elle l'a reçu et le reçoit constamment : elle ne donne rien et ne peut rien donner ; mais aussi, elle ne peut rien perdre ni de sa substance ni de son mouvement total, et c'est là ce qu'il faut entendre par la conservation de son énergie.

Comme les atomes et le mouvement expliquent toutes les qualités des corps, ils en expliquent aussi toutes les combinaisons et les décompositions : il n'y a là que des groupements, des juxtapositions d'atomes, conséquences et origines de mouvements souvent imperceptibles, mais réels, dont les phénomènes sensibles sont l'expression relativement à nos organes.

III. — Malgré le crédit dont jouit cette interprétation des phénomènes physiques, nous ne la croyons pas complètement exacte.

Et d'abord, le fait même de la transmission du

mouvement d'un corps à un autre nous paraît inexplicable, si l'on n'admet pas une certaine activité dans les corps.

En effet, nous avons vu qu'il y a une corrélation naturelle entre le mouvement que possédait le premier corps et le mouvement reçu par le second ; ces deux mouvements se succèdent avec une équivalence rigoureuse : dans cette transmission, ce que perd l'un est précisément ce que gagne l'autre. Or, le mouvement n'est pas une entité substantielle qui puisse se détacher de ce corps-là pour se poser sur celui-ci. Ce n'est donc pas, à proprement parler, un même mouvement qui passe d'un sujet à un autre, mais bien un premier mouvement qui en engendre un second : c'est l'acte d'un premier mobile qui met en acte, dans un second mobile, le mouvement qui n'y était qu'en puissance ; ou mieux encore, c'est la vertu du premier corps, agissant sous la forme du mouvement, qui détermine au mouvement actuel la mobilité naturelle du second, et dispose ce dernier à agir, à son tour, sur un troisième (1).

Autrement il faudrait supposer que Dieu a établi, de toute éternité, la nécessité de la succession de ces deux mouvements équivalents, sans que réellement

---

(1) Omnis autem motus est actus mobilis a movente, ut dicitur in III *Physic.* (*Sum. theol.*, I, q. CIII, a. 5 ad 2). — Corpus agit secundum quod est in actu, in aliud corpus, secundum quod est in potentia (I, q. CXV, a. 1).

il y ait entre eux une relation de cause et d'effet. Or, qui ne voit combien cette hypothèse d'une *harmonie préétablie* est arbitraire et opposée au bon sens naturel ? Ce n'est pas là vraiment résoudre le problème ; c'est le supprimer par un procédé plus ingénieux que raisonnable : si l'on fait tant que de remonter jusqu'à Dieu, pourquoi ne pas reconnaître qu'il a donné et conserve aux corps, même inorganiques, une certaine puissance d'agir comme exécuteurs de son action providentielle ?

Il ne saurait en être autrement. Dieu ne peut créer que des êtres qui lui ressemblent à un certain degré ; et il appartient à sa sagesse de donner à chacune de ses créatures tout ce qui convient à la dose de perfection qu'il lui départit (1). Or, en Dieu, être et agir ne font qu'un. En communiquant aux créatures une certaine participation de son être, il a dû leur communiquer en même temps une semblable participation de son activité : en leur donnant l'existence, il leur a donné le premier principe de l'action et la puissance d'agir (2). Si, en effet, nous examinons de près la notion de l'être, nous trouve-

---

(1) Propria enim natura uniuscujusque consistit secundum quod per aliquem modum divinam perfectionem participat (I, q. xiv, a. 6).

(2) Omnes res creatæ viderentur quodammodo esse frustra, si propria operatione destituerentur, quum omnes res sint propter suam operationem. Semper enim imperfectum est propter perfectius. Sicut igitur materia est propter formam, ita forma, quæ est actus primus, est propter suam operationem, quæ est actus secundus ; et sic operatio est finis rei creatæ (I, q. cv, a. 5).

rons qu'elle entraîne à sa suite celle d'une puissance active. L'opération découle naturellement de l'être : quand un sujet agit, c'est son être qui se déploie et se développe. Aussi tout agent produit-il des réalités à son image (1). Toute créature, même inanimée, doit donc imiter, en quelque manière, l'activité du Créateur, et produire, à son tour, des actes conformes à la nature qu'elle a reçue de lui. « L'action efficiente, dit saint Thomas, convient à l'être en acte ; car tout agent agit en vertu de son existence en acte. Donc tout être en acte est né pour agir, pour faire quelque chose d'existant en acte. — De même que la puissance passive suit l'être en puissance, de même la puissance active suit l'être en acte ; si un sujet agit, c'est parce qu'il est en acte, et s'il est passif, c'est parce qu'il est en puissance » (2).

Telle est bien la double propriété de toute substance corporelle. Les corps inorganiques ont une passivité naturelle qui leur interdit de se donner à

---

(1) Agere autem, quod nihil est aliud quam facere aliquid actu, est per se proprium actus, inquantum est actus. Undē et omne agens agit sibi simile (I, q. cxv, a. 1).

(2) Quod per se alicui convenit, naturaliter ei inesse necesse est, sicut homini rationale, et igni sursum moveri. Agere autem per se aliquem effectum convenit enti in actu ; nam unumquodque agens secundum hoc agit quod in actu est. Omne igitur ens actu natum est agere aliquid actu existens (*C. Gent.*, lib. II, cap. 6). — Sicut potentia passiva sequitur ens in potentia, ita potentia activa sequitur ens in actu; unumquodque enim ex hoc agit quod est actu, patitur vero ex eo quod est potentia (*C. Gent.*, lib. II, cap. 7).

ACTIVITÉ PHYSICO-CHIMIQUE 11

eux-mêmes le mouvement. Ils sont naturellement mobiles, c'est-à-dire qu'ils ont le mouvement en puissance ; pour qu'ils soient actuellement en mouvement, il faut qu'ils soient mus, et ils le sont ordinairement par un autre corps qui a le mouvement en acte. Mais, comme on ne peut remonter indéfiniment dans cette série de mobiles et de moteurs, il faut nécessairement reconnaître l'existence d'un premier mouvement imprimé au monde par une puissance supérieure. Ainsi mise en branle, la matière cosmique poursuit son évolution par une suite de mouvements s'engendrant l'un l'autre, et telle est constamment la progression de son activité universelle. Il ne faut pas oublier, cependant, que le monde n'agit ainsi que comme cause seconde, comme instrument docile de la Cause première, toujours présente et agissante en toute créature, source profonde, infinie et nécessaire de toute existence et de toute action. Mais il appartient à la perfection surabondante et à la bonté éminemment expansive de l'Auteur de toutes choses, de ne se réserver à lui seul que les actions essentiellement incommunicables à une créature, et d'associer tous les êtres créés comme causes subordonnées, comme intermédiaires doués par lui-même d'une activité propre, à sa puissance d'agir, à sa causalité suprême (1). C'est

(1) Quum per gubernationem res quæ gubernantur sint ad perfectionem perducendæ, tanto erit melior gubernatio, quanto major perfectio a gubernante rebus gubernatis communicatur. Major autem perfectio est quod aliquid in se sit bonum et etiam sit aliis causa bo-

la raison d'être de la création, c'est ce qui la justifie à l'égard de la sagesse et de la souveraineté de Dieu ; c'est aussi le titre de noblesse de tout ce qui existe en ce monde, sans en excepter les corps les plus inertes.

IV. — Mais quel est, à proprement parler, le sujet de cette activité qui se manifeste dans toute la matière ?

L'univers serait-il un seul être individuel, dont chaque groupe d'atomes, dont chaque atome même serait un organe, une partie liée aux autres par un même principe substantiel ? Ce principe serait-il, pour ainsi dire, l'âme du monde, à laquelle il faudrait attribuer l'origine intrinsèque de tous les mouvements, de toutes les actions de la matière ? Ces actes se succèderaient alors les uns aux autres, s'engendreraient mutuellement à peu près comme s'enchaînent les diverses opérations d'un être vivant ; l'énergie cosmique se transformerait sans cesse, mais se conserverait, au fond, identique à elle-même, parce qu'elle aurait sa racine dans une individualité unique, que Dieu pourrait amoindrir, mais qu'il conserverait au contrai-

nitatis, quam si esset solummodo in se bonum ; et ideo sic Deus gubernat res, ut quasdam aliarum in gubernando causas instituat ; sicut si aliquis magister discipulos suos non solum scientes faceret, sed etiam aliorum doctores (*Sum. theol.*, I, q. ciii, a. 6). — Sic igitur intelligendum est Deum operari in rebus, quod tamen ipsæ res propriam habeant operationem. (I, q. cv, a. 5).

re dans une constante intégrité. C'est à dessein que nous dégageons cette hypothèse de tout ce que le panthéisme et le matérialisme peuvent y ajouter d'erreurs moins dignes de la discussion : nous avons essayé de lui donner une forme sous laquelle elle méritât davantage l'examen.

Même sous cette forme atténuée, cette hypothèse nous paraît inadmissible. En effet, ce n'est pas seulement dans les corps bruts que la matière cosmique entre comme élément naturel : elle est aussi partie constitutive des corps vivants, du corps humain lui-même ; et dans tous ces corps elle montre des propriétés semblables, une activité physico-chimique analogue. Or, en chaque vivant, la matière est partie essentielle d'une substance individuelle : ce qui est manifeste surtout pour l'homme et pour les animaux. Il y a donc, dans la nature, au moins autant de corps individuels qu'il y a de corps vivants. Mais les corps vivants sont parties intégrantes de l'univers autant que les corps organiques : ils contribuent comme eux à ces impulsions, à ces mouvements dont l'ensemble forme l'action totale de la matière ; ils puisent dans les éléments cosmiques qui les environnent un fond de substance sans lequel ils ne pourraient exister ; le milieu extérieur aux dépens duquel ils vivent, n'est pas moins nécessaire à l'entretien de leur être que le milieu intérieur qui baigne leurs organes internes ; et il y a une circulation continuelle de matière, des corps bruts vers les vivants et des vivants vers les corps bruts, comme si les uns et les autres étaient les pièces constitutives d'un organisme universel. Si donc, malgré cette liaison **étroite** et constante, les corps vivants ont chacun une **individualité** distincte, comme le montre leur analogie évidente **avec** l'individualité de l'homme, pourquoi ne pas en **conclure, en** poursuivant le raisonnement par analogie, que **les corps** bruts aussi possèdent chacun une individualité **particulière**? En somme, l'univers tout entier est un **assemblage** de corps individuellement distincts ; il y a en lui, sans doute, une admirable unité de coordination, mais non point l'unité d'être, au sens rigoureux, la simplicité individuelle.

V. — Comment trouver, cependant, en dehors des unités vivantes, cette unité et cette simplicité de l'être dans la nature matérielle ? La matière, par cela même qu'elle est étendue, n'est-elle point divisible à l'infini ? Cette divisibilité sans limite n'est-elle point essentiellement incompatible avec l'unité que doit posséder en propre tout sujet doué d'activité ? Ne faut-il pas sacrifier l'une ou l'autre, ou l'étendue, qui comporte la multiplicité indéfinie, ou l'unité et, par suite, l'activité qui la suppose ?

Plusieurs philosophes contemporains, suivant un mouvement donné par Leibniz à la philosophie moderne, sont tout disposés à pousser le spiritualisme jusqu'à la négation de l'étendue, en tant que réalité objective. « Pourquoi n'admettrait-on pas, disent-ils, que l'étendue n'est autre chose que le produit de la réaction de l'âme contre l'action des forces extérieures ; en un mot, qu'elle n'est qu'une intuition psychologique ? Les faits s'expliquent aussi bien dans cette hypothèse que dans celle de la réalité de l'étendue » (1). Or, nous avons vu que tout ce qui existe doit avoir une certaine puissance d'agir. Faut-il donc conclure que « le monde est un vaste dynamisme, un système de forces, et que sa réalité n'est que son activité » (2) ? Ou plutôt, toute activité supposant un sujet actif, faut-il penser que la matière n'est qu'une collection d'êtres simples, sortes de points indivisibles, essentiellement moins parfaits que les substances dites spirituelles, mais non moins subsistants dans leur propre unité inétendue (3) ?

VI. — Le premier défaut de ce système est d'ouvrir la porte au scepticisme, auquel il est difficile de faire sa part. La négation de la réalité des qualités matérielles, qui sont les objets propres de nos sens externes, a conduit à la négation de la réalité

---

(1) Paul Janet, *l'Idée de force et la philosophie dynamiste* : *Revue des Deux-Mondes*, 1er mai 1874, pp. 85 et 86.
(2) *Ibid.*, p. 85.
(3) « La monade elle-même, avant d'être une force, doit être d'abord une substance ». *Ibid.*, p. 102.

de l'étendue. Cette dernière négation entraînera l'intelligence à mettre en doute, à nier même l'existence d'un monde extérieur à l'âme pensante, et à laisser l'esprit humain dans l'isolement d'un idéalisme vide et trompeur.

Mais, considérée en elle-même, cette hypothèse nous paraît avoir un vice capital : elle n'explique pas d'une manière satisfaisante l'action d'un corps sur un autre. En effet, l'action n'implique point une réalité physiquement séparable de l'agent, une sorte d'entité substantielle qui puisse être émise par la cause agissante et être portée sur le sujet qui doit recevoir l'effet. Quand on parle d'une action qui passe d'un sujet à un autre, on entend simplement que la vertu du premier amène à l'acte ce qui était en puissance dans le second (1). Mais, dans l'ordre naturel de ce monde, comme un être n'agit que là où il est, il faut toujours qu'il y ait un certain contact entre l'agent et l'objet immédiat sur lequel il exerce son action.

Telle était la conviction de Newton lui-même, et il ne supposait pas que l'attraction ou gravitation universelle pût s'exercer à distance. « Que la gra-

(1) Nec est contra rationem accidentis quod excedat suum subjectum in agendo, sed quod excedat in essendo ; nisi forsan quis imaginetur idem accidens numero defluere ab agente in patiens, sicut Democritus ponebat fieri actionem per defluxum atomorum. — Actio non fit per motum localem ut Democritus posuit, sed per hoc quod aliquid reducitur de potentia in actum (*Sum. theol.* I, q. cxv, a. 1, ad 5, ad 3).

vité, écrivait-il à Bentley, soit innée, inhérente et essentielle, de sorte qu'un corps puisse agir sur un autre à distance, à travers le vide, sans l'intervention d'aucune autre chose à l'aide de laquelle leur action et leur force se communiquent de l'un à l'autre, cela me paraît être le comble de l'absurdité » (1).

Pour qu'un corps agisse sur un autre, il faut donc qu'il y ait un certain contact entre la puissance active de l'un et la passivité de l'autre. Mais il faut trouver un moyen d'établir le contact. Par l'étendue, il paraît s'établir facilement, puisqu'un point, une ligne, une surface peuvent coïncider parfaitement avec un autre point, une autre ligne, une autre surface, et de cette manière la continuité se faire entre deux corps. Mais sans étendue, les unités simples qui constitueraient les corps, resteraient séparées les unes des autres, et l'on ne voit pas comment l'action de l'un pourrait se communiquer à l'autre.

Le savant jésuite qui a été le défenseur le plus habile du système des points indivisibles et inétendus, le Père Boscowich, avait prévu la difficulté. Mais il prétendait la résoudre en admettant comme possible que « chaque point agisse sur lui-même et soit déterminé par un autre point à la direction et

---

(1) *Bentley's Works*, London, 1838, III, 212. — F. Papillon, *Histoire de la philosophie moderne dans ses rapports avec le développement des sciences de la nature*, Paris, Hachette, 1876, t. I, p. 196. — P. Janet, *le Matérialisme contemporain*, Paris, Germer-Baillière, 1864, p. 65.

à l'énergie de cette action, ou bien que Dieu, suivant une loi qu'il se serait librement fixée à lui-même dans le plan naturel de la création, produise le mouvement dans chaque point » (1). Dans le premier cas, un point ne serait que la condition déterminante de l'action qu'un autre point exercerait sur lui-même ; dans le second, Dieu agirait seul en chaque point.

Leibniz avait déjà donné, d'une manière plus affirmative, une explication analogue de l'action et des modifications de ces éléments simples, qu'il appelait *monades* ou *points métaphysiques*. « Il n'y a pas moyen, disait-il, d'expliquer comment une *monade* puisse être altérée ou changée dans son intérieur par quelque autre créature ; puisqu'on n'y saurait rien transposer, ni concevoir en elle aucun mouvement interne qui puisse être excité, dirigé, augmenté ou diminué là-dedans, comme cela se peut dans les composés, où il y a du changement entre les parties. Les *monades* n'ont point de fenêtres par lesquelles quelque chose y puisse entrer ou sortir... Je prends aussi pour accordé que tout être créé est sujet au changement, et par conséquent la

---

(1) Quod pertinet ad actiones in distans, id abunde ibidem prævenimus ; dáum fieri possit ut punctum quodvis in se ipsum agat, et ad actionis directionem ac energiam determinetur ab altero puncto, vel ut Deus, juxta liberam sibi legem a se in natura condenda stabilitam, motum propugnat in utroque puncto. Boscowich, *philosophiæ naturalis theoria*, § 101. — Liberatore, *du Composé humain*, Lyon, Briday, 1865, p. 350).

monade créée aussi, et même que ce changement est continuel dans chacune. Il s'ensuit de ce que nous venons de dire, que les changements naturels des *monades* viennent d'un *principe interne*, puisqu'aucune cause externe ne saurait influer dans son intérieur. — La créature est dite *agir* au dehors en tant qu'elle a de la perfection, et *pâtir* d'une autre en tant qu'elle est imparfaite... Et une créature est plus parfaite qu'une autre en ce qu'on trouve en elle ce qui sert à rendre raison à priori de ce qui se passe dans l'autre, et c'est par là qu'on dit qu'elle agit sur l'autre. Mais dans les substances simples, ce n'est qu'une influence idéale d'une *monade* sur l'autre, qui ne peut avoir son effet que par l'intervention de Dieu, en tant que dans les idées de Dieu une *monade* demande avec raison que Dieu, en réglant les autres dès le commencement des choses, ait égard à elle. Car, puisqu'une *monade* créée ne saurait avoir une influence physique sur l'intérieur de l'autre, ce n'est que par ce moyen que l'une peut avoir de la dépendance de l'autre. Et c'est par là qu'entre les créatures les actions et les passions sont mutuelles. Car Dieu, comparant deux substances simples, trouve en chacune des raisons qui l'obligent à y accommoder l'autre » (1). Ainsi le système dont il s'agit ne peut expliquer l'action d'un corps

---

(1) Leibniz, *la Monadologie*, §§ 7, 10, 11, 49, 50, 51, 52.

sur un autre que par une *harmonie préétablie* depuis l'origine du monde ou par une intervention de Dieu agissant directement en chaque point, à l'occasion de la modification d'un autre point.

Ces deux explications suppriment arbitrairement entre les choses corporelles l'ordre physique et réel de la cause et de l'effet. Cet ordre est dans les créatures matérielles une des principales marques de la puissance du Créateur.

« Car, comme le dit saint Thomas, il appartient à la vertu de l'agent de donner à son effet la vertu d'agir » (1). Nier la possibilité d'une action physiquement efficiente d'un corps sur un autre, c'est donc diminuer d'autant la puissance de Dieu, quoiqu'on prétende exalter, par là, la souveraineté et l'efficacité de son action providentielle. Singulière solution d'un problème difficile que de trancher le nœud même de la question par l'intervention d'un agent supérieur, substitué aux causes secondes, dont il s'agirait précisément de mettre en évidence les opérations.

L'erreur fondamentale de ce système est, à notre avis, de confondre la nature des substances corporelles avec celle des substances spirituelles, et de méconnaître ainsi la gradation et la hiérarchie que Dieu a établies entre les êtres pour la perfection et l'harmonie de la création.

---

(1) Sic subtraheretur ordo causæ et causati a rebus creatis; quod pertinet ad impotentiam creantis. Ex virtute enim agentis est quod suo effectui det virtutem agendi (*Sum. theol.*, I, q. cv, a. 5).

Que seraient, en effet, ces points indivisibles et inétendus, principes uniques, à ce qu'on prétend, de la nature appelée matérielle, sinon de véritables substances spirituelles, par la subsistance indépendante dont serait douée leur essence? Car il faudrait évidemment les considérer comme tout différents des points géométriques ou mathématiques, lesquels n'ont absolument rien de substantiel, et par conséquent sont rigoureusement incapables de produire et même de supporter, par leur propre vertu, aucun phénomène. Les points géométriques ne peuvent être des sources de forces. En mécanique, on suppose que les lieux d'application des forces sont des points inétendus, appelés *points matériels;* mais ces points purement abstraits n'expliqueront jamais, à eux seuls, ni la constitution ni les actions des corps. La force, soit qu'on y attache le sens de cause de mouvement, ou plus généralement celui de cause d'action, est insuffisante aussi pour rendre raison des phénomènes naturels, si l'on n'entend pas la force comme émanant de quelque chose de véritablement substantiel. Aussi, dans l'opinion de Leibniz, les *monades* sont-elles de véritables substances, complètes et indépendantes ; et il a été logiquement amené à leur attribuer, en outre, non seulement des appétits, des inclinations, mais même des sortes de perceptions. Sans doute, les monades de Leibniz n'ont pas de perceptions nettes, distinctes, accompagnées de conscience vive et de mémoire ;

elles sont constamment et naturellement dans un état à peu près semblable à l' « étourdissement » que nous éprouvons « lorsque nous tombons en défaillance ou quand nous sommes accablés d'un profond sommeil sans aucun songe » (1). Mais il n'en est pas moins vrai que leurs perceptions sont du même genre que celles des êtres capables de connaissance proprement dite.

Le Père Boscowich ne paraît pas avoir autant accordé à ses points indivisibles : mais il n'a pas cru impossible qu'ils agissent sur eux-mêmes comme s'ils avaient une certaine vitalité d'un degré inférieur. C'est qu'en effet on ne conçoit pas pourquoi des êtres simples et subsistants ne seraient pas animés d'une activité à la fois spontanée et immanente. Mais alors, où serait la différence essentielle entre l'être vivant et l'être non vivant ? Tout ce qui existe aurait de la vie. Or, pour contredire ainsi le bon sens naturel, il faudrait qu'il n'y eût aucune autre explication possible de l'activité qui se montre partout dans l'univers.

VII. — Reconnaissons plutôt qu'afin de manifester dans le monde sa sagesse et sa bonté, il convenait que Dieu créât, non seulement des natures diverses, mais des perfections inégales : depuis l'essence spirituelle la plus voisine de la perfection infinie, jus-

---

(1) *La Monadologie*, §§ 20 et 21.

qu'à la réalité la plus imparfaite ; depuis l'activité la plus profonde et la plus élevée qu'une créature puisse posséder, jusqu'à l'inertie qui confine de plus près au néant sans s'identifier avec le *non-être* ; depuis les intelligences presque divines, jusqu'à la matière première, *potentialité pure*, qui n'est, pour ainsi dire, qu'un principe de *devenir* (1). Si donc la matière est susceptible de recevoir des formes d'être qui comportent une activité spontanée et immanente, il convient qu'elle puisse recevoir aussi d'autres formes inférieures qui aient une vertu active, mais sans spontanéité proprement dite ni puissance donnée au sujet de se modifier lui-même. Telle est l'activité des corps bruts : elle se réduit à leur capacité de prendre, de conserver, suivant certaines lois providentielles, les états et modifications qu'ils reçoivent du dehors, et d'en communiquer, dans une mesure rigoureusement déterminée, l'influence autour d'eux, par des effets du même ordre qu'ils produisent sur d'autres corps. Cette limitation de leur pouvoir vient de ce qu'en

(1) Distinctio rerum et multitudo est ex intentione primi agentis, quod est Deus. Produxit enim res in esse propter suam bonitatem communicandam creaturis et per eas repræsentandam ; et quia per unam creaturam sufficienter repræsentari non potest, produxit multas creaturas et diversas ; ut quod deest uni ad repræsentandam divinam bonitatem, suppleatur ex alia... Sicut ergo divina sapientia causa est distinctionis rerum propter perfectionem universi, ita et inæqualitatis. Non enim esset perfectum universum, si tantum unus gradus bonitatis inveniretur in rebus (*Sum. theol.*, I, q. XLVII, a. 1 et a. 2).

eux le principe de l'activité est strictement enchaîné à la passivité de la matière première, et l'étendue divisible est le signe naturel de cette passivité.

Sans doute, l'étendue n'est pas l'essence même de la matière : car l'essence de toute chose est invariable, et l'étendue est, en soi, toujours susceptible d'augmentation et de diminution ; en outre, l'essence doit contenir la raison de tout ce qu'est la chose, et l'étendue, par son indifférence constante à toute dimension déterminée, est incapable de rendre raison de l'unité de l'être corporel. Mais l'étendue est une propriété naturelle de tout ce qui est matériel, et elle suppose dans la matière première, de laquelle elle émane, cette puissance absolument passive qui est, en quelque sorte, l'intermédiaire entre le néant et l'être (1). En effet, l'étendue, indéfiniment divisible, ne peut, par elle-même, rien constituer d'actuellement existant, elle ne peut concourir à une existence substantielle que si elle est fixée, par un principe simple et actif, dans une quantité actuellement déterminée.

Dans cette fixation actuelle de l'étendue, que devient son indivisibilité indéfinie ? Elle reste son caractère abstrait, une possibilité idéale, en dehors des conditions de l'existence naturelle des corps : dans le monde réellement existant, la division de la

---

(1) Ens in potentia est quasi medium inter purum non ens et ens in actu. (In I *Physicorum*, lectio VIII).

matière n'est possible que jusqu'à un certain terme, qui peut ne pas être le même pour chaque espèce de substance. Il est vrai, néanmoins, que dans toute particule naturelle de matière étendue, si petite qu'elle soit, on peut encore supposer mentalement une division en un nombre indéfiniment multiplié de particules de plus en plus petites. Mais ne serait-ce pas une illusion de croire qu'il y existe actuellement une véritable infinité de points substantiels? En multipliant indéfiniment le nombre des côtés d'un polygone régulier, on formerait des polygones qui s'approcheraient de plus en plus du cercle parfait; mais est-ce une raison pour dire que le cercle est réellement un polygone d'une infinité de côtés égaux? Non, le cercle est la *limite* vers laquelle tend un polygone régulier dont on suppose les côtés multipliés indéfiniment ; mais cette *limite*, le polygone ne l'atteindra jamais. Ne peut-on pas dire, de même que l'infinité des points, dans toute étendue réelle n'est qu'une *limite* vers laquelle tendrait, sans jamais l'atteindre, le nombre des parties de la réalité étendue, si on supposait cette réalité divisée en un nombre indéfiniment multiplié de fractions décroissantes? Il ne nous paraît donc pas nécessaire de nier l'existence réelle de l'étendue continue, ni, par conséquent, de recourir à l'hypothèse des points inétendus et séparés pour donner une raison suffisante des propriétés que nous observons dans la matière.

VIII. — La plupart des physiciens et des chimistes modernes admettent que toute matière est composée de corpuscules réellement étendus, d'une petitesse extrême, dont la juxtaposition forme les corps : ces corpuscules ne peuvent être divisés, par aucune force physique connue, en particules de moindres dimensions ; et c'est pour cela qu'on leur donne le nom *d'atomes* (ἄτομος, *insécable*). Chacun de ces atomes est soumis à l'influence de forces physiques qui lui impriment les mouvements variés d'où résultent les phénomènes naturels. Mais quel est, à proprement parler, le sujet actif de ces forces ? C'est une question à laquelle les partisans des atomes donnent des réponses diverses.

Suivant l'ingénieur G. A. Hirn, célèbre par ses travaux relatifs à la *thermodynamique* (théorie mécanique de la chaleur), le monde physique est constitué par deux classes d'éléments distinctes : les éléments *matériels*, d'une part, et, de l'autre, les éléments *intermédiaires* ou *dynamiques*. Ces éléments *intermédiaires* (*force gravifique, force calorique, force électrique*) sont « d'une nature absolument différente de celle des éléments *matériels*, et jouent à la fois le rôle de puissances motrices et d'agents de rapports entre les atomes *matériels* et entre les corps.— La partie de *matière* « qui forme la masse d'un corps, occupe dans l'espace un volume immuable, et, par conséquent, elle est la somme de parties indivisibles, incompressibles...

Le volume apparent qu'un corps occupe, pour nous, n'est autre chose que la somme des volumes immuables des atomes, plus ceux des intervalles variables qui les séparent. — L'élément *matière*, partout où nous le retrouvons, est toujours identique à lui-même quantitativement et qualitativement ». — Chaque atome est immuable à ces deux points de vue : mais « il est impossible de soutenir qu'il n'existe qu'une seule espèce d'atomes *matériels*, égaux en poids et en volume, semblables en propriétés. — Une propriété quelconque d'une substance est une qualité spécifique, en vertu de laquelle cette substance, placée dans les mêmes conditions, se comporte toujours de même, soit avec elle-même, soit avec une autre substance. C'est en vertu d'une propriété réciproque, symétrique et immuable, que l'élément *matière* est soumis à l'action de l'élément *intermédiaire* se manifestant comme *force*; mais la manifestation *force* n'est pas plus une propriété de la *matière* que la matière n'est une propriété de la *force* : ces deux assertions seraient aussi absurdes l'une que l'autre. — Le premier des attributs de l'élément *intermédiaire* ou *dynamique*, c'est d'être partout et à l'infini dans l'étendue. — Ce principe échappe, par sa nature même, aux conditions finies du temps et de l'espace. Toute idée de masse, de densité, de divisibilité, de compressibilité, qu'on essayerait d'y ajouter, mène droit à l'absurde ; en aucun sens, ce principe ne peut être comparé même à titre de pure image, à un gaz dilué. En aucun cas non plus, on ne doit le confondre avec ce qui avait été appelé jusqu'ici l'éther. L'éther de l'ancienne physique n'est autre chose qu'un gaz dénué de l'inertie des parties matérielles des gaz ordinaires, mais compressible comme eux, susceptible d'être localisé en quantité, et par conséquent commandé par des *forces*. L'élément *intermédiaire* constitue la *force elle-même* ». Il y a « des alternatives d'élévation et d'abaissement d'intensité dans l'énergie dynamique de l'élément *intermédiaire* » ; mais « c'est là le seul mode de mouvement dont soit suceptible ce qui est en dehors des conditions finies du temps et de l'espace. — En d'autres termes très clairs, l'élément *intermédiaire* n'est, en aucune façon, une *substance douée de force ; il constitue une force dans son essence même* » (1).

Cette théorie qui paraît avoir séduit aussi le docteur Mayer, d'Heilbronn, nous semble contraire aux vrais principes de la philosophie. Si cet élément *intermédiaire* n'est pas une substance, il ne peut être qu'un attribut, c'est-à-dire une propriété ou une qualité, et, à ce titre, il faut qu'il soit naturellement adjoint à une substance. Ce qui n'est pas substantiel ne peut avoir de subsistance propre; ce n'est

---

(1) G. A. Hirn, *Conséquences philosophiques et métaphysiques de la thermodynamique . Analyse élémentaire de l'Univers.* Paris, Gauthier-Villars, 1868 ; pp. 330, 321, 222, 211, 219, 317, 368, 315, 204, 205, 251.

pas une chose existant à part : ce ne peut être qu'une réalité coexistante, inséparable *dans l'ordre naturel* d'un sujet substantiel qui lui serve de support. En outre, dans ce système, ou bien l'atome *matériel* est considéré comme incapable d'agir ; ce qui n'est pas rationnel, car nous avons reconnu que tout être doit avoir quelque puissance active : ou bien l'atome *matériel* est actif ; et alors, pourquoi l'élément intermédiaire qui se manifeste comme *force*, c'est-à-dire comme activité, ne serait-il pas, lui aussi, une substance *matérielle* active ? Si l'activité est une propriété de l'atome *matériel*, il est faux de dire que la *force* ne peut pas être une propriété de la *matière*. Nous n'insistons pas sur la donnée peu intelligible d'un élément physique qui, *par sa nature même, serait en dehors des conditions finies du temps et de l'espace*. C'est là une exagération qui pourrait être corrigée, mais dont la correction ne supprimerait pas les autres défauts de ce système.

Un chimiste éminent, Ad. Wurtz, expose d'une autre manière, d'après la *théorie atomique*, la constitution et l'activité des corps inorganiques. Dans l'opinion de Hirn, « l'existence de l'atome *matériel*, fini et indivisible, est aujourd'hui un fait aussi bien démontré qu'aucun de ceux que l'homme de science accepte, pour ainsi dire, comme des axiomes » (1). Wurtz est plus réservé. « Les forces que l'on con-

(1) Hirn, *op. cit.*, p. 211.

sidère en mécanique, il faut bien, dit-il, qu'elles émanent de quelque chose et qu'elles s'apliquent à quelque chose. En chimie, nous supposons qu'elles ont pour points de départ et d'application ces particules imperceptibles, mais limitées et définies, qui représentent les proportions fixes, suivant lesquelles les corps se combinent. Ces particules, nous les nommons atomes, cherchant à interpréter la notion moderne et précise des proportions définies et multiples, en poids et en volumes, par une hypothèse ancienne et qui conserve le caractère d'une hypothèse, même dans sa forme rajeunie. — Les atomes ne sont pas des *points matériels :* ils ont une étendue sensible et sans doute une forme déterminée ; ils diffèrent par leurs poids relatifs et par les mouvements dont ils sont animés. Ils sont indestructibles, indivisibles par les forces physiques et chimiques auxquelles ils servent, en quelque sorte, de points d'application. La diversité de la matière résulte de différences primordiales, éternelles, dans l'essence même de ces atomes et dans les qualités qui en sont la manifestation. Les atomes s'attirent les uns les autres et cette attraction atomique est l'affinité. C'est sans doute une forme de l'attraction universelle, mais elle en diffère par la raison que, si elle obéit à l'influence de la masse, elle dépend aussi de la qualité des atomes. L'affinité est élective, comme on le dit depuis cent ans. Elle engendre des agrégations d'atomes, des molécules, des combinaisons chimiques. — L'éther n'est point le vide : c'est un milieu formé par une matière très raréfiée, élastique, agitée par des vibrations perpétuelles, qui se transmettent de la matière atomique à l'éther et de l'éther à la matière atomique. Est-ce un milieu homogène, continu? Est-il formé lui-même par des atomes de second ordre, sortes de *monades*, qui formeraient, par leur agrégation, la matière pondérable elle-même ? C'est une question que l'on peut poser, mais qu'il est impossible de résoudre..... Ce milieu est l'intermédiaire entre toutes les parties de l'univers... Les atomes et les molécules, qui se meuvent avec des vitesses diverses dans ce milieu impressionnable, lui communiquent une partie de leur énergie, qui s'y propage sous forme de chaleur rayonnante ou de lumière, et, réciproquement, les ondes calorifiques et lumineuses de l'éther qui viennent effleurer les atomes, ou les groupes d'atomes, augmentent l'amplitude de leurs trajectoires et l'énergie de leurs mouvements vibratoires. Et c'est cette communication incessante de mouvements, cet échange perpétuel d'énergie, entre l'éther et la matière atomique, qui donne lieu aux phénomènes les plus importants de la physique et de la chimie » (1).

Présentée sous cette forme, et à titre d'hypothèse,

(1) Ad. Wurtz, *la Théorie atomique*, Paris, Germer-Baillière, 1883; pp. 239, 240, 224, 225.

la théorie des atomes est plus acceptable, au moins dans son ensemble. Elle pose d'abord comme un axiome que les forces doivent « émaner de quelque chose et s'appliquer à quelque chose », et que les atomes sont précisément leurs « points de départ et d'application ». Elle écarte ainsi, par une fin absolue de non-recevoir, la thèse, ou même l'hypothèse, d'un *élément dynamique* qui subsisterait par lui-même, sans être ni une substance ni une réalité dépendante d'une substance. On peut donc en déduire cette proposition : les sujets de la force, c'est-à-dire de l'activité du monde physique, ce sont, d'une part, les particules matérielles et pondérables, atomes ou molécules, et de l'autre, le milieu matériel et impondérable, appelé éther.

Mais, en suivant cette théorie, que faut-il penser de l'indivisibilité des atomes ? L'étendue étant, en soi, divisible indéfiniment, comment un atome étendu peut-il être indivisible? Wurtz garde encore, sur cette question, une prudente réserve. « Une dernière difficulté subsiste, dit-il. Ce monde invisible dans lequel on a essayé de pénétrer, par un effort qui honore l'esprit humain, a des dimensions finies. Il n'existe pas de quantité absolue, et dans ces petitesses inouïes il y a des grandeurs relatives. La chimie nous apprend qu'une molécule de mercure pèse cent fois plus qu'une molécule d'hydrogène. C'est donc une grosse molécule relativement à l'autre, et pourquoi donc serait-elle indivisible? Je ne le comprends pas ; je ne le prétends pas ; seulement j'admets que les forces physiques et chimiques ne peuvent pas la diviser davantage, parce qu'autrement elle cesserait d'être du mercure. Il n'en est pas moins vrai que cette proposition de l'indivisibilité des atomes ne s'impose pas à mon esprit, et je suis obligé de convenir qu'il y a là une difficulté »(1).

(1) Wurtz, *op. cit.*, p. 236. — Dans ce passage, le mot « molécule » est pris dans le sens d' « atome ».

Le sens du mot « atome » n'est pas toujours nettement défini dans le langage des savants modernes. « Ce n'est point assez, dit M. Lionel Dauriac, de savoir qu'il existe des atomes ; il reste encore à se demander ce qu'il faut entendre par atome. L'idée d'atome est équivoque : tantôt elle est synonyme de *corps insécable*, tantôt elle paraît signifier un *être absolument indivisible et simple*. Entre les deux sens il faut choisir... D'après des témoignages puisés à des sources différentes, l'atome serait une particule indivisible, un *corps en miniature*, selon l'ingénieuse expression de M. Cournot. Il formerait à lui seul une sorte de *tout continu*, à dimensions finies, quoique inappréciables à nos instruments de mesure ; il posséderait donc à titre d'attributs essentiels, l'impénétrabilité et l'étendue (*Des notions de matière et de force dans les sciences de la nature* Paris, Germer-Baillière, 1878, pp. 243, 246).— D'autre part, c'est en partant de l'atome, à la fois invisible et indivisible, dit M. Ch. Lévêque, c'est en pensant à la force, indivisible et invisible comme l'atome parfait, que tel chimiste illustre de notre siècle en est venu à idéaliser la matière presque jusqu'à la supprimer. Dans une occasion solennelle, M. Dumas a pu dire de Faraday: « Il ne croyait même pas à la matière loin de lui tout accorder... Ce qu'on appelle matière n'était à ses yeux qu'un *assemblage de centres de forces* »..... MM. Vacherot, Ravaisson, Janet tentent d'établir l'harmonie entre les sciences positives et la philosophie première au moyen d'un rajeunissement de la *monadologie* de Leibniz. « S'ils se trompent, ajoute M. Ch. Lévêque, je persiste à me tromper avec eux » (*L'atome et l'esprit*, *Revue des Deux Mondes*, 1er juin 1869, pp. 608, 610).

CHAPITRE II

Atomes et forces d'après saint Thomas.

I. L'hypothèse des atomes et de l'éther interprétée d'après l'enseignement d'Aristote et de saint Thomas. — II. Le vide : possibilité du mouvement sans vide parfait.—III. Désaccord entre la théorie aristotélicienne et la science moderne sur la nature des combinaisons chimiques : il n'atteint pas le fond du système d'Aristote sur la *matière* et la *forme*. — IV. La synthèse chimique exposée par M. Berthelot dans des termes semblables à ceux qu'emploient Aristote et son école. —V. Nature des forces physico-chimiques d'après saint Thomas : la *force est forme accidentelle*, comme le principe fondamental de l'activité des corps est *forme substantielle*.— VI. Rôle des forces dans la génération des substances composées. Action du mouvement sidéral sur la génération des substances corporelles, leurs mouvements et leurs modifications : rapprochement sur ce point entre la science moderne et la théorie aristotélicienne. — VII. Tableau résumé de l'activité des corps, subordonnée à l'action de Dieu.

I. — Nous voudrions essayer d'interpréter l'hypothèse moderne des atomes, en la comparant à l'enseignement de saint Thomas d'Aquin.

D'après saint Thomas, le corps, tel qu'on le considère en mathématiques, est divisible indéfiniment parce qu'alors on l'envisage au seul point de vue de l'étendue et de la quantité, et que dans ces notions il n'y a rien d'incompatible avec celle d'une division indéfinie. Mais le corps, tel qu'il existe dans la nature, ne peut être indéfiniment divisé, parce que sa forme d'être, qui le constitue en une substance naturelle, exige une quantité déterminée de matière, au même titre que des propriétés et des qualités spéciales. A chaque substance corporelle est assigné un minimum de matière, qui est le terme fixe et immuable de la division que peut subir cette substance. Mais le corps ne peut même pas demeurer sous ce minimum de quantité : dès qu'il y est réduit, sa vertu s'affaiblit tellement qu'il change aussitôt de nature et devient un autre corps (1).

Saint Thomas pensait, d'après Aristote, que dans un mélange, lorsque la quantité de l'un des corps mélangés est excessivement supérieure à celle de l'autre corps, ce dernier peut être divisé à un tel point qu'il se convertisse en la substance du corps excédant (2). Cette opinion est, croyons-nous, insou-

(1) Licet corpus mathematice acceptum sit divisibile in infinitum, corpus tamen naturale non est divisibile in infinitum. In corpore enim mathematico non consideratur nisi quantitas, in qua nihil invenitur divisioni repugnans ; sed in corpore naturali invenitur forma naturalis quæ requirit determinatam quantitatem sicut et alia accidentia (In I *Physicorum*, lectio VIII). — Corpus mathematicum est divisibile in infinitum, in quo consideratur sola ratio quantitatis, in qua nihil est repugnans divisioni infinitæ. Sed corpus naturale, quod consideratur sub tota forma, non potest in infinitum dividi : quia quando jam ad minimum deducitur, statim propter debilitatem virtutis convertitur in aliud (*De sensu et sensato*, lectio XV).

(2) Ex his quæ plurimum distant, non potest fieri commixtio : sol-

tenable aujourd'hui. Mais on pourrait, ce nous semble, supposer que, dans les combinaisons chimiques, la réduction des corps composants à leur plus petite quantité naturelle prépare et amène la transformation substantielle. Dans cet ordre d'idées, en employant les expressions des chimistes modernes, nous appellerions *molécule* la plus petite particule de matière sous laquelle un corps naturel puisse subsister d'une manière durable avec sa nature propre, et *atome* la particule qui contiendrait le minimum de matière assigné rigoureusement à une substance, minimum qu'elle n'atteindrait que dans les réactions chimiques, au moment où elle va se transformer pour la constitution d'une autre substance. Nous dirions donc, pour prendre le même exemple que Wurtz : une molécule de mercure est divisible par les forces naturelles; mais, après la division, ses parcelles cessent bientôt d'être du mercure ; et un atome de mercure est absolument indivisible par les forces de la nature, parce que, réduit en atome par le travail de la réaction chimique, le mercure se transforme pour la combinaison. Les molécules d'un corps composé seraient formées ainsi par la réunion d'atomes des corps composants, et la division de ceux-ci en atomes serait le prélude de leur conversion en parties constituantes du composé (1).

vitur enim species unius corum, puta si quis guttam aquæ amphoræ vini apponat (*Sum. theol.*, III, q. II, a . 1).

(1) « La molécule est la plus petite quantité d'un corps qui puisse

D'autre part, la doctrine de saint Thomas peut se concilier, dans une certaine mesure, avec l'hypothèse de l'éther, c'est-à-dire d'un milieu matériel très raréfié, dans lequel seraient plongées toutes les particules de la matière plus dense appelée matière pondérable, et par lequel seraient occupés tous les interstices existant dans la contexture matérielle des corps. En effet, de la nécessité d'un terme physique à la division de toute substance corporelle, saint Thomas conclut que la raréfaction de la matière ne peut être indéfinie et qu'elle s'arrête naturellement à un certain minimum de densité : il pense que ce minimum est la densité de l'élément appelé par les anciens le feu (1) ; mais, pour nous conformer au langage moderne, nous pouvons appeler éther l'élément qui se raréfie au dernier degré. Du reste, cette substance, dont les vibrations, d'après les physiciens de notre temps, produiraient les phé-

exister à l'état libre... Son poids représente celui de tous les atomes qui se sont unis de manière à constituer cette molécule. — (Dans le système de Gerhardt) la distinction entre l'atome et la molécule (est) accentuée d'une manière précise, l'atome étant la plus petite masse capable d'exister dans une combinaison, la molécule étant la plus petite quantité capable d'exister à l'état libre » (Wurtz, *Dictionnaire de chimie pure et appliquée*, Paris, Hachette, pp. 462,461 : art. *Atomique (théorie)* par Wurtz).

(1) Etsi enim corpora mathematica possint in infinitum dividi, corpora tamen naturalia ad certum terminum dividuntur; quum unicuique formæ determinetur quantitas secundum naturam, sicut et alia accidentia. Unde nec rarefactio in infinitum esse potest, sed usque ad terminum certum, qui est in raritate ignis (*Quæst. disput, de Potentia*, q. IV, a 1, ad 5).

nomènes de lumière et de chaleur, ne manque pas d'analogie avec l'antique élément du feu.

II. — Il est vrai que saint Thomas considère chaque corps sensiblement individuel comme formant un tout continu, c'est-à-dire composé de parties non séparées l'une de l'autre ; et que, de nos jours, les savants sont disposés à croire, sinon chaque atome, du moins chaque molécule isolée au milieu de l'éther. Mais n'oublions pas que cette opinion moderne n'a que la valeur d'une hypothèse. Les molécules, dit Wurtz, « sont-elles entourées d'une enveloppe d'éther ? On a dit cela : mais qui peut affirmer quelque chose en cette matière » (1) ? Toutefois cette dernière hypothèse n'a rien de rigoureusement impossible. Ce qu'il faut nier absolument, c'est que toutes les particules matérielles soient entièrement séparées l'une de l'autre par le vide parfait ; car elles ne peuvent agir l'une sur l'autre que par leur contact réciproque ou par un intermédiaire. Il est donc nécessaire que l'éther lui-même ne soit pas composé de particules isolées dans un vide absolu.

On peut même admettre qu'il n'y a pas de vide parfait dans l'univers. — Mais alors, comment le mouvement peut-il se faire dans la matière cosmique ? — Le moyen le plus simple de l'expliquer nous paraît être de donner à la condensation et à la

---

(1) Wurtz, *la Théorie atomique*, p. 236.

raréfaction le sens que leur donnait saint Thomas : c'est-à-dire d'y voir une augmentation ou une diminution de masse dans les parties continues de la matière, et non point seulement un rapprochement ou un écartement de molécules (1). Ainsi la matière aurait la propriété de se concentrer ou de s'étendre sous l'action des forces physiques par une *expansion* variable qui ne porterait aucune atteinte à sa continuité : ce mode d'élasticité, dont serait douée toute substance matérielle, sans excepter l'éther, permettrait les mouvements des particules corporelles et rendrait compte des phénomènes qui accompagnent l'impulsion et la répulsion : les vibrations de l'éther et même celles des molécules pondérables pourraient être des successions de condensations et de dilatations de ce genre.

III. — Un désaccord plus profond semble exister

---

(1) In magnitudine corporali contingit dupliciter augmentum ; uno modo, per additionem subjecti ad subjectum, sicut est in augmento viventium ; alio modo, per solam intensionem absque omni additione, sicut est in his quæ rarefiunt, ut dicitur in IV *Physicorum* (*Sum. theol.*, I-II, q. LII, a. 2, ad 1).—Non ergo condensatio fit per hoc quod aliquæ partes inhærentes extrahantur, ut existimant ponentes vacuum inter corpora ; sed per hoc quod materia earumdem partium accipit nunc majorem, nunc minorem quantitatem : ut sic rarefieri nihil aliud sit quam materiam recipere majores dimensiones per reductionem de potentia in actum ; condensari autem e contrario ... Et sic, si accipiantur diversa corpora æqualis quantitatis, unum rarum et aliud densum, densum habet plus de materia (In IV *Physic.*, lectio XIV).

entre la philosophie aristotélicienne et la science de notre époque, à l'égard des combinaisons des corps simples en substances composées. Saint Thomas, notamment, enseigne que chacun de ces composés est rigoureusement un être nouveau, formé par l'union directe et immédiate de la *matière première* avec un seul principe spécifique ; or, la *matière première*, dans cette doctrine, n'est en soi qu'un être en puissance ; elle acquiert, dans les combinaisons, une nouvelle existence en acte, en recevant un nouveau principe actif et spécifique, substitué aux principes d'être précédents, lesquels tombent en puissance et ne sont plus en acte dans le composé. Au contraire, les chimistes modernes, en général, ne reconnaissent dans la matière inorganique aucune transmutation qui renouvelle le principe même de l'être ; pour eux toute combinaison chimique n'est, essentiellement, qu'une agrégation d'atomes liés entre eux par une action mutuelle, dont l'effet n'est sans doute pas identique à l'adhérence entre les molécules d'un corps simple ou de deux corps mélangés, mais qui ne change point la nature intrinsèque des particules élémentaires. Le différend ne révèle-t-il pas un dissentiment radical sur une question de principes ? Comment une conciliation serait-elle possible ?

Remarquons d'abord que ce débat ne porte pas directement sur le fond du système par lequel l'école péripatéticienne essaye d'expliquer la constitution essentielle de toute substance corporelle. Comme l'a fait observer le P. Liberatore, « le système scolastique enseigne que les corps véritables, c'est-à-dire ceux qui ne résultent pas de l'assemblage d'autres corps, mais qui subsistent en eux-mêmes et jouissent d'une véritable unité et continuité d'extension, sont composés d'un double principe », la *matière première* et leur *forme substantielle :* « que ceci se réalise dans les masses visibles du monde matériel, ou dans les molécules primitives des corps mixtes, ou encore, si on le veut, dans les seuls atomes élémentaires et primitifs des corps simples, c'est là un point qui n'est pas essentiel au système ... Dans le cas où l'on rejetterait tout véritable changement substantiel », dans les combinaisons des corps bruts, « et où l'on tiendrait pour certain que les corps simples restent dans les corps mixtes, non *en vertu* seulement, mais *en acte*, la théorie générale de la *matière* et de la *forme* ne subirait cependant aucune atteinte. Et la raison, c'est que, dans ce cas, les corps doués d'une véritable unité substantielle seraient les atomes primitifs des corps simples, atomes étendus, continus, résistants ... et soumis aux lois de l'attraction et de l'affinité chimique » (1). C'est à ces corpuscules élémentaires que s'appliquerait la théorie scolastique de la constitution des corps ; ce

(1) Liberatore, *du Composé humain*, Lyon, Briday, 1865 ; pp. 383 384, 385.

sont eux qui devraient être composés d'un principe *formel* et spécifique, source d'unité et d'activité, et d'une *matière première*, cause générale d'étendue et de divisibilité dans tous les corps.

IV. — Au surplus, les chimistes, même aujourd'hui, lorsqu'ils veulent bien ne soutenir que ce qu'ils savent, ne peuvent rien affirmer de contradictoire avec l'opinion de la transformation substantielle des corps simples dans les combinaisons chimiques. Ils en arrivent même quelquefois à interpréter les faits dans les mêmes termes que l'école aristotélicienne. Ainsi, un savant qui s'est, dit-il, « efforcé d'exposer les résultats généraux de la science sous la forme la plus précise et la plus dépouillée d'hypothèse » (1), décrit de la manière suivante les conséquences de l'analyse et de la synthèse chimique: « L'analyse du sel marin conduit à le décomposer en deux éléments, le chlore et le sodium : les propriétés de ces deux éléments ne présentent aucune analogie avec celles du sel marin. En effet, d'une part, le chlore est un gaz jaune, doué de propriétés décolorantes et d'une extrême activité chimique; d'autre part, le sodium est un métal, doué d'un aspect argentin, plus léger que l'eau, apte à décomposer ce liquide dès la température ordinaire. On voit combien ces éléments ressemblent peu au sel marin,

---

(1) M. Berthelot, *la Synthèse chimique* ; Paris, Germer Baillère, 1883 ; Préface, p. VII.

matière solide, blanche, cristalline, dissoluble dans l'eau. Au premier abord, il est difficile de concevoir comment des corps doués de propriétés aussi peu semblables à celles du sel marin en sont cependant les seuls et véritables éléments ; on serait porté à croire à l'intervention de quelque autre composant que l'analyse aurait été impuissante à nous révéler. Cependant le chlore et le sodium sont bien les seuls éléments contenus dans le sel marin. La synthèse a levé toute espèce de doute à cet égard ; car elle a établi que le chlore et le sodium peuvent de nouveau entrer en combinaison, perdre leurs qualités, et reconstituer le sel marin avec ses caractères primitifs. *Il est donc démontré que le composé se trouvait réellement en puissance, avec toutes ses qualités, dans les corps composants mis en évidence par l'analyse* » (1). C'est bien là l'explication que donne Aristote. Comme la science moderne, il professe que naturellement « rien ne vient de rien » ; mais, ajoute-t-il, il n'est pas nécessaire que ce qui se fait dans la nature, ait préexisté en acte ; il suffit qu'il ait été en puissance. Les qualités et les phénomènes ne sont pas seuls à obéir à cette loi ; elle exerce aussi son empire sur la génération des substances. Il n'y a donc pas création dans la production d'un corps composé ; mais il y a réduction de puissance à acte et d'acte à puissance (2).

(1) M. Berthelot, la *Synthèse chimique*, p. 7.
(2) Sed nos etiam ipsi dicimus quod ex non ente nihil fit simpli-

Il faut néanmoins reconnaître que les qualités des corps composants ne sont pas entièrement effacées dans la combinaison. Elles entrent, quoique atténuées, dans la composition des qualités du corps mixte, dont le tempérament physico-chimique garde la marque des éléments générateurs : c'est un bénéfice héréditaire qui ne diminue pas la substantialité propre, l'unité subsistante du composé. D'ailleurs, la génération de propriétés nouvelles s'explique sans trop de difficulté, si l'on admet la génération substantielle d'un être nouveau. Alors l'altération des qualités des éléments est considérée comme la disposition préparatoire qui amène la naissance de la substance mixte, et il est assez facile d'entendre que, transformée par cette évolution, la matière garde l'empreinte affaiblie des qualités antérieures et ne laisse pas d'éprouver une profonde transformation de propriétés en recevant un autre principe d'être.

Mais, dit-on, il ne faut point, sans nécessité, mul-

citer et per se, sed solum secundum accidens ... Fit enim ens aliquod ex non ente hoc, sed accidit ei quod non est hoc, quod fit hoc ens ... Et dicit quod contingit aliqua dicere et secundum potentiam et secundum actum, ut certius determinatum est in aliis, scilicet in IX *Metaphysices*. Ex ente igitur in potentia fit aliquid per se... Hoc autem dicit, quia materia, quæ est ens in potentia, est id ex quo fit aliquid per se ; hæc est enim quæ intrat in substantiam rei factæ (In I *Physic.*, lect. XIII). — Quæ igitur naturaliter fiunt, non fiunt ex simpliciter non ente, sed ex ente in potentia, non autem ex ente in actu, ut ipsi (philosophi naturales) opinabantur. Unde quæ fiunt non oportet præexistere actu, ut ipsi dicebant, sed potentia tantum. (In I *Physic.*, lect. VIII).

tiplier les êtres : c'était la maxime habituelle de l'ancienne école. — Sans doute, il faut éviter une supposition arbitraire d'êtres qui seraient enfantés par l'imagination des théoriciens. Mais ici la théorie s'appuie sur des faits et des lois incontestables ; elle est si bien d'accord avec l'expérience, que nous trouvons une ressemblance frappante entre son langage et celui de ce même chimiste qui « cherche à réduire l'exposition des faits à leurs liens expérimentaux véritables, fondés sur l'analyse et sur la synthèse et limités aux seules conditions déterminantes » (1). M. Berthelot attribue à la chimie le pouvoir, non seulement de reconstituer les substances qu'elle a décomposées en leurs éléments par l'analyse dite *élémentaire*, mais même de former une multitude d'autres substances, les unes identiques avec les substances naturelles déjà connues, les autres nouvelles et inconnues, et cependant comparables aux premières. Ce sont là, dit-il, des *êtres artificiels*, existant au même titre, avec la même stabilité que les *êtres naturels* : seulement, le jeu des forces nécessaires pour leur donner naissance ne s'est point rencontré dans la nature » (2). Nous pouvons donc, nous aussi, considérer les corps chimiquement composés comme de véritables *êtres*, et par conséquent leur attribuer, en métaphysique, un principe propre d'unité et d'activité qui les cons-

(1) Berthelot, *la Synthèse chimique*, p. 170.
(2) *Ibid.*, pp. 273, 274.

titué, avec la matière première, en substances complètes et *formellement* distinctes.

V. — En nous inspirant de la doctrine de saint Thomas, nous pouvons pénétrer plus intimement dans la nature des forces physico-chimiques.

C'est par leurs qualités actives que les corps agissent, et c'est par leurs qualités passives qu'ils subissent l'action. Leur *force*, de laquelle découle immédiatement l'effet, est une *forme* qui les modifie, de même que le principe fondamental de leur activité est leur *forme d'être*; c'est-à-dire, en termes scolastiques, qu'ils agissent secondairement par leurs *formes accidentelles*, mais que leur principe premier d'action, c'est leur *forme substantielle* elle-même ; sa capacité d'agir et sa vertu spécifique se communiquent à la *forme accidentelle*, laquelle agit comme instrument actif de la *forme substantielle* (1). Par exemple, la chaleur, entendue dans le sens d'acte calorifique, est une *force* dans la matière, mais elle n'est *force* qu'en étant *forme* ou qualité : non seulement elle a son point de départ et d'application dans un sujet corporel, mais elle y est une modification, une manière d'être, de la substance : de même que la source première de l'activité d'un

---

(1) Hoc ipsum quod forma accidentalis est actionis principium, habet a forma substantiali ; et ideo forma substantialis est primum actionis principium, sed non proximum (*Sum. theol.* I, q. LXXVII, a. 1, ad 4). — Forma accidentalis agit in virtute formæ substantialis quasi instrumentum ejus (*Q. disp., de Potentia*, q. III, art. 8, ad 13).

corps n'a pas seulement un caractère dynamique, mais est avant tout un *acte substantiel*, un principe constitutif de la substance même.

Et cependant, la *forme accidentelle* est, en soi, simple et inétendue aussi bien que la *forme substantielle*. L'une et l'autre sont *immatérielles* en ce sens qu'elles sont essentiellement *actes*, et que la matière, en soi, n'est que *puissance passive* : elles n'ont donc pas de matière qui fasse partie d'elles-mêmes (1). Mais à un autre point de vue, l'une et l'autre, dans les corps bruts, sont matérielles, en ce sens qu'elles sont liées si intimement à la matière qu'elles ne peuvent subsister en elles-mêmes, ni agir seules à part ; elles sont complètement plongées dans la matière, au point de vue de l'existence et de l'action, quoique, considérées en elles-mêmes, elles soient simples et sans matière (2).

(1) Forma substantialis et accidentalis ... conveniunt quidem in hoc quod utraque est actus et secundum utramque est aliquid quodam modo in actu (*Sum. theol.*, I, q. LXXVII, a. 6). — Quælibet forma, si consideretur ut actus, habet magnam distantiam a materia, quæ est ens in potentia tantum (I, q. LXXVI, a. 7, ad 3). — Forma, in quantum forma, est actus ; id autem quod est in potentia tantum, non potest esse pars actus ; quum potentia repugnet actui, utpote contra actum divisa (I, q. LXXV, a. 5).

(2) Forma enim naturalis non dicitur univoce esse cum re generata. Res enim naturalis generata dicitur esse per se et proprie quasi habens esse et in suo esse subsistens ; forma autem non sic esse dicitur, quum non subsistat, nec per se esse habeat, sed dicitur esse vel ens, quia ea aliquid est : sicut et accidentia dicuntur entia quia substantia eis est vel qualis vel quanta, non quod eis sit simpliciter sicut per formam substantialem : unde accidentia magis proprie dicuntur entis quam entia, ut patet in *Metaphysic.* libr. VII (*Q. disp., de Potentia*, q. III, a. 8).

Cette distinction peut paraître subtile et obscure ; mais n'oublions pas que souvent les idées que nous trouvons claires sont seulement superficielles, et que toute vue profonde sur la nature des choses a une apparence d'obscurité qui vient de l'infirmité de notre intelligence.

Cette manière de concevoir la force concilie les caractères opposés que nous découvrons dans l'activité du monde inorganique. D'une part, cette activité se manifeste comme dépendant de dispositions ou modifications matérielles, degré de condensation ou de raréfaction, mouvements multiformes dans l'espace (1) : si bien que la force, c'est-à-dire la cause immédiate de l'action physique, se présente comme un état actif, une qualité active des substances corporelles, une *forme accidentelle* au sens scolastique. D'autre part, toute activité, suivant la notion que nous en donnent notre conscience et notre raison, implique unité et simplicité dans son principe. Il est donc légitime de conclure que la force physique, considérée en elle-même, est simple et immatérielle, mais que son existence et son action sont absolument dépendantes de la matière.

VI. — La force, dans la nature, a une double influence: son effet propre est d'engendrer, dans le

---

(1) Principia activa in istis inferioribus non inveniuntur nisi qualitates activæ elementorum, quæ sunt calidum et frigidum et hujusmodi :... accidentia quorum principia rarum et densum antiqu naturales posuerunt (*Sum. theol.*, I, q. cxv, a. 3) ad 2.

corps sur lequel elle agit, une qualité semblable à elle-même ou une qualité analogue; mais, en outre, comme instrument d'un principe substantiel, elle peut étendre son action jusqu'à concourir à la génération d'autres substances. La chaleur, par exemple, produit de la chaleur, de la lumière, de l'électricité; mais, en outre, chacune de ces forces peut déterminer, dans des corps capables de réagir l'un sur l'autre pour une combinaison chimique, une force vive, probablement du même genre, qui concourt, comme instrument des substances réagissantes, à la génération d'une nouvelle substance (1).

Saint Thomas enseigne, d'après Aristote, que la génération des substances corporelles, sur notre globe, est causée principalement par la vertu supérieure des corps célestes, communiquée aux corps d'ordre inférieur, comme un artiste communique à l'instrument de son art le mouvement et la direction d'où naît la forme de son œuvre. Dans cette hypothèse, les corps célestes seraient doués d'une vertu universelle qui contiendrait en germe toute l'activité par laquelle s'engendrent les corps ici-bas (2).

(1) Corpus agit et ad formam accidentalem et ad formam substantialem. Qualitas enim activa, ut calor, etsi sit accidens, agit tamen in virtute formæ substantialis sicut ejus instrumentum; et ideo potest agere ad formam substantialem;... ad accidens vero agit propria virtute (I, q. cxv, a. 1, ad 5).

(2) Quidquid in istis inferioribus generat et movet ad speciem, est sicut instrumentum cœlestis corporis, secundum quod dicitur in II *Physic...* Corpora cœlestia... sua universali virtute continent in

Sans adopter à la lettre cette vieille opinion, on peut y reconnaître un point de contact avec les théories modernes. Suivant saint Thomas, en effet, c'est uniquement par leur mouvement dans l'espace que les astres agissent sur les corps de notre terre : ce mouvement sidéral est l'unité originale de laquelle découlent, au moins indirectement, tous les mouvements variés et multiformes, toutes les modifications et transformations des corps inférieurs (1). Or, la science moderne s'applique à réduire au mouvement dans l'espace le principe naturel de tous les phénomènes physiques et même chimiques, et elle n'est pas éloignée de rattacher toutes les formes de ce mouvement, et par conséquent tous les phénomènes qui en dérivent, à la même cause naturelle que les mouvements des corps célestes, c'est-à-dire à la gravitation ou attraction universelle. « La chaleur, lisons-nous dans un recueil de science contempo-

se quidquid in inferioribus generatur (I, q. cxv, a. 3, ad 2 et ad 3). — Virtutes activæ corporum cœlestium dicuntur rationes seminales inquantum in causis activis sunt omnes effectus originaliter sicut in quibusdam seminibus (*Q. disp., de Veritate*, q. v, a. 9, ad 8).

(1) Quum omnis multitudo ab unitate procedat ; quod autem immobile est, uno modo se habet ; quod vero movetur, multiformiter ; considerandum est, in tota natura, quod omnis motus ab immobili procedit. Ideo, quanto aliqua magis sunt immobilia, tanto sunt magis causa eorum quæ sunt magis mobilia. Corpora autem cœlestia sunt inter alia corpora magis immobilia : non enim moventur nisi motu locali. Et ideo motus horum inferiorum corporum, qui sunt varii et multiformes, reducuntur in motum corporis cœlestis sicut in causam (*Sum. theol.*, I, q. cxv, art. 3).

raine, joue dans la nature un rôle considérable ; c'est la source à laquelle sont empruntées presque toutes les sortes d'énergie que l'homme peut mettre en jeu... Inversement... tous les phénomènes de la nature aboutissent, par une voie plus ou moins détournée, à une diffusion de l'énergie à l'état de chaleur, et en définitive ils mènent progressivement à l'égalité de température. — Mais si la chaleur nous apparaît comme la métamorphose ultime de l'énergie, n'est-elle pas aussi sa manifestation première ? En d'autres termes, existe-t-elle naturellement à l'état de chaleur dans les astres, ou bien est-elle déjà là une transformation d'une autre sorte d'énergie ? Tout porte à croire qu'elle provient elle-même d'un mouvement matériel détruit, et que la cause qui fait tendre incessamment les corps les uns vers les autres est celle de ce mouvement (1) ».

Quoi qu'il en soit, Aristote et saint Thomas sont d'accord, au fond, avec la science moderne, quand ils posent le mouvement dans l'espace comme la cause générale des mutations de la matière. Ils distinguent plusieurs sortes de mouvements dans les corps bruts : le *mouvement local* (celui que nous avons appelé mouvement dans l'espace), l'*altération de qualité*, la *génération* ou la *corruption de substance*. Mais le mouvement local est le premier des mouvements. En effet, l'altération des qualités est la

(1) Wurtz, *Dictionnaire de chimie*, p. 813, art. *Chaleur*, par G. Salet.

préparation naturelle de la génération ou de la corruption de substance, et l'altération elle-même vient après le mouvement local, car il est naturel que le corps qui altère se rapproche du corps soumis à l'altération, pour agir par contact sur ce dernier. « Or, dit saint Thomas, en quelque genre que ce soit, ce qui est premier est la cause de ce qui vient ensuite dans le même genre; c'est pourquoi le mouvement local est la cause de l'altération, qui est le premier des autres mouvements, et il est principalement la cause de l'altération calorifique qui est la première des altérations » (1).

J'oserais presque dire que saint Thomas a entrevu la théorie moderne de la transformation de l'énergie par générations successives de mouvements de diverses natures. « Un corps, dit-il, peut mouvoir sans être mû par l'espèce de mouvement qu'il donne au corps qu'il meut, bien qu'il ne puisse pas mouvoir sans être mû de quelque manière: par exemple, un corps céleste altère sans être altéré, mais en étant mû d'un mouvement local; et, de même, l'organe de la vertu appétitive (dans l'animal) meut d'un mouvement local sans être mû de la même espèce de mouvement, mais en éprouvant une certaine alté-

(1) Sicut probatur in VIII *Physic.*, motus localis est primus motuum; in quolibet autem genere, id quod est primum est causa eorum quæ sunt post in eodem genere : unde motus localis est causa alterationis, quæ est prima inter alios motus, et præcipue est causa primæ alterationis, quæ est calefactio. (In II *de Cælo*, lect. x). — (Cf. *C. Gent.*, lib. II, cap. 82).

ration locale » (1). Ainsi, d'après le principe posé par saint Thomas, un mouvement simplement local peut engendrer une altération, telle que le mouvement calorifique, et, inversement, une altération comme le mouvement calorifique peut produire un mouvement purement local. N'y-t-il pas là, en quelque sorte, une ébauche de nos connaissances actuelles sur la corrélation réciproque des forces physiques, notamment sur la transformation de la chaleur en mouvement mécanique et du mouvement mécanique en chaleur ?

VII. — En somme, le propre des corps est de ne pouvoir agir que par le moyen d'un mouvement et en tant qu'ils sont mus eux-mêmes (2). C'est ainsi qu'ils transforment la matière, et produisent en elle, non seulement des mutations de quantités et de qualités, mais même des mutations de substances. La matière, en effet, porte dans son sein, en puissance, les formes secondaires aussi bien que les formes fondamentales de l'être corporel inorganique, et il appartient aux agents de la nature d'engendrer, en elle et avec elle, les unes et les autres (3). Par cette

(1) Corpus potest movere quasi non motum specie illa motus qua movet, licet non possit movere nisi aliquo modo motum: corpus enim cœli alterat non alteratum, sed localiter motum : et similiter organum virtutis appetitivæ movet localiter, non motum, sed aliquo modo alteratum localiter (*Q. disp., de Potentia*, q. III, a. 11, ad 10).

(2) Res corporales habent determinatas actiones ; sed has actiones non exercent nisi secundum quod moventur, quia proprium corporis est quod non agat nisi per motum (*Sum. theol.*, I, q. cx, a. 1, ad 1).

(3) Materia transmutatur non tantum transmutatione accidentali

évolution successive et multiforme, le monde imite, autant qu'il est en lui, les perfections du Créateur, et réalise celles des idées divines qu'il a la mission de représenter. Telle est la fin que poursuivent, dans leur action, les forces cosmiques.

Mais, pour agir en vue d'une fin, il faut avoir une tendance naturelle vers le but à atteindre. Il y a donc, même dans la matière inorganique, dans chaque corps, dans chaque molécule et dans chaque atome, une sorte d'appétition native vers les actes qui leur sont départis dans la division du travail universel. Cette appétition n'est accompagnée d'aucune espèce de connaissance, ainsi qu'il convient à ce degré infime de l'être ; mais elle n'en est pas moins réelle, et n'en entre pas moins en coopération véritable avec la Providence suprême. Elle prend sa source dans la conformité de chaque chose créée avec sa destination (1).

sed etiam substantiali : utraque enim forma in materiæ potentia præexistit ; unde agens naturale quod materiam transmutat, non solum est causa formæ accidentalis, sed etiam substantialis (*Q. disp.*, *de Potentia*, q. III, a. 11, ad 10).

(1) Omnia naturalia, in ea quæ eis conveniunt, sunt inclinata, habentia in seipsis aliquod inclinationis principium, ratione cujus eorum inclinatio naturalis est, ita ut quodam modo ipsa vadant et non solum ducantur in fines debitos : violenta enim tantummodo ducuntur, quia nil conferunt moventi ; sed naturalia vadunt in finem, inquantum cooperantur inclinanti et dirigenti per principium eis inditum... Appetere autem nihil aliud est quam aliquid petere, quasi tendere in aliquid ad ipsum ordinatum (*Q. disp.*, *de Veritate*, q. XXII, a. 1). — Nec tamen hoc prohibetur per hoc quod appetitus in universalibus cognitionem sequitur : quia in rebus naturalibus sequitur apprehensionem, vel cognitionem, non tamen ipsorum appeten-

La matière première elle-même, dans ses transformations, a une certaine inclination vers l'être défini qu'elle n'a pas encore, et la forme qui lui donne cet être tend naturellement à le lui conserver. Une fois constitué, le corps brut appète sa fin, et concourt, par son inclination naturelle, au mouvement et aux modifications qui lui sont imprimés du dehors. Par exemple, s'il a plus ou moins de cohésion entre ses parties ; si, de solide, il devient liquide, et de liquide, gazeux, ou inversement; s'il acquiert telle forme cristalline particulière ; s'il résiste à une pression, repousse une impulsion, reprend par son élasticité la position et la figure qu'un agent extérieur lui avait fait perdre ; s'il reçoit et conserve, sans y rien changer de lui-même, le mouvement et l'état qui lui sont donnés ; s'il agit sur un autre corps par attraction, impulsion, transmutation physique ou chimique : toujours ses manières d'être et ses opérations sont le double résultat de ses inclinations natives et des influences étrangères qui le déterminent.

Les tendances intimes que nous venons de constater, ne suffisent point pour faire admettre les corps bruts au rang des êtres qui se meuvent eux-mêmes ; mais elles rendent compte des apparences de spontanéité que présentent quelquefois les actes de ces corps. Qu'on regarde de près, et l'on verra que

tium, sed illius qui ea in finem ordinat (*Ibid.*, ad 2). — Omne quod appetit aliquid, appetit illud inquantum habet aliquam similitudinem cum ipso ; ... sed oportet quod sit similitudo secundum esse naturæ (*Ibid.*, ad 3 .

les mouvements de ces êtres inférieurs sont toujours des mouvements reçus et conservés ou transmis suivant certaines lois providentielles, sans véritable spontanéité par laquelle un sujet agisse sur lui-même.

Concluons, néanmoins, que les substances inanimées ont, comme toute substance, une certaine puissance d'agir. Sans doute, c'est Dieu qui la leur donne, la leur conserve et l'applique lui-même à l'action ; comme c'est lui qui leur donne et leur conserve les principes qui les constituent, comme il gouverne et coordonne toutes les créatures pour l'harmonie de l'univers. C'est même de Dieu seul que vient la vertu efficiente de l'action des causes secondes : l'effet ne découle de cette action que par la vertu première de Celui qui agit en toute cause créée (1). Cependant, les causes secondes ont leur part d'activité, qui, pour être subordonnée à la vertu divine, n'en a pas moins une causalité véritable : et tel est le genre d'activité qui appartient à la nature inanimée aussi bien qu'à la nature vivante. La vie a des opérations d'un ordre éminent ; mais les corps inanimés agissent à leur rang, suivant leur degré de

---

(1) Deus est causa actionis cujuslibet inquantum dat virtutem agendi, et inquantum conservat eam, et inquantum applicat actioni, et inquantum ejus virtute omnis alia virtus agit. — Si autem consideremus virtutem qua fit actio, sic virtus superioris causæ erit immediatior effectui quam virtus inferioris : nam virtus inferior non conjungitur effectui nisi per virtutem superioris (*Q. disp., de Potentia*, q. III. a. 7).

perfection, et les forces qu'ils mettent en œuvre concourent avec les puissances vitales au travail constant et varié qui s'opère sur la scène du monde.

II

LES
PUISSANCES DE L'AME

LES
PUISSANCES DE L'AME

INTRODUCTION

La *puissance* et l'*acte*. — Définition aristotélicienne de l'âme. — Plan de cet essai sur les puissances de l'âme.

La théorie de la *puissance* et de l'*acte* est la base de toute la philosophie d'Aristote.

Ces expressions s'appliquent à deux notions fondamentales : celle de l'être et celle de l'opération. A moins d'exister par soi et nécessairement, pour exister il faut d'abord pouvoir être : la puissance d'être précède logiquement et métaphysiquement l'existence en tout ce qui n'est pas l'Être nécessaire. De même, pour opérer, il faut avoir la puissance d'agir. L'existence est l'*acte* qui réalise la *puissance* d'être, l'opération est l'*acte* qui réalise la *puissance* d'agir.

Par extension, l'école aristotélicienne du moyen âge appelait *acte* tout principe interne d'existence en acte ; elle appelait aussi *acte* tout principe interne d'opération.

Or, suivant la définition empruntée par la scolastique à Aristote, « l'âme est l'acte premier d'un corps naturel organique ayant la vie en puissance ». Ce n'est point que l'âme soit simplement le principe actuel d'une propriété vitale que le corps, préalablement constitué par un autre principe d'être, aurait en lui-même en puissance. Car, dans cette hypothèse, c'est ce principe constitutif qui serait l'acte premier du corps ; l'âme n'en serait tout au plus que l'acte second. Mais il faut entendre que l'âme est le principe premier qui donne au corps tout à la fois l'existence substantielle, la nature corporelle et organique, et la puissance de vivre.

La vie a ici le sens d'opération vitale, et non celui de nature d'un vivant. La vie en puissance, c'est donc ici la puissance d'exercer les opérations vitales lesquelles sont les actes seconds de l'être animé : son acte premier, c'est son âme (1).

(1) Ergo dicendum quod Aristoteles non dicit animam esse actum corporis tantum, sed *actum corporis physici organici potentia vitam habentis*, et quod talis potentia non abjicit animam. Unde manifestum est quod in eo cujus anima dicitur actus, etiam anima intauditur eo modo loquendi quo calor est actus calidi et lumen est actus lucidi, non quod seorsum sit lucidum sine luce, sed quia est lucidum per lucem. Et similiter dicitur quod *anima est actus corporis physici organici potentia vitam habentis*, quia per animam et est corpus et est organicum et est potentia vitam habens. Sed actus primus dicitur respectu actis secundi, qui est operatio. Talis enim potentia est non abjiciens, id est non excludens, animam (*Sum. theol.*, I, q. LXXVI, a. 4, ad 1). — Vivere quandoque sumitur pro ipso esse vivens, quandoque vero pro operatione vitæ, id est, per quam demonstratur aliquid esse viventis. Et hoc modo Philosophus dicit quod intelligere est vivere quoddam ; ibi enim distinguit diversos gradus viventium secundum diversa opera vitæ (I, q. LIV, a. 2, ad 1).

Nous voudrions examiner si la puissance de produire les actes de la vie est réellement distincte de la substance de l'âme, si cette puissance est unique ou bien si elle se décompose en plusieurs puissances spécifiquement différentes, enfin quel est le sujet immédiat de cette puissance ou de ces puissances, si c'est l'âme seule, ou le corps et l'âme tout ensemble.

CHAPITRE PREMIER

Distinction des puissances de l'âme.

I. La puissance est distincte de l'essence de l'âme. — II. L'âme a plusieurs puissances distinctes : puissances de la vie végétative, puissances de la vie sensitive, puissances de la vie intellectuelle ; la plante, l'animal, l'homme.

I. — Il y a dans l'âme, avons-nous dit, un genre de puissance d'où dérivent les actes vitaux, une vertu d'agir qui lui est propre.

Mais cette puissance ou vertu ne se confond-elle pas avec l'essence de l'âme ? Il est bien évident que c'est par l'âme elle-même que l'être animé agit ; pourquoi donc attribuer aussi son action à un autre principe, qui serait distinct de la substance même de l'âme ?

Il faut bien cependant voir une distinction réelle entre l'essence et la puissance de l'âme.

Dieu est essentiellement tout son acte, comme en lui seul l'essence, ou la puissance d'être, se confond avec l'être même. Il *est* par essence, et il est acte parfait, *acte pur*, sans aucun mélange de potentialité.

Pour toute créature, pouvoir exister n'est pas, par cela même, exister en acte : l'être, qui est l'actualité de l'essence, ne peut venir à l'acte que par l'action première de Celui qui est acte pur. De même, en toute créature, l'action, qui est l'actualité de la puissance active, ne peut venir à l'acte sans une motion reçue par cette puissance (1).

Or, la motion qui amène à l'acte la puissance d'être, actualise entièrement l'essence. Dès qu'une nature existe, elle est complète en tant que nature ; elle ne peut, à ce titre, recevoir ni plus ni moins, acquérir, comme telle, plus d'acte qu'elle n'en a.

Si donc, dans la créature, la puissance active n'était pas réellement distincte de l'essence, elle serait, elle aussi, entièrement actualisée par l'actualisation de l'essence elle-même, c'est-à-dire que, dès qu'une

(1) Esse est actualitas omnis formæ vel naturæ ; non enim bonitas vel humanitas significatur in actu, nisi prout significamus eam esse. Oportet igitur quod ipsum esse comparetur ad essentiam, quæ est aliud ab ipso, sicut actus ad potentiam. Quum igitur in Deo nihil sit potentiale, ut ostensum est supra (q. II, a. 3), sequitur quod non sit aliud in eo essentia quam suum esse. Sua igitur essentia est suum esse (I, q. III, a. 4). — Impossibile est quod actio angeli vel cujuscumque alterius creaturæ sit ejus substantia. Actio enim est proprie actualitas virtutis, sicut esse est actualitas substantiæ vel essentiæ. Impossibile est autem quod aliquid quod non est purus actus, sed aliquid habet de potentia admixtum, sit sua actualitas, quia actualitas potentialitati repugnat. Solus autem Deus est actus purus. Unde in solo Deo sua substantia est suum esse et suum agere (I, q. LIV, a. 1). — Tunc enim solum immediatum principium operationis est ipsa essentia rei operantis quando ipsa operatio est ejus esse. Sicut enim potentia se habet ad operationem ut ad suum actum, ita se habet essentia ad esse (I, q. LXXIX, a. 1).

nature créée existerait en acte, toute sa puissance d'agir passerait en action, instantanément, constamment, sans possibilité d'augmentation ni de diminution dans l'intensité ou l'amplitude de l'opération.

Or, il n'en est ainsi pour aucune créature. Les vivants de ce monde, par exemple, sont actuellement vivants tant qu'ils ont une âme, mais, même animés, ils n'exercent pas toujours toutes leurs opérations vitales.

Ils peuvent même exister dans un état de *vie latente*, où l'action vitale la plus élémentaire semble leur faire défaut, bien qu'ils soient prêts à manifester leur vie dès que les conditions extérieures leur en fourniront les moyens. « Dans le règne végétal, les graines, dit un physiologiste contemporain, et dans le règne animal, certains animaux réviviscents, anguillules, tardigrades, rotifères, nous montrent cet état d'indifférence chimico-vitale. Nous connaissons déjà dans les animaux et les végétaux un assez grand nombre de cas de *vie latente*, mais, outre ces exemples caractéristiques, on peut dire sans crainte de se tromper que la *vie latente* est répandue à profusion dans la nature, et qu'elle nous expliquera dans l'avenir un très grand nombre de faits réputés mystérieux aujourd'hui (1).

Quoi qu'il en soit, le sommeil et la léthargie suffi-

---

(1) Claude Bernard, *Leçons sur les phénomènes de la vie communs aux animaux et aux végétaux*, t. I, p. 69.

raient pour prouver que l'être vivant peut vivre sans déployer toute l'énergie de son âme.

Mais il ne peut vivre sans une âme dont l'essence, c'est-à-dire la nature intime, soit entièrement en acte, en tant que nature. Aussi, comme dans la bête l'essence de l'âme n'est en acte qu'avec le corps animé, la bête périt-elle tout entière dès que son corps est incapable de conserver l'âme. Mais l'âme humaine a une nature foncièrement indépendante de la matière ; séparée du corps, elle conserve cette nature en acte, et garde en même temps sa capacité naturelle de s'unir à l'élément matériel ; elle est immortelle, parce que l'actualisation de son essence n'est pas sous la dépendance absolue de l'actualisation de la matière : tout au contraire ; c'est l'âme humaine qui met son corps en acte en communiquant à la matière l'être dans lequel elle subsiste par elle-même.

En somme, l'âme, en tout être vivant, est, par définition, l'acte premier du corps animé. Par son essence réalisée, elle est acte, et ce ne peut être au point de vue de cette essence qu'elle soit en puissance à l'égard d'un acte ultérieur, car à ce point de vue elle est acte achevé et complet. Mais par là elle est la source d'une puissance active, distincte réellement de ce qui en l'âme *forme* le corps. C'est par cette puissance qu'elle est ordonnée aux actes seconds de la vie, aux opérations vitales ; c'est cette puissance qui n'est pas toujours complètement développée et qui peut même persister à l'état latent (1).

II. — Mais la puissance active est-elle unique en l'âme, ou bien y a-t-il en elle plusieurs puissances ?

La raison d'être de la puissance d'agir, c'est l'action elle-même. C'est donc de l'action que la puissance tient sa spécification propre.

La question se ramène à savoir si par l'âme s'exercent plusieurs actions spécifiquement distinctes.

Or, les actions, à leur tour, sont diverses suivant leurs objets : c'est l'objet de l'acte qui détermine la nature de l'opération.

L'âme, en définitive, aura donc plusieurs puissances différentes, si sa vertu active a pour objet des réalités d'espèces distinctes (2).

---

(1) Anima secundum suam essentiam est actus. Si ergo ipsa essentia animæ esset immediatum operationis principium, semper habens animam actu haberet opera vitæ, sicut semper habens animam actu est vivum. Non enim inquantum est forma, est actus ordinatus ad ulteriorem actum, sed est ultimus terminus generationis. Unde quod sit in potentia adhuc ad alium actum, hoc non competit ei secundum suam essentiam inquantum est forma, sed secundum suam potentiam : et sic ipsa anima, secundum quod subest suæ potentiæ, dicitur actus primus, ordinatus ad actum secundum. Invenitur autem habens animam non semper esse in actu operum vitæ. Unde etiam in definitione animæ dicitur quod est *actus corporis potentia vitam habentis*, quæ tamen potentia non abjicit animam. Relinquitur ergo quod essentia animæ non est ejus potentia ; nihil enim est in potentia secundum actum, inquantum est actus (I, q. LXXVII, a. 1).

(2) Potentia, secundum illud quod est potentia, ordinatur ad

Il faut observer ici que la même chose comporte naturellement des points de vue divers, et que, d'autre part, plusieurs choses diverses peuvent faire partie d'un genre commun qui fait l'unité entre elles. C'est dans la diversité relative des points de vue réels qu'il faut chercher la diversité des objets auxquels peuvent s'appliquer les puissances de l'âme : c'est là que réside le principe de la distinction réelle de ces puissances (1).

Or, qui ne voit que l'énergie de l'âme se déploie vers des objets réellement divers au sens que nous venons d'indiquer ? Qui ne sait qu'en général l'être vivant tend, par ses opérations, à plusieurs fins formellement distinctes, quoique coordonnées vers sa perfection totale, et que d'un

---

actum. Unde oportet rationem potentiæ accipi ex actu ad quem ordinatur; et per consequens oportet quod ratio potentiæ diversificetur ut diversificatur ratio actus. Ratio autem actus diversificatur secundum diversam rationem objecti... Unde necesse est quod potentiæ diversificentur secundum actus et objecta (I, q. LXXVII, a. 3).

(1) Potentiæ non diversificantur secundum materialem distinctionem objectorum, sed secundum formalem distinctionem, quæ attenditur secundum rationem objecti... Diversitas rationum ad diversificandum potentias sufficit (I, q. LIX, a. 2, ad 2 et ad 3). — « Nihil prohibet id quod est subjecto idem esse diversum secundum rationem, et ideo potest ad diversas potentias animæ pertinere... Multa conveniunt in una ratione objecti, quam per se respicit superior potentia, quæ tamen different secundum rationes quas per se respiciunt inferiores potentiæ; et inde est quod diversa objecta pertinent ad diversas inferiores potentias quæ tamen uni superiori potentiæ subduntur (I, q. LXXVII, a. 3, ad 3, ad 4).

genre de vivants à un autre, quelquefois même d'une espèce à une autre, les objets de l'action vitale varient ?

Les végétaux sont occupés à composer, entretenir et renouveler par la nutrition leurs éléments organiques et leurs tissus, à former ainsi les parties de leur corps suivant un plan harmonieux, à les développer par la croissance et une évolution progressive, à se reproduire au dehors par la génération de graines vivantes d'où naîtront des rejetons de la même espèce.

Nutrition, croissance, génération de corps vivants, telles sont les fonctions de la vie végétative, telles sont les applications de l'activité des plantes. Puissance nutritive, puissance d'accroissement, puissance génératrice, ce sont là trois puissances génériques du principe vital dans les végétaux. Elles se subdivisent en puissances particulières suivant la division plus ou moins détaillée du travail végétatif dans chaque espèce ; mais les fonctions spéciales de la vie des plantes se rangent toujours dans ces trois grandes classes de facultés.

Les animaux, eux aussi, travaillent assidûment à la nutrition et à l'accroissement de leurs organes corporels, à la procréation d'êtres vivants qui leur ressemblent. Le principe qui les anime a la vie végétative avec ses trois puissances fondamentales, et avec des fonctions particulières d'autant plus compliquées que la constitution de l'animal est plus parfaite et sa vitalité plus active.

Mais, au dessus de cette vie du même ordre que celle des plantes, les animaux ont un genre d'activité plus noble, qui les met en relation plus profonde, plus variée et plus étendue avec le monde inorganique et les autres êtres animés. Ils forment en eux-mêmes certaines représentations de ce qui les entoure, perçoivent les phénomènes au milieu desquels ils vivent, les distinguent et les groupent par une faculté centrale, en conservent les images de manière à se les rappeler par une association régulière, saisissent quelques rapports naturels entre les choses par une appréciation instinctive qui ne dépasse pas la sphère du particulier et de l'individuel, se souviennent de leurs appréciations passées, jouissent et souffrent, se meuvent et agissent pour se procurer des jouissances sensibles ou éviter des souffrances corporelles, tendent ainsi par des appétitions passionnelles à la fin que leur a assignée la Providence, c'est-à-dire à la conservation de leur être et à la perpétuation de leur espèce.

En résumé, les animaux sentent et se meuvent pour sentir. Ils ont la vie sensitive, avec ses deux classes de puissances : d'une part, les facultés de connaissance sensitive, et de l'autre, les facultés d'appétition passionnelle, desquelles dépendent la capacité de jouir et de souffrir et celle de se mouvoir pour se procurer le plaisir et éviter la douleur. Les espèces animales sont plus ou moins riches en fonctions particulières de ces facultés, suivant la plus ou moins grande perfection de leur nature ; mais il n'en est point qui ne soit douée et d'une certaine puissance de percevoir par quelque sens, et de quelque appétit sensitif.

Au sommet de l'échelle ascendante de l'animalité est l'homme. Comme les plantes, il a la vie végétative : il nourrit, développe son corps, engendre des êtres corporels vivants qui lui ressemblent. Comme les animaux inférieurs à lui, il a la vie sensitive : il perçoit par ses sens, distingue et coordonne les perceptions qu'ils lui procurent ; imagine, apprécie, se souvient, dans le domaine du sensible et de l'individuel ; éprouve des jouissances et des douleurs corporelles, tend passionnément vers son bien sensible, fuit de même le mal contraire, met ses membres en mouvement par une activité organique.

L'homme est donc vraiment un animal, mais c'est un animal raisonnable. Il abstrait l'immatériel du matériel par une opération supérieure à celle des sens ; il a notion de l'universel, de l'absolu, du nécessaire ; il aime le bien en soi, déteste le mal qui en est la privation ; sa volonté se détermine librement elle-même vers une fin dont son intelligence aperçoit la raison d'être ; il tend vers cette fin par des moyens dont il comprend la proportion à l'égard du but auquel il les ordonne ; il aspire à l'infini par les facultés supérieures de sa nature, et attend l'immortalité de son être comme un bien dû à la spiritualité et à la liberté du principe qui l'anime.

Ainsi, l'homme a dans son âme un triple fonds de puissances, puisque les objets de son activité d'être vivant se divisent en trois groupes caractérisés par des perfections diverses. Pour se nourrir, croître et se reproduire, en tant que corps animé, il a les puissances végétatives. Pour sentir, se mouvoir et agir passionnément, comme l'animal, il a les puissances sensitives, les sens et les appétits de la vie animale. Enfin, pour penser et vouloir, pour connaître et aimer le vrai et le bien dans leur universalité essentiellement supérieure à la sphère sensible, il a les facultés intellectuelles, l'entendement avec ses lumières rationnelles et la volonté avec sa libre énergie.

Dans l'ensemble des êtres vivants de ce monde, comme dans l'homme considéré à part, on voit les puissances de l'âme s'élever graduellement les unes au dessus des autres, les plus parfaites s'appuyant sur les inférieures, dans une féconde harmonie où se développent les richesses progressives de l'activité vitale, d'abord la production du corps vivant, puis la perception et la passion du sensible, enfin la connaissance et l'amour de l'absolu, de l'immatériel.

Évidemment les objets de l'activité des êtres animés sont profondément divers, et cette diversité prouve la diversité réelle des opérations et des puissances dont l'âme est le principe.

Mais, pour se rendre un compte exact des degrés multiples de la vie, il convient de caractériser encore mieux chaque groupe des puissances de l'âme, en déterminant quel en est le sujet immédiat, si c'est l'âme seule, ou bien l'âme et le corps ensemble, l'être animé dans sa substance tout entière. C'est ce que nous allons essayer de faire.

CHAPITRE II

Les puissances végétatives.

I. Les puissances végétatives agissent par les forces physico-chimiques, mais avec une direction qui est propre à la vie : accord sur ce point entre saint Thomas et la science moderne. — II. Ces puissances ont pour sujet le corps animé. — III. Comment l'âme humaine, indépendante de la matière, est le principe des puissances végétatives dans le corps humain.

I. — Les progrès de la chimie organique et de la physiologie, à notre époque, montrent de plus en plus la ressemblance entre les opérations des puissances végétatives et celles des forces par lesquelles agissent les corps inorganiques.

« Jusqu'ici, écrivait, il y a quelques années, M. Berthelot, tous les efforts tentés pour recomposer d'une manière générale les matières organiques à l'aide des éléments mis en évidence par l'analyse, et pour reproduire par l'art la variété infinie de leurs états et de leurs métamorphoses naturelles, étaient demeurés infructueux... Tout avait concouru à faire regarder, par la plupart des esprits, la barrière entre la chimie minérale et la chimie organique comme infranchissable. Pour expliquer notre impuissance, on tirait une raison spécieuse de l'intervention de la force vitale, seule apte jusquelà à composer les substances organiques. C'était, disait-on, une force particulière qui résidait dans la nature vivante et qui triomphait des forces moléculaires propres aux éléments de la matière inorganique. Et l'on ajoutait : c'est cette force mystérieuse qui détermine exclusivement les phénomènes chimiques observés dans les êtres vivants ; elle agit en vertu de lois essentiellement distinctes de celles qui règlent les mouvements de la matière purement mobile et quiescible ; elle imprime à celle-ci des états d'équilibre particuliers, et qu'elle seul peut maintenir, car ils sont incompatibles avec le jeu régulier des affinités minérales. Telle était l'explication au moyen de laquelle on justifiait l'imperfection de la chimie organique, et on la déclarait, pour ainsi dire, sans remède...

« En proclamant ainsi notre impuissance absolue dans la production des matières organiques, deux choses avaient été confondues : la formation des substances chimiques dont l'assemblage constitue les êtres organisés, et la formation des organes eux-mêmes. Ce dernier problème n'est point du domaine de la chimie. Jamais le chimiste ne prétendra former dans son laboratoire une feuille, un fruit, un muscle, un organe. Ce sont là des questions qui relèvent de la physiologie ; c'est à elle qu'il appartient d'en discuter les termes, de dévoiler les lois du développement des organes, ou, pour mieux dire, les lois du développement des êtres vivants tout entiers, sans lesquels aucun organe isolé n'aurait ni sa raison d'être ni le milieu nécessaire à sa formation...

« Mais la chimie a le droit de prétendre à former les *principes immédiats*, c'est-à-dire les matériaux chimiques qui constituent les organes, indépendamment de la structure spéciale en fibres et en cellules que ces matériaux affectent dans les animaux et dans les végétaux...

« Nous avons prouvé, ajoute M. Berthelot, que les affinités chimiques, la chaleur, la lumière, l'électricité, suffisent pour déterminer les éléments à s'assembler en composés organiques. Or nous disposons de ces forces à notre gré, suivant les lois régulières et connues ; entre nos mains, elles donnent lieu à des combinaisons infinies par leur nombre et par leur variété. Voilà comment nous reproduisons dès à présent une multitude de principes naturels, et comment nous avons l'espoir légitime de reproduire également tous les autres... »

Ainsi, « on peut établir, contrairement aux opinions anciennes, que les effets chimiques de la vie sont dus au jeu des forces chimiques ordinaires, au même titre que les effets physiques et mécaniques de la vie ont lieu suivant le jeu des forces purement physiques et mécaniques » (1).

« Nous n'admettons pas de force vitale exécutive », dit de son côté Claude Bernard. « Cependant nous reconnaissons qu'il existe dans les êtres vivants des phénomènes vitaux et des composés chimiques qui leur sont propres... Le chimisme du laboratoire et le chimisme du corps vivant sont soumis aux mêmes lois ; il n'y a pas deux chimies ; Lavoisier l'a dit. Seulement le chimisme du laboratoire est exécuté à l'aide d'agents, d'appareils que le chimiste a créés ; le chimisme de l'être vivant est exécuté à l'aide d'agents et d'appareils que l'organisme a créés.

« Nous avons surabondamment démontré, continue l'éminent physiologiste, la vérité de cette proposition relativement aux agents d'analyse ou de destruction organique... Pour les phénomènes de création organique, il doit en être de même. Le chimisme du laboratoire peut opérer les synthèses comme les corps vivants, et déjà il en a réalisé un grand nombre. Les chimistes ont fait des essences, des huiles, des graisses, des acides que les organismes vivants fabriquent eux-mêmes. Mais là encore on peut affirmer que les agents de synthèse diffèrent...

« En un mot, le chimiste dans son laboratoire et l'organisme vivant dans ses appareils travaillent de

(1) Berthelot, *la Synthèse chimique*, pp. 269-272.

même, mais chacun **avec ses** outils. Le chimiste pourra faire les **produits** de l'être vivant, mais il ne fera jamais **ses** outils, parce qu'ils sont le résultat même de la morphologie organique, qui est hors du chimisme proprement dit ; et, sous ce rapport, il n'est pas plus possible au chimiste de fabriquer le ferment le plus simple que de fabriquer l'être vivant tout entier » (1).

Ces vues de la science contemporaine confirment ce que dit saint Thomas des actes de la vie végétative.

« La plus inférieure des opérations de l'âme, dit notre docteur, est celle qui est faite par le moyen d'un organe corporel et par la vertu d'une qualité corporelle. Néanmoins cette opération surpasse l'action de la nature simplement corporelle. Car les corps inorganiques sont mis en mouvement par une cause extérieure ; les opérations végétatives, au contraire, viennent d'un principe interne: c'est là en effet le caractère commun de toutes les opérations de l'âme. Tout être animé se meut lui-même de quelque manière ; et telle est l'opération de l'âme végétative. Ainsi la digestion et les actes nutritifs qui la suivent, se font par l'action de la chaleur, mais la chaleur est alors l'instrument de l'âme » (2).

---

(1) Cl. Bernard, *Leçons sur les phénomènes de la vie communs aux animaux et aux végétaux*, t. I, p. 225 et suiv.

(2) Infima autem operationum animæ est quæ fit per organum

La physiologie n'a pu encore pénétrer le mystère de l'assimilation nutritive, mais elle est obligée de reconnaître que, dans cette opération caractéristique, chaque partie vivante agit pour elle-même en même temps que pour la perfection totale de l'être vivant.

Voici quelques témoignages empruntés à l'enseignement actuel de la science physiologique.

« Chaque élément anatomique choisit, pour ainsi dire, dans le milieu intérieur les substances qu'il s'incorpore ; c'est ainsi que les sels du tissu musculaire ne sont pas les mêmes que ceux du cartilage... L'oxygène est, dans le sang, combiné avec l'hémoglobine des globules sanguins ; il faut donc une action particulière des éléments anatomiques pour s'emparer du gaz vital qui leur est nécessaire, en désoxydant l'hémoglobine. Il est impossible de définir entièrement cette action, mais la réalité de son existence est rendue bien évidente par l'étude des actes semblables, ou même beaucoup plus énergiques, que nous voyons accomplis par des organismes élémentaires, monocellulaires. Ainsi, cer-

---

corporeum et virtute corporeæ qualitatis. Supergreditur tamen operationem naturæ corporeæ ; quia motiones corporum sunt ab exteriori principio ; hujusmodi autem operationes sunt a principio intrinseco : hoc enim commune est omnibus operationibus animæ. Omne enim animatum aliquo modo movet seipsum, et talis est operatio animæ vegetabilis. Digestio enim, et ea quæ consequuntur, fit instrumentaliter per actionem caloris, ut dicitur in II *de Anima* (*Sum. theol.*, I, q. LXXVIII, a. 1).

tains ferments, qui ont besoin d'oxygène pour se développer et vivre, s'ils ne trouvent pas dans le milieu ambiant ce gaz libre ou en solution, mais seulement à l'état de combinaisons, sont capables de défaire ces combinaisons pour se procurer le gaz comburant. C'est le cas de ces vibrioniens qu'a étudiés Pasteur, qui décomposent le tartrate de chaux ou qui transforment l'acide lactique en acide butyrique. Chez l'homme et les animaux supérieurs, dit Claude Bernard, les éléments anatomiques se comportent comme ces animalcules vibrioniens : ils désoxydent l'hématine » (1).

Souvent un organe opère sa fonction nutritive de manière à former le produit nécessaire à l'économie générale du corps, lors même que les matériaux qui lui sont offerts ne sont pas ceux qu'il trouve habituellement à sa portée. Ainsi, « pour une même espèce nourrie très différemment, les corps gras d'un même tissu paraissent à peine varier » (2). — « Sans doute, il y a, entre les phénomènes de la nutrition et l'emploi de certains aliments, des relations qui ont été bien mises en lumière par les beaux travaux de Dumas et de Boussingault ; mais la rigueur de ces usages n'est pas absolue. L'organisme jouit d'une certaine élasticité, d'une certaine laxité dans les mécanismes, qui lui permet les compensations. Il peut remplacer une substance par

---

(1) Mathias Duval, *Cours de physiologie*, Paris, 1883, pp. 449, 459.
(2) *Ibid.*, p. 447.

une autre, faire servir une matière à bien des usages divers » (1).

On le voit, si la vie végétative agit par le moyen des forces physico-chimiques, pour produire des composés et des mouvements de l'ordre corporel, elle suit dans ses actes et dans son évolution un plan qui lui appartient en propre, une direction qui n'est pas rigoureusement subordonnée aux influences extérieures. Le vivant végète pour se nourrir lui-même, pour se développer lui-même, pour composer lui-même la semence qui transmettra sa vie à un être de même espèce ; et dans ce triple travail qui le conserve, l'accroît et le reproduit, chacune des parties vivantes qui le constituent, accomplit ses opérations autant pour la perfection de l'ensemble que pour la régénération et l'accroissement de sa propre substance.

« L'alimentation reconstitue une sorte de fonds de roulement, par des substances qui n'ont qu'une appropriation générale et non pas spéciale et rigoureuse. Ces matériaux sont mis en œuvre par l'élément organique sous l'influence d'une irritation nutritive, d'une excitation provoquée par un agent nerveux ou autre et qui traduit l'influence de la vie. Considéré en lui-même, le résultat de l'action est purement chimique ; mais son point de départ est l'activité germinative ou proliférante du tissu vivant,

(1) Cl. Bernard, *op. cit.*, t. II, pp. 384. — Cf. Mathias Duval, *op. cit.*, p. 442.

manifestée pendant toute la durée de l'existence de l'être comme à son début. Cette activité germinative réside dans l'élément cellulaire organique »(1).

« Le rôle de l'aliment est donc subordonné à celui de la cellule qui doit l'utiliser. L'indépendance de l'organisme relativement au régime alimentaire, la fixité de la composition du sang et des tissus exigent qu'il en soit ainsi. Il importe donc moins qu'on ne l'a cru de fournir à la cellule... de l'amidon, du sucre ou des substances analogues, capables de coopérer directement à la formation du nouveau produit. Cette action réelle, sans doute, de l'aliment est primée par une autre action plus essentielle qui est d'intervenir comme *excitant de l'activité nutritive de la cellule* » (2).

Il ne faudrait donc pas s'imaginer que les organes et les tissus vivants s'accroissent comme des cristaux qui attirent, dans une dissolution complexe, les éléments qui leur sont similaires en restant indifférents vis-à-vis des autres (3). Non : la nutrition et, en général, les actes essentiels de la vie végétative sont des élaborations intimes par lesquelles les cellules vivantes transforment, pour elles-mêmes, et dans l'intérêt du corps tout entier, les substances mortes que saisit leur action vitale. Le but de ces

(1) Cl. Bernard, *op. cit.*, t. II, pp. 385, 386.
(2) Cl. Bernard, *op. cit.*, t. II, pp. 520, 521.
(3) Cf. *ibid.*, pp. 381.

opérations est la production d'éléments matériels, liquides ou tissus ; les moyens immédiats sont du même ordre que ceux de la physique et de la chimie des corps bruts. Mais l'impulsion fondamentale a pour cause la vie de la cellule. La vie végétative ne peut rien que par les forces physico-chimiques ; mais elle les tourne à ses intentions naturelles, et en tire des effets qu'à elles seules elles seraient incapables de produire.

II. — Faut-il conclure que le sujet propre des puissances végétatives est un principe substantiel existant à part, qui met en mouvement des forces physico-chimiques extérieures à lui-même, et dirige ainsi, par son unité dominatrice et son influence extrinsèque, le travail de l'organisation corporelle ?

Est-ce là ce que signifient ces paroles de Claude Bernard : « La force vitale dirige des phénomènes qu'elle ne produit pas ; les agents physiques produisent des phénomènes qu'ils ne dirigent pas » (1) ?

Tel n'est pas le sens que paraît y avoir attaché leur auteur. Suivant lui, « la force vitale, la vie appartiennent au monde métaphysique ; leur expression est une nécessité de l'esprit : nous ne pouvons nous en servir que subjectivement. Notre esprit saisit l'unité et le lien, l'harmonie des phénomènes, et il la considère comme l'expression d'une *force* ; mais

---

(1) Cl. Bernard, op. cit., t. I, p. 51.

grande serait l'erreur de croire que cette force métaphysique est active. Il en est d'ailleurs de même de ce que nous appelons les *forces physiques* ; ce serait une pure illusion que de vouloir rien provoquer par elles. Ce sont là des conceptions métaphysiques nécessaires, mais qui ne sortent point du domaine intellectuel où elles sont nées, et ne viennent point réagir sur les phénomènes qui ont donné à l'esprit l'occasion de les créer » (1).

Nous n'admettons point cet idéalisme peu clairvoyant, qui relègue les notions métaphysiques en dehors des réalités objectives de la nature. Pour nous, les *forces* sont des causes naturelles et réelles qui ont leur principe dans le fond des substances.

Mais ce n'est pas à dire que nous donnions pour sujet aux *forces végétatives*, non plus qu'aux *forces* simplement *physico-chimiques*, un principe substantiel qui ait une existence indépendante de la matière, et qui agisse sur elle comme sur un objet existant à part.

Non ; la puissance végétative est aussi dépendante de la matière du corps vivant que l'activité des corps inorganiques est dépendante de la matière de ces corps. L'une et l'autre ne manifestent aucune opération que dans la matière, par la matière et pour un résultat matériel. L'une et l'autre ignorent absolument ce qu'elles font, et il n'y a aucune trace

(1) *Ibid.*, pp. 53. 54.

de connaissance dans la sphère propre de leur action. Si, en dehors de nos facultés intellectuelles, nous avons une certaine conscience des modifications de notre corps, il est facile de voir que c'est un sens, une faculté d'un autre ordre, qui nous donne cette connaissance, et non point nos puissances végétatives par elles-mêmes.

Quelle pourrait bien être la nature de l'action du principe végétatif, s'il pouvait agir par lui-même sur le corps pour le faire végéter à part physiquement et chimiquement ?

Y aurait-il dans la plante un principe incorporel et indépendant qui agirait sur le corps du végétal à la manière dont une substance spirituelle peut mouvoir une substance corporelle qu'elle pénètre ?

Quelle hypothèse imaginaire ! Peut-on admettre qu'une substance ignorante, ne sachant ce qu'elle fait, soit néanmoins chargée de diriger l'évolution d'une autre substance à laquelle elle serait enchaînée ? Pourquoi ne pas reconnaître plutôt que le corps qui végète a le pouvoir de diriger lui-même sa végétation ? La tendance que la nature a mise dans chaque être vers sa fin, est bien suffisante pour donner constamment à ce corps l'impulsion nécessaire.

Les actes végétatifs sont manifestement provoqués du dehors par des causes physico-chimiques, lumière, chaleur, humidité ; comment, dans l'hypothèse que nous combattons, la substance dirigeante pourra-t-elle recevoir cette provocation ? La substance dirigée l'éprouvera-t-elle la première pour la communiquer à l'autre ? — Mais ce corps, supposé incapable de végéter par lui-même, devrait être à plus forte raison impuissant à communiquer une impression quelconque à une substance purement incorporelle. La hiérarchie naturelle des substances ne peut permettre au corporel d'impressionner l'incorporel.

Dira-t-on qu'un principe vital, indépendant, pousse et dispose constament le corps à végéter, et que les agents extérieurs ne font que donner à ce dernier l'occasion de suivre cette impulsion et d'appliquer cette disposition ? — Mais, encore une fois, l'inclination naturelle que le corps, comme tout être, doit avoir vers sa fin, suffit au rôle que l'on veut attribuer à ce prétendu principe indépendant.

Concluons que le corps qui végète est le sujet propre et complet des puissances végétatives, et qu'il contient dans sa constitution essentielle le principe même de sa vie et des opérations qu'elle produit. Or, nous désignons par le nom d'âme tout principe de vie. Nous pouvons donc dire que l'âme végétative est partie essentielle du corps qui végète, et que c'est le corps animé qui est le sujet de la vie végétative et des puissances qui en découlent (1).

(1) Illud est subjectum operativæ potentiæ quod est potens operari ; omne enim accidens denominat proprium subjectum. Idem au-

III. — Fort bien, dira-t-on, pour ce qui est de la vie des végétaux. Cette solution est même admissible pour la vie végétative des animaux sans raison : en eux, l'âme, de nature inférieure, peut être entièrement dépendante de la matière. — Mais l'âme humaine est, par essence, une substance spirituelle, subsistante en elle-même, et absolument indépendante de la matière dans sa propre existence. En admettant même qu'elle soit le principe actif qui *forme* le corps humain avec la matière, qu'il y ait entre le corps de l'homme et son âme unité substantielle, ne faut-il pas reconnaître que cette âme est, à elle seule, le sujet de toutes ses puissances, comme elle est à elle seule le sujet de son existence indépendante ? Le corps humain ne reçoit-il donc pas de son âme l'impulsion végétative comme d'un principe moteur agissant sur lui d'une manière extrinsèque, quoique cette action s'exerce dans les dernières profondeurs de la substance du corps ? Les organes corporels sont sans doute des instruments nécessaires aux opérations des puissances végétatives ; mais, à vrai dire, dans l'homme, le sujet propre de ces puissances, et par conséquent

---

tem est quod potest operari et quod operatur. Unde oportet quod ejus sit potentia sicut subjecti cujus est operatio, ut etiam Philosophus dicit in principio libri *de Somno et Vigilia* (Sum. theol., I, q. LXXVII, a. 5).

de leurs opérations, n'est-ce pas l'âme elle-même, et l'âme seule ?

Il y a, ce nous semble, dans cette objection, un malentendu, qu'il importe de dissiper : nous allons essayer de résoudre la difficulté, à la lumière de la doctrine de saint Thomas.

Quel est, dans l'homme, le rôle de l'âme à l'égard du corps ?

Avant tout, c'est elle qui en est l'unique principe actif au point de vue de la constitution substantielle du corps vivant. C'est ce que signifie la forte expression de saint Thomas : l'âme humaine est l'*acte* du corps humain vivant. C'est ce principe actif qui constitue le corps, qui le *forme*, en actualisant, pour le composer, la matière première, principe absolument passif, capable, non de donner, mais de recevoir l'*être*, et d'entrer ainsi comme élément essentiel dans la substance du corps. L'âme, qui *forme* ainsi le corps de l'homme, est dite, dans la langue scolastique, la *forme* du corps. Par cette *formation*, l'âme humaine est unie aussi étroitement à la matière du corps humain que le principe de vie de l'animal ou de la plante à la matière du corps de ces êtres vivants inférieurs (1).

(1) Nulla alia forma substantialis est in homine nisi sola anima intellectiva. (I, q. LXXVI, a. 4). — Una enim et eadem forma est per essentiam, per quam homo est ens actu, et per quam est corpus, et per quam est vivum, et per quam est animal, et per quam est homo (I, q. LXXVI, a. 6, ad 1). — Oportet igitur quod corporeitas,

Mais est-ce à dire que le procédé naturel qui fait l'unité substantielle, soit identique dans la *formation* du corps humain et dans celle du corps de l'animal ou du végétal ?

Non ; d'après saint Thomas, le procédé de formation n'est pas le même, parce que la nature des principes *formateurs* n'est pas identique.

Le principe de vie, dans l'animal et dans la plante, n'est pas subsistant en lui-même. Au point de vue de l'*être*, il ne peut se comporter autrement que le principe actif qui *forme* un corps inorganique : l'un pas plus que l'autre n'a d'*être* complet en lui-même ; on ne peut leur attribuer d'*être* qu'en tant que par eux subsistent les composés qu'ils *forment*. Ces principes n'ont pas d'*existence* propre : ils n'ont qu'une *coexistence* avec la matière dans les corps. Dans la *formation* corporelle, ils ne communiquent pas à la matière un *être* qui leur appartienne, par lequel ils aient une subsistance indépendante ; tout au contraire, ce qu'ils ont d'*être* n'est que de l'être conjoint, entièrement plongé dans la matière (1).

prout est forma substantialis in homine, non sit aliud quam anima rationalis, quæ in sua materia hoc requirit quod habeat tres dimensiones ; est enim actus corporis alicujus (*C. Gent.*, lib. IV, cap. 81).

(1) Ista radix est falsa, scilicet quod anima sensitiva per se habeat esse et operationem, ut ex superioribus patet (q. LXXV, a. 3); non enim corrumperetur, corrupto corpore. Et ideo, quum non sit forma subsistens, habet se in essendo ad modum aliarum formarum corporalium, quibus per se non debetur esse ; sed esse dicuntur, in-

Mais l'âme humaine a son existence propre, qui ne dépend que de Dieu. Elle subsiste en elle-même, et c'est son *être* qu'elle communique à la matière pour *former* le corps. C'est par cette communication que se fait l'unité substantielle de l'homme, si bien que l'*être* de l'homme total est l'*être* même de son âme (1).

Or, la puissance active est le complément naturel et proportionné de l'être. Aussi, comme conséquence de la communication de son *être*, l'âme humaine communique-t-elle au corps qu'elle *forme* celles de ses puissances actives que peut recevoir une substance corporelle. Ces puissances deviennent ainsi communes au corps et à l'âme, bien que l'âme en reste seule le principe et la racine (2).

Cette communication de puissance se fait par un *contact de vertu*: l'influence active qui découle de l'âme, s'empare des organes corporels et les fait

---

quantum composita subsistentia per eas sunt (*Sum. theol.*, I, q. cxviii, a. 1). — Formæ autem et accidentia et alia hujusmodi non dicuntur entia quasi ipsa sint, sed quia eis aliquid est... Accidentia et formæ et hujusmodi quæ non subsistunt, magis sunt coexistentia quam entia (I, q. xlv, a. 4).

(1) Licet anima habeat esse completum, non tamen sequitur quod corpus ei accidentaliter uniatur; tum quia illud idem esse quod est animæ, communicat corpori, ut sit unum esse totius compositi ; tum etiam quia, etsi possit per se subsistere, non tamen habet speciem completam, sed corpus advenit ei ad completionem speciei (*Q. disp., de Anima*, a. 1, ad 1. — Cf. *Sum. theol.*, I, q. lxxvi, a. 1, ad 5).

(2) Aliæ vero potentiæ sunt communes animæ et corpori ; unde talium potentiarum non oportet quod quælibet sit in quocumque est

participer à l'activité de l'âme. C'est de la sorte que l'âme humaine *contient* le corps, loin d'être contenue par lui. Les puissances communiquées tiennent au corps et à l'âme : quand elles entrent en action, le corps sert d'instrument à l'âme, qui le meut et le gouverne ; mais l'âme le gouverne en l'associant à l'exercice de son pouvoir d'une manière si intime que les actes de ces puissances communes sont véritablement des actes du corps animé (1).

Les actes végétatifs sont de ce nombre, même dans l'homme : il n'y a pas de raison suffisante pour leur assigner, dans l'être humain, un autre mode d'action que dans les êtres vivants inférieurs.

Donc, en l'homme, comme dans l'animal et dans

---

anima, sed solum in illa parte corporis quæ est proportionata ad talis potentiæ operationem (*Sum. theol.*, I, q. LXXVI, a. 8, ad 4). — Omnes hujusmodi potentiæ per prius sunt in anima quam in conjuncto, non sicut in subjecto, sed sicut in principio (I, q. LXXVII, a. 5, ad 2). — Unde, corrupto conjuncto, non manent hujusmodi potentiæ actu, sed virtute tantum manent in anima sicut in principio vel radice (I, q. LXXVII, a. 8).

(2) Substantia spiritualis quæ unitur corpori solum ut motor, unitur ei per potentiam et virtutem ; sed anima intellectiva corpori unitur ut forma per suum esse, administrat tamen ipsum et movet per suam potentiam et virtutem (I, q. LXXVI, a. 6, ad 3). — Substantia incorporea sua virtute contingens rem corpoream continet ipsam et non continetur ab ea ; anima enim est in corpore ut continens et non ut contenta (I, p. LII, a. 1). — Inquantum vero anima est motor corporis, corpus instrumentaliter servit animæ (III, q. VIII, a. 2). — Potentiæ illæ quarum operationes non sunt solius animæ, sed conjuncti, sunt in organo sicut in subjecto, in anima autem sicut in radice (*Q. disp., de Spirit. creat.*, a. 4, ad 3).

la plante, ce n'est pas l'âme seule qui est le sujet des puissances végétatives, mais le corps et l'âme tout ensemble, le composé vivant (1).

(1) Potentiarum animæ plures non sunt in anima sicut in subjecto, sed in composito ; et huic multiplicitati potentiarum competit multiformitas partium corporis *Q. disp.*, *de Spirit. creat.*, a. 11, ad 20).

CHAPITRE III

Les puissances sensitives.

I. Le sujet des puissances sensitives est le composé de corps et d'âme. — II. Néanmoins les forces physico-chimiques ne concourent pas directement aux opérations sensitives. — III. Discussion sur les systèmes de Descartes, Bossuet, Malebranche, Leibniz, relativement au sujet de la sensation. — IV. Saint Thomas oppose à la théorie de Platon et à celle de Démocrite la solution d'Aristote : « sentir est l'acte, non pas de l'âme seulement, mais du composé ». — V. Explication de cette formule au moyen de l'unité substantielle de l'être corporel vivant et sensible. — VI. C'est parce que la sensation s'accomplit dans un organe corporel, que les sens ne perçoivent que l'individuel. Application de cette règle, non seulement aux sens externes, mais encore aux sens internes : sens central, imagination, sens appréciatif, mémoire sensitive.

I. — Les explications que nous avons données sur l'action commune de l'âme et du corps dans les opérations de la vie végétative aideront à comprendre quel est le sujet des puissances sensitives.

Il est temps d'aborder le pouvoir de sentir.

Qu'est-ce qui sent dans l'animal et dans l'homme? Est-ce le corps et l'âme, dans leur unité substantielle, ou bien l'âme toute seule ?

Comme nous ne pouvons juger de l'animal que par analogie avec nous-mêmes, c'est en nous que nous devons chercher la solution du problème.

Or, l'acte de sentir, lorsqu'il est complet, n'est pas, comme l'acte de végéter, étranger par lui-même à la conscience : tout au contraire, il est alors, par nature, un fait d'expérience interne. Ainsi, la sensation proprement dite comprend et la perception par les sens d'un objet matériel et la perception consciente de l'acte du sujet sentant. Il est donc naturel de penser que c'est notre conscience même qui nous fournira la réponse que nous cherchons.

Or, qu'observons-nous en nous-mêmes quand nous percevons un objet sensible ?

Quand, par exemple, nous sentons par le tact un corps comme étendu, ne sentons-nous point que ce qui sent en nous est étendu aussi, et que c'est au moyen de cette étendue subjective qu'est sentie l'étendue de l'objet? Oui, nous avons conscience d'éprouver cette sensation en tant que sujets corporels comme est corporel ce que nous percevons ; ce que nous sentons impressionné et sentant, c'est quelque chose d'étendu qui est nous-mêmes ; nous sentons notre corps subjectivement affecté, en nous, dans l'acte par lequel nous sentons. Et cependant, il est manifeste aussi que la sensation part de notre âme ; car nous avons conscience qu'elle émane de nous comme d'une source simple et indivisible (1).

(1) Cf. T. Pesch, *Institutiones philosophiæ naturalis*, Fribourg, 1880, pp. 141, 142, 153.

La sensation est donc un acte commun au corps et à l'âme. Mais la conscience atteste aussi que cet acte est *un* en lui-même. Il faut donc qu'il soit l'acte d'une puissance à la fois corporelle et incorporelle, et que le sujet de cette puissance soit, non point l'âme seule, mais le corps et l'âme ensemble, dans l'unité substantielle d'un même être.

Si nous en croyons notre conscience, n'est-ce point aussi dans le corps et dans l'âme, agissant ensemble comme sujet substantiellement *un*, que s'accomplissent nos actes passionnels et les actes par lesquels nous mouvons nos membres ?

Oui ; quand, par exemple, nous éprouvons un plaisir corporel ou une douleur corporelle, c'est par notre corps, comme par quelque chose de nous-mêmes, que nous nous sentons jouir ou souffrir ; mais c'est aussi de notre âme que nous sentons dériver cette jouissance ou cette souffrance ; l'une et l'autre retentissent dans notre conscience comme des actes de notre *moi* simple et indivisible.

De même, nous avons conscience que c'est ce *moi* qui meut notre corps dans nos mouvements volontaires ; mais, en mettant ainsi nos membres en mouvement, nous sentons que c'est par notre corps que nous le mouvons lui-même, que c'est dans nos organes, comme parties de nous, que se fait notre acte moteur.

Le témoignage de la conscience est donc d'accord avec cette doctrine de saint Thomas : l'âme n'est pas plus, à elle seule, le sujet des puissances sensitives qu'elle ne l'est des puissances végétatives ; le sujet des unes et des autres est un et mixte à la fois : c'est le corps et l'âme, unis ensemble dans une seule substance composée (1).

Nous verrons cette solution confirmée par la faiblesse du spiritualisme cartésien sur cette question.

II. — Remarquons dès à présent qu'il existe une différence essentielle entre le rôle du corps dans les actes végétatifs et celui qu'il a dans les actes sensitifs.

Les opérations végétatives se font immédiatement par la vertu des forces physico-chimiques, lesquelles reçoivent de l'âme une direction intime. Au contraire, les forces physico-chimiques du corps ne concourent aux opérations sensitives que pour disposer les organes à participer à l'action mixte de sentir, et pour leur transmettre instrumentalement

---

(1) Quædam vero potentiæ sunt in conjuncto sicut in subjecto, sicut omnes potentiæ sensitivæ partis et nutritivæ (*Sum. theol.*, I, q. LXXVII, a. 8). — Hæ potentiæ... non sunt proprietates solius animæ, sed conjuncti (*Ibid.*, ad 2). — Anima sensibilis movet per appetitum. Actio vero appetitus sensibilis non est animæ tantum, sed compositi; unde talis vis habet determinatum organum. Unde non oportet ponere quod anima sensibilis aliquam operationem habeat absque corporis communione (*Q. disp., de Potentia*, q. III, a. 11, ad 18). — Nous devons faire remarquer ici que saint Thomas ne s'appuie pas explicitement sur le témoignage de la conscience pour établir cette doctrine ; son argumentation est plus sommaire.

l'impulsion motrice sous l'influence de l'appétition. Il n'y a, en effet, nulle proportion immédiate entre la nature de ces forces inférieures et celles des actions sensitives, soit que l'on envisage l'acte de sentir comme perception d'un objet extérieur, soit qu'on y considère l'opération d'un sujet percevant son propre acte (1).

Quand, par exemple, nous touchons avec la main un corps chaud, notre main est échauffée par la chaleur de ce corps ; nous subissons ainsi, dans cet organe, une modification de l'ordre physique. Par cette modification, notre main devient, sous un certain rapport, semblable au corps extérieur qui a été en contact avec elle ; mais cette similitude, strictement

(1) Est autem alia operatio animæ infra istam, quæ quidem fit per organum corporale, non tamen per aliquam corpoream qualitatem, et talis est operatio animæ sensibilis : quia, etsi calidum et frigidum et humidum et siccum et aliæ hujusmodi qualitates corporeæ requirantur ad operationem sensus, non tamen ita quod mediante virtute talium qualitatum operatio animæ sensibilis procedat ; sed requiruntur solum ad debitam dispositionem organi (*Sum. theol.*, I, q. LXXVIII, a. 1). — Anima vero sensibilis non agit per virtutem calidi et frigidi de necessitate, ut patet in actione visus et imaginationis et hujusmodi ; quamvis ad hujusmodi operationes requiratur determinatum temperamentum calidi et frigidi ad constitutionem organorum, sine quibus actiones prædictæ non fiunt : unde non totaliter transcendit ordinem materialium principiorum, quamvis ad ea non tantum deprimatur quantum formæ prædictæ (*Q. disp., de Potentia*, q. III, a. 11). — Organum virtutis appetitivæ movet localiter, non motum, sed aliquo modo alteratum localiter. Operatio enim appetitivæ sensibilis sine corporali alteratione non contingit, sicut patet in ira et in hujusmodi passionibus (*Ibid.*, ad 10).

limitée à une manière d'être absolument matérielle, ne donne point à l'organe qui l'éprouve une connaissance quelconque de l'objet extérieur qui la lui imprime. La matière est un principe de détermination tellement individuelle et si rigoureusement restreinte, que toute modification physiquement matérielle est incapable de causer une extension au dehors du sujet telle que l'exige la perception des sens (1).

Une modification physique est bien susceptible d'être communiquée à un corps extérieur ; ainsi, dans l'exemple que nous venons de prendre, notre main échauffée répand bien sa chaleur autour d'elle ; mais, dans cette extension de sa manière d'être, le sujet perd ce qu'il a, loin d'acquérir quelque chose du dehors. Dans la perception des sens, au contraire, le sujet saisit et s'approprie quelque chose de ce qu'est l'objet perçu (2).

C'est parce qu'ils sont impuissants pour une telle *appréhension* au delà de leur individualité matérielle,

---

(1) Actus cognitionis se extendit ad ea quæ sunt extra cognoscentem. Cognoscimus enim etiam ea quæ extra nos sunt. Per materiam autem determinatur forma rei ad aliquid unum. Unde manifestum est quod ratio cognitionis ex opposito se habet ad rationem materialitatis (*Sum. theol.*, 1, q. LXXXIV, a. 2). — Oculus enim non cognoscit lapidem secundum esse quod habet in oculo; sed per speciem lapidis quam habet in se, cognoscit lapidem secundum esse quod habet extra oculum (I, q. XIV, a. 6, ad 1).

(2) Sensus non apprehendit essentias rerum, sed exteriora accidentia tantum (I, q. LVII, a. 1, ad 2). — Operatio virtutis apprehensivæ perficitur in hoc quod res apprehensæ sunt in apprehendente (I, q. LXXXI, a. 1).

que les corps inorganiques, et même les végétaux, sont incapables de perception par quelque sens. Rien ne nous autorise, en effet, à supposer pareille perception aux plantes, non plus qu'aux corps non vivants. Sans doute, les plantes et les corps bruts eux-mêmes tendent par une inclination naturelle vers les choses extérieures qui leur conviennent; mais, pour expliquer cette tendance, il n'est nullement nécessaire de leur attribuer aucune connaissance, aucune *appréhension* de ce que sont les choses vers lesquelles ils tendent. La Providence qui les dirige vers leur fin, supplée à leur ignorance par sa connaissance suprême (1).

Pour la perception des sens, opération propre à la vie animale, il faut, dans l'organe corporel, une modification d'un ordre supérieur à l'ordre physi-

(1) Et ideo quæ non recipiunt formas nisi materialiter, nullo modo sunt cognoscitiva, sicut plantæ, ut dicitur in II lib. *de Anima* (I, q. LXXXIV, a. 2). — Quamlibet formam sequitur aliqua inclinatio; sicut ignis ex sua forma inclinatur ad superiorem locum et ad hoc quod generet sibi simile. Forma autem in his quæ cognitionem participant, altiori modo invenitur quam in his quæ cognitione carent. In his enim quæ cognitione carent, invenitur tantummodo forma ad unum esse proprium determinans unumquodque, quod etiam naturale uniuscujusque est. Hanc igitur formam naturalem sequitur naturalis inclinatio, quæ appetitus naturalis vocatur. In habentibus autem cognitionem sic determinatur unumquodque ad proprium esse naturale per formam naturalem, quod tamen est receptivum specierum aliarum rerum; sicut sensus recipit species omnium sensibilium (I, q. LXXX, a. 1). — Illa quæ nullo modo possunt aliquid recipere nisi materiale secundum esse, nullo modo possunt cognoscere; tamen possunt appetere, inquantum ordinantur

co-chimique. Saint Thomas appelle *spirituelle* cette modification, parce qu'elle ne produit pas une qualité physique, telle que la couleur ou la chaleur. Il n'en enseigne pas moins que cette modification, dite *spirituelle*, est faite dans l'organe corporel. La puissance de sentir est une faculté organique, mais dont la nature et la portée dépassent celles des forces physico-chimiques à tel point que ses actes ne s'accomplissent pas par la vertu de ces forces (1).

La même conclusion s'impose, si l'on examine la conscience que le sujet sentant a de sa sensation.

Les forces physico-chimiques agissent d'un corps

---

ad aliquam rem in esse naturæ existentem... Nec tamen hoc prohibetur per hoc quod appetitus in universalibus cognitionem sequitur: quia in rebus naturalibus sequitur apprehensionem vel cognitionem, non tamen ipsorum appetentium, sed illius qui ea in finem ordinat (*Q. disp., de Veritate*, q. XXII, a. 1, ad 2).

(1) Est autem sensus quædam potentia passiva, quæ nata est immutari ab exteriori sensibili... Est autem duplex immutatio : una naturalis et alia spiritualis. Naturalis quidem secundum quod forma immutantis recipitur in immutato secundum esse naturale, sicut calor in calefacto ; spiritualis autem, secundum quod forma immutantis recipitur in immutato secundum esse spirituale, ut forma coloris in pupilla, quæ non fit per hoc colorata. Ad operationem autem sensus requiritur immutatio spiritualis, per quam intentio formæ sensibilis fiat in organo sensus; alioquin, si sola immutatio naturalis sufficeret ad sentiendum, omnia corpora naturalia sentirent, dum alterantur (*Sum. theol.*, 1. q. LXXVIII, a. 3). — Quædam enim cognoscitiva virtus est actus organi corporalis, scilicet sensus (I, p. LXXXV, a. 1). — Nihil sentit sine corpore, quia actio sentiendi non potest procedere ab anima nisi per organum corporale (I, q. LXXVII, a. 5, ad 3).

sur un autre ; mais elles sont trop complètement plongées dans la matière, pour que, par elles, un sujet corporel puisse se replier sur lui-même et saisir son propre acte (1).

Cette sorte de retour sur soi, par la conscience, excède même la puissance de chaque sens particulier, précisément parce que chacun de ces sens ne peut rien percevoir qu'au moyen de la modification d'un organe matériel par l'objet de la perception. Ce qui est matériel ne peut se modifier soi-même, et par suite le sens spécial lié à tel organe ne peut se percevoir agissant, c'est-à-dire avoir conscience de son acte. Aussi, pour que le sujet sentant ait conscience de sa sensation comme d'un acte qui lui est propre, faut-il que le sens particulier où elle a pris naissance impressionne un sens central, chargé de percevoir les perceptions mêmes des autres sens. Si le sujet n'en a pas moins conscience que c'est de lui-même qu'émanent et la perception directe de l'objet et la perception interne de cette première perception, c'est, croyons-nous, parce que du sens central découle la vertu perceptive de tous les sens particuliers, dans l'unité d'un même être vivant (2).

---

(1) Potentiæ naturales insensibiles nullo modo redeunt supra seipsas, quia non cognoscunt se agere, sicut ignis non cognoscit se calefacere (*Q. disp., de l'eritate*, q. 1, a. 9).

(2) Sensus proprius sentit secundum immutationem materialis organi a sensibili exteriori. Non est autem possibile quod aliquid ma-

C'est aussi de ce sens central que part la conscience des actes passionnels, par exemple des jouissances et des douleurs corporelles, et la conscience des mouvements du corps.

Cette conscience sensitive, qui vient d'une puissance organique, est unie, dans l'homme, à une conscience supérieure par laquelle il connaît ses actes intellectuels. Or, les actes intellectuels, dans notre vie normale, accompagnent de si près les actes sensitifs, que les deux facultés de conscience paraissent n'en être qu'une seule, d'autant plus que l'une et l'autre nous font connaître les opérations d'un seul et même être qui est nous-mêmes. Il convient cependant de les distinguer aussi nettement que se distinguent entre elles la perception intellectuelle et la perception sensitive.

C'est spécialement la perception et la conscience sensitives que nous avons voulu examiner ici. Nous avons dû cependant, pour déterminer quel est le sujet immédiat de la sensation, consulter aus-

---

teriale immutet seipsum ; sed unum immutatur ab alio : et ideo actus sensus proprii percipitur per sensum communem (*Sum. theol.*, I, q. LXXXVII, a. 3, ad 3). — Sicut quum aliquis videt se videre : hoc enim non potest fieri per sensum proprium, qui non cognoscit nisi formam sensibilis a quo immutatur ; in qua immutatione perficitur visio, et ex qua immutatione sequitur alia immutatio in sensu communi, qui visionem percipit (I, q. LXXVIII, a. 4, ad 2). — Sensus interior non dicitur communis per prædicationem sicut genus, sed sicut communis radix et principium exteriorum sensuum (*Ibid.*, ad 1).

si bien notre conscience intellectuelle que notre conscience sensitive.

Cette double conscience atteste, ce nous semble, que le sujet immédiat des opérations sensitives, soit de connaissance, soit d'appétition, et partant des puissances qui les produisent, est un sujet mixte, c'est-à-dire l'âme et le corps ensemble, dans l'unité d'une même substance vivante.

III. — Les spiritualistes cartésiens, on le sait, n'admettent point cette conclusion. Mais, même dans des esprits qui l'admettent, nous craignons qu'il n'y ait quelque confusion, et certains partisans de la doctrine de saint Thomas sont peut-être quelque peu cartésiens sans le savoir.

Descartes lui-même, quoiqu'il dise que « sentir » est une « façon de penser », peut sembler, si l'on n'y regarde attentivement, attribuer le pouvoir de sentir, non pas « à l'esprit seul » mais « au composé de l'esprit et du corps », suivant l'expression qu'il emprunte à la scolastique.

« Il n'y a point de doute, dit-il, que tout ce que la nature m'enseigne contient quelque vérité ; car, par la nature, considérée en général, je n'entends maintenant autre chose que Dieu même, ou bien l'ordre et la disposition que Dieu a établis dans les choses créées ; et par ma nature en particulier, je n'entends autre chose que la complexion ou l'assemblage de toutes les choses que Dieu m'a données.

« — Or, il n'y a rien que cette nature m'enseigne plus expressément ni plus sensiblement, sinon que j'ai un corps qui est mal disposé quand je sens de la douleur, qui a besoin de manger ou de boire quand j'ai les sentiments de la faim ou de la soif, etc. Et, partant, je ne dois aucunement douter qu'il n'y ait en cela quelque vérité. — La nature m'enseigne aussi, par ces sentiments de douleur, de faim, de soif, etc., que je ne suis pas seulement logé dans mon corps ainsi qu'un pilote en son navire, mais outre cela que je lui suis conjoint très étroitement, et tellement confondu et mêlé que je compose comme un seul tout avec lui. Car si cela n'était, lorsque mon corps est blessé, je ne sentirais pas pour cela de la douleur, moi qui ne suis qu'une chose qui pense ; mais j'apercevrais cette blessure par le seul entendement, comme un pilote aperçoit par la vue si quelque chose se rompt dans son vaisseau. Et lorsque mon corps a besoin de boire ou de manger, je connaîtrais simplement cela même, sans en être averti par des sentiments confus de faim et de soif ; car en effet tous ces sentiments de faim, de soif, de douleur, etc., ne sont autre chose que de certaines façons confuses de penser qui proviennent et dépendent de l'union et comme du mélange de l'esprit avec le corps » (1).

Bossuet ne s'exprime guère autrement, lorsqu'il

(1) Descartes, 6me *Méditation*, vers le milieu.

dit à son tour : « On ne se trompe pas quand on dit que le corps est comme l'instrument de l'âme... Il y a pourtant une extrême différence entre les instruments ordinaires et le corps humain. Qu'on brise le pinceau d'un peintre ou le ciseau d'un sculpteur, il ne sent point les coups dont il a été frappé ; mais l'âme sent tous ceux qui blessent le corps ; et au contraire, elle a du plaisir quand on lui donne ce qu'il lui faut pour s'entretenir. — Le corps n'est donc pas un simple instrument appliqué par le dehors, ni un vaisseau que l'âme gouverne à la manière d'un pilote. Il en serait ainsi si elle n'était simplement qu'intellectuelle ; mais parce qu'elle est sensitive, elle est forcée de s'intéresser d'une façon plus particulière à ce qui le touche, et de le gouverner non comme une chose étrangère, mais comme une chose naturelle et intimement unie. — En un mot, l'âme et le corps ne font ensemble qu'un tout naturel, et il y a entre les parties une parfaite et nécessaire communication » (1).

Cette affirmation n'empêche pas Bossuet de dire d'autre part : « L'impression dans nos organes, qu'est-ce autre chose qu'un mouvement qui se fait en eux, en suite du mouvement qui se commence à l'objet ?... Il faut donc, pour bien raisonner, regarder toute cette suite d'impressions corporelles, depuis l'objet jusqu'au cerveau, comme chose qui tient

(1) Bossuet, *de la Connaissance de Dieu et de soi-même*, chap. III, art. 20.

à l'objet ; et, par la même raison qu'on distingue les sensations d'avec l'objet, il faut les distinguer d'avec les impressions et les mouvements qui le suivent. Ainsi, la sensation est une chose qui s'élève après tout cela, et *dans un autre sujet, c'est-à-dire non plus dans le corps, mais dans l'âme seule* » (1).

Mais, s'il en est ainsi, comment expliquer que des mouvements tout matériels, dans l'objet d'abord, puis dans nos organes, puissent provoquer la sensation dans l'âme ?

La solution donnée par Bossuet à ce problème paraît des plus simples, mais elle se réduit à la constatation d'un fait sans explication véritable.

« Comme se mouvoir n'est pas sentir, dit-il, sentir n'est pas se mouvoir. — Ainsi, quand on dit qu'une partie du corps est sensible, ce n'est pas que le sentiment puisse être dans le corps ; mais c'est que, cette partie étant toute nerveuse, elle ne peut être blessée sans un grand ébranlement des nerfs, ébranlement auquel *la nature a joint un vif sentiment de douleur* » (2).

Cet appel à la nature est fort commode sans doute pour se dispenser d'approfondir le fait complexe de la sensation ; mais pouvons-nous nous contenter de cette réponse évasive ?

C'est, à notre avis, l'indice d'une véritable faiblesse philosophique, que de remplacer ainsi l'action

---

(1) Bossuet, *de la Connaissance de Dieu et de soi-même*, III, 22.
(2) *Ibid.*, III, 22.

des causes immédiates par la mystérieuse intervention d'un agent supérieur qu'on appelle la nature, ou qu'on désigne plus clairement sous le nom de Dieu même. Certes, il faut bien reconnaître une motion et une direction divines en toutes choses, mais il faut aussi constater l'opération subordonnée, mais réelle, de la créature.

« Toute cette suite de mouvements enchaînés et continués est nécessaire pour la sensation, dit Bossuet, et c'est après tout cela qu'elle s'excite dans l'âme. Mais le secret de la nature, ou, pour mieux parler, celui de Dieu, est d'exciter la sensation lorsque l'enchaînement finit, c'est-à-dire lorsque le nerf est ébranlé dans le cerveau, et de faire qu'elle se termine à l'endroit où l'enchaînement commence, c'est-à-dire à l'objet même » (1).

N'est-pas dans le même ordre d'idées que Malebranche, poussant la théorie à l'extrême, refusait absolument d'attribuer une causalité efficiente aux êtres créés, et ne voyait en eux que des *occasions* à propos desquelles agissait seule en tout la cause infinie, Dieu ?

Leibniz, de son côté, en était arrivé à réduire toute substance créée, même corporelle, à la simplicité d'une *monade* active ; mais il n'admettait aucune action réelle d'une substance ou *monade* sur une autre. « Il y a, selon moi, disait-il, des efforts

---

(1) *Ibid.*, III, 7.

dans toutes les substances ; mais ces efforts ne sont proprement que dans la substance même, et ce qui s'ensuit dans les autres n'est qu'en vertu d'une *harmonie préétablie*, et nullement par une influence réelle ou par une transmission de quelque espèce ou qualité » (1).

Cette raison nous paraît aussi insuffisante que celle donnée par Bossuet. L'auteur de la *Connaissance de Dieu et de soi-même* semble même, quelque part, reproduire la thèse leibnizienne de *l'harmonie préétablie*. « L'union de l'âme et du corps, dit-il, se trouve faite de si bonne main, enfin l'ordre y est si bon et *la correspondance si bien établie*, que l'âme, qui doit présider, est avertie par ses sensations de ce qui se passe dans ce corps et aux environs, jusqu'à des distances infinies » (2).

Si l'on écarte ces solutions, qui, au fond, ne résolvent pas le problème, et si l'on ne veut pas reconnaître que dans la sensation l'âme et le corps agissent ensemble comme une seule substance vivante, il ne reste, selon nous, que deux moyens d'expliquer la communication qui paraît se faire à l'âme des impressions reçues par le corps des objets extérieurs. Ou bien, en agissant elle-même d'une manière extrinsèque sur le corps, l'âme saisit et comprend à sa manière les modifications.

---

(1) Leibniz, *Second éclaircissement du système nouveau de la nature.* — Cf. H. Lachelier, Introduction à la *Monadologie*, p. 28.

(2) Bossuet, *op. cit.*, III, 8, prop. 12.

physico-chimiques qui ont lieu dans les organes ; ou bien le corps, en agissant lui-même sur l'âme, lui transmet les impressions qu'il a d'abord subies du dehors.

Dans la première hypothèse, l'âme pourrait tout au plus percevoir les modifications des organes comme objets extérieurs à elle ; elle assisterait comme témoin à ce qui se passerait dans le corps qui lui est uni, et il ne semble pas qu'elle pût par là sentir les autres corps : indubitablement, elle ne pourrait ainsi avoir conscience de la sensation comme d'un acte émanant à la fois du corps et de l'âme. Or, en fait, ce que la sensation nous fait le moins connaître, ce sont les modifications physico-chimiques de son organe : manifestement ce n'est pas cela qui est son objet propre ; elle aboutit directement à un objet matériel extérieur à notre corps ; et elle atteint cet objet par un acte que la conscience nous révèle comme émanant de nous-mêmes « tout entiers, en tant que composés de corps et d'âme ».

Descartes, qui se sert à sa manière de ces dernières expressions (1), croit pouvoir expliquer la sensation en supposant une sorte de « mélange de l'esprit et du corps ». Mais, quelque intime que soit cette sorte de « mélange », s'il n'en résulte point un seul sujet substantiel, si l'homme, malgré

---

(1) Descartes, *loc. cit.*

tout, n'est essentiellement qu'une « chose qui pense », l'âme ne pourra être, à l'égard du corps, qu'une substance présente et agissante d'une façon extrinsèque, et leur union ainsi comprise n'expliquera pas plus le caractère de la sensation que la théorie platonicienne, qui place l'âme dans le corps comme un pilote est dans son navire.

Il y a encore plus de difficulté à admettre la seconde hypothèse que nous avons énoncée, c'est-à-dire la transmission à l'âme des impressions organiques par une action du corps sur l'âme. Comment, en effet, ce qui est **corporel** pourrait-il agir sur ce qui est incorporel ? On a peine à comprendre qu'un philosophe qui se refuse à reconnaître l'unité substantielle de l'être humain à cause de la supériorité de la nature de l'âme à l'égard de celle du corps, puisse néanmoins admettre une action d'un organe corporel sur l'âme, substance incorporelle.

Cependant Descartes, après s'être persuadé que l'âme humaine « ne peut avoir, en tout le corps, aucun autre lieu où elle exerce immédiatement ses fonctions qu'une certaine glande fort petite, placée dans le milieu de la substance du cerveau », n'hésite pas à rendre compte de la manière suivante de la transmission à l'âme des impressions reçues par les organes des sens. « Par exemple, dit-il, si nous voyons quelque animal venir vers nous, la lumière réfléchie de son corps en peint deux images, une en chacun de nos yeux, et ces deux images en forment deux autres, par l'entremise des nerfs optiques, dans la superficie intérieure du cerveau qui regarde ces cavités ; puis de là, par l'entremise des esprits dont ces cavités sont remplies, ces images rayonnent en telle sorte vers la petite glande que ces esprits environnent, que le mouvement qui compose chaque point de l'une des images tend vers le même point de la glande, vers lequel tend le mouvement qui forme le point de l'autre image, laquelle représente la même partie de cet animal : au moyen de quoi, les deux images qui sont dans le cerveau n'en composent qu'une seule sur la glande, qui, *agissant immédiatement contre l'âme*, lui fait voir la figure de cet animal » (1).

Nous voyons ici clairement à quoi se réduit le prétendu mélange de l'esprit et du corps : il laisse si bien ces deux substances extérieures l'une à l'autre, qu'il permet de dire qu'un organe du corps agit immédiatement contre l'âme, pour lui faire voir un objet sensible.

IV. — Saint Thomas oppose la solution donnée par Aristote à celle qu'avait adoptée Platon, et à celle qu'avait soutenue Démocrite, et se range, on le sait, à l'avis d'Aristote.

(1) Descartes, *les Passions de l'âme*, §§ 31, 32.

« Platon, dit-il, reconnaissant que ce qui est incorporel ne peut être modifié par ce qui est corporel, affirmait que la connaissance intellectuelle ne se fait point au moyen de la modification de l'entendement par les choses sensibles, mais au moyen d'une participation à des formes intelligibles séparées. Le sens aussi est, suivant Platon, une certaine puissance agissant par elle-même. Par suite, le sens, puisqu'il est une puissance spirituelle, n'est pas, lui non plus, modifié par les objets sensibles : mais les organes des sens sont modifiés par ces objets sensibles ; et, excitée en quelque sorte par cette modification, l'âme forme en elle-même les images de ces objets. C'est cette opinion que paraît exprimer saint Augustin, lorsqu'il dit : « Ce n'est pas le corps qui sent, mais l'âme au moyen du corps ; elle se sert du corps comme d'un messager, afin de reproduire en elle-même ce qui lui est annoncé extérieurement ». Ainsi donc, suivant l'opinion de Platon, ni la connaissance intellectuelle ne procède de l'objet sensible, ni même la connaissance par les sens ne procède totalement des choses sensibles ; mais les choses sensibles excitent l'âme sensitive à l'action de sentir, et semblablement les sens excitent l'âme intellective à l'action intellectuelle.

« Aristote pose un moyen terme. Il affirme avec Platon que l'entendement diffère du sens. Mais il soutient que le sens n'a pas d'opération qui lui soit propre sans communication avec le corps, à tel point que sentir n'est pas l'acte de l'âme seulement, mais du composé. Il en dit autant de toutes les opérations de la partie sensitive de l'âme. Et comme rien ne s'oppose à admettre que les choses sensibles, qui sont en dehors de l'âme, causent un effet sur le composé, Aristote s'accorde avec Démocrite pour dire que les opérations de la partie sensitive sont causées par une impression des choses sensibles sur le sens: non point toutefois à la façon d'un épanchement d'atomes, comme le pensait Démocrite, mais au moyen d'une certaine opération. Démocrite soutenait que toute action a lieu par un transport d'atomes; mais Aristote affirme que l'entendement a son opération à laquelle le corps ne participe point. Or, rien de corporel ne peut faire impression sur une chose incorporelle. Et voilà pourquoi, pour causer l'opération intellectuelle, suivant Aristote, il ne suffit pas de la seule impression des corps sensibles, mais il faut quelque chose de plus noble » (1).

(1) Plato vero... quia incorporeum non potest immutari a corporeo, posuit quod cognitio intellectualis non fit per immutationem intellectus a sensibilibus, sed per participationem formarum intelligibilium separatarum, ut dictum est art. 4 et 5 præced. Sensum etiam posuit virtutem quamdam per se operantem. Unde nec ipse sensus, quum sit quædam vis spiritualis, immutatur a sensibilibus, sed organa sensuum a sensibilibus immutantur; ex qua immutatione anima quodam modo excitatur, ut in se species sensibilium formet

Il est facile de voir, par cette citation, que, pour rester péripatéticien et thomiste, il ne suffirait pas de penser que la modification physique de l'organe, en vertu de l'unité substantielle de l'être vivant, excite l'âme, et que l'âme, éveillée par cette excitation, produit, en elle-même et en elle seule, l'opération de sentir. Ce serait, à notre avis, une fausse interprétation de la modification *spirituelle* que saint Thomas croit nécessaire pour

Et hanc opinionem tangere videtur Augustinus, XII *super Gen. ad litt.* c. XXIV, in med., ubi dicit quod *corpus non sentit, sed anima per corpus, quo velut nuntio utitur ad formandum in seipsa quod extrinsecus nuntiatur*. Sic igitur, secundum Platonis opinionem, neque intellectualis cognitio a sensibili procedit, neque etiam sensibilis totaliter a sensibilibus rebus; sed sensibilia excitant animam sensibilem ad sentiendum, et similiter sensus excitant animam intellectivam ad intelligendum. — Aristoteles autem media via processit. Posuit enim, II *de Anima*, cum Platone, intellectum differre a sensu. Sed sensum posuit propriam operationem non habere sine communicatione corporis, ita quod sentire non sit actus animæ tantum, sed conjuncti. Et similiter posuit de omnibus operationibus sensitivæ partis. Quia igitur non est inconveniens quod sensibilia, quæ sunt extra animam, causent aliquid in conjunctum, in hoc Aristoteles cum Democrito concordavit, quod operationes sensitivæ partis causentur per impressionem sensibilium in sensum : non per modum defluxionis, ut Democritus posuit, sed per quamdam operationem. Nam et Democritus omnem actionem fieri posuit per influxionem atomorum, ut patet in I *de Gener.*; intellectum vero posuit Aristoteles, III *de Anima*, habere operationem absque communicatione corporis. Nihil autem corporeum imprimere potest in rem incorpoream. Et ideo ad causandam intellectualem operationem, secundum Aristotelem, non sufficit sola impressio sensibilium corporum, sed requiritur aliquid nobilius (*Sum. theol.*, I, q. LXXXIV, a. 6).

la sensation. Cette explication ne serait guère que du platonisme mitigé ; elle ne serait d'accord ni avec Aristote, ni avec saint Thomas.

En effet, l'originalité de la thèse aristotélicienne consiste précisément à soutenir que le sensible extérieur, en agissant sur le corps de l'être sensitif, agit sur le sens, parce que le sens est puissance du composé à la fois corporel et animé. Si l'on dit, au contraire, que le sens est un pouvoir qu'a l'âme de produire, à elle seule, une *réaction spirituelle* à la suite d'une impression physique faite sur l'organe par le sensible extérieur, on ôte au sensible son action sur le sens, pour ne lui laisser qu'une action physique sur l'organe.

Au surplus, toute théorie qui attribue à l'âme seule la puissance de sentir, doit, pour être logique, considérer l'âme sensitive des bêtes comme essentiellement indépendante de leur corps. Car pouvoir agir seule, lors même que l'action supposée ne serait qu'une réaction, ne peut appartenir qu'à une substance douée d'une existence qui soit la propriété d'elle-seule. L'âme des bêtes, alors, serait subsistante en elle-même, partant immortelle, et devrait être créée par Dieu directement à chaque génération d'un animal individuel.

Ces conséquences montrent la témérité de tout système qui ne veut voir, dans la sensation, qu'une réaction de l'âme seule, et non pas un acte essentiellement commun au corps et à l'âme.

V. — Pour mieux saisir la véritable signification de la formule aristotélicienne : « sentir est l'acte du composé », voyons comment saint Thomas explique la naissance des émotions passionnelles qui suivent une impression physique sur les organes.

« Un mouvement nouveau de l'animal, dit-il, est précédé par quelque mouvement extérieur... Ainsi, c'est par un mouvement extérieur que le corps de l'animal commence à être modifié en quelque manière d'une modification physique, par exemple par le froid ou la chaleur ; le corps étant modifié par le mouvement d'un corps extérieur, accessoirement est aussi modifié l'appétit sensitif, qui est puissance d'un organe corporel ; comme lorsque, par suite de quelque altération du corps, l'appétit éprouve un mouvement de concupiscence pour quelque chose. Mais ce n'est point contre la nature de l'acte volontaire ; car ces sortes de motions venant d'un principe extérieur sont d'un autre genre » (1).

(1) Motus animalis novus prævenitur quidem ab aliquo exteriori motu ... inquantum per exteriorem motum incipit aliqualiter immutari naturali immutatione corpus animalis, puta per frigus vel calorem ; corpore autem immutato per motum exterioris corporis, immutatur etiam per accidens appetitus sensitivus, qui est virtus organi corporei, sicut quum ex aliqua alteratione corporis commovetur appetitus ad concupiscentiam alicujus rei. Sed hoc non est

« Il y a cette différence, dit encore saint Thomas, entre les animaux et les autres choses naturelles, que les autres choses naturelles, quand elles sont constituées en ce qui leur convient suivant leur nature, ne sentent point cela, tandis que les animaux le sentent ; et c'est par suite de cette sensation qu'est causé un mouvement de l'âme dans l'appétit sensitif, et c'est ce mouvement qui est le plaisir » (1).

« Il y a deux plaisirs, précise-t-il ailleurs ; l'un qui est dans le bien intelligible, c'est-à-dire dans le bien de la raison ; l'autre qui est dans le bien suivant le sens. Le premier plaisir est, sans doute, de l'âme seule. Mais le second est de l'âme et du corps, parce que le sens est une puissance dans un organe corporel, d'où il suit que le bien suivant le sens est un bien de tout le composé. Or, l'appétition d'un tel plaisir, c'est la concupiscence, laquelle appartient à la fois et à l'âme et au corps, comme le nom même de concupiscence l'exprime. Donc, la concupiscence proprement dite est dans l'appétit sensitif » (2).

contra rationem voluntarii, ut dictum est ad arg. 1 ; hujusmodi enim motiones ab exteriori principio sunt alterius generis. (I-II, q. VI, art. 1, ad 2).

(1) Hæc autem est differentia inter animalia et alias res naturales, quod aliæ res naturales, quando constituuntur in id quod convenit eis secundum naturam, hoc non sentiunt, sed animalia hoc sentiunt ; et ex isto sensu causatur quidem motus animæ in appetitu sensitivo, et iste motus est delectatio (I-II, q. XXXI, a. 1).

(2) Est autem duplex delectatio (ut infra dicetur, q. XXXI, a. 3 et 4) : una quæ est in bono intelligibili, quod est bonum rationis ; alia

D'après cette doctrine, voici quelle nous paraît être la genèse de la sensation et de l'émotion qui suivent une impression physique sur les organes.

L'action matérielle d'un corps extérieur cause, dans l'organe du sens, une modification physique qui le dispose à l'acte de sentir ; et, comme la puissance de sentir est puissance, non de l'âme seule, mais de l'âme et du corps ensemble, la modification physique du corps entraîne accessoirement, pour l'acte de sentir, une modification d'un ordre supérieur dans l'âme et le corps substantiellement unis.

La liaison entre ces deux modifications d'ordres différents se fait par l'intermédiaire de l'essence de l'âme. C'est de cette essence que vient l'*être* du corps ; c'est par elle que le corps est constitué, non seulement en tant que vivant, mais même en tant que corps. D'autre part, c'est cette essence qui est la racine de la puissance sensitive, comme de toutes les autres puissances de l'âme. Voilà pourquoi, le corps étant modifié physiquement, l'âme, qu'il contient dans sa constitution essentielle, reçoit avec lui, accessoirement, une modification

---

quæ est in bono secundum sensum. Prima quidem delectatio videtur esse animæ tantum. Secunda autem est animæ et corporis, quia sensus est virtus in organo corporeo, unde et bonum secundum sensum est bonum totius conjuncti. Talis autem delectationis appetitus videtur esse concupiscentia, quæ simul pertinet et ad animam et ad corpus, ut ipsum nomen concupiscentiæ sonat. Unde concupiscentia, proprie loquendo, est in appetitu sensitivo (I-II, q. xxx, art. 1).

d'ordre sensitif. Le corps et l'âme ont éprouvé ensemble la modification physique, puisque c'est un corps vivant qui l'a éprouvée; mais, dans ce premier acte, l'âme est intervenue comme principe *formateur* et, constitutif du corps, et, partant, comme principe fondamental de ses propriétés physiques. L'âme et le corps éprouvent ensemble la modification d'ordre sensitif : mais ici l'âme intervient comme principe de la puissance sensitive à laquelle le corps participe (1).

Ainsi modifiés conjointement, l'âme et le corps opèrent ensemble la sensation par un acte commun de vie sensitive. Mais cette opération n'en est pas moins essentiellement différente de tous les mouvements d'ordre physique. La modification d'ordre sensitif est bien dans l'organe, mais elle n'est pas une modification de son état physique. C'est en cela qu'elle mérite d'être appelée *spirituelle*; et c'est parce qu'elle a cette sorte de *spiritualité* que par

---

(1) Passio igitur corporalis prædicta pertingit ad potentias, secundum quod in essentia animæ radicantur, eo quod anima secundum essentiam suam est forma corporis, et sic ad essentiam animæ pertinet (*Q. disp.*, *de Veritate*, q. XXVI, a. 3). — Quamvis qualitas corporis animæ nullo modo conveniat, tamen esse conjuncti est commune animæ et corpori, et similiter operatio : unde passio corporis per accidens redundat in animam (*Ibid.*, q. XXVI, a. 3, ad 3). — Potentia potest esse actus corporis... inquantum est potentia quædam; et sic dicitur esse actus corporis inquantum informat aliquod organum corporale ad actum proprium exequendum; sicut potentia visiva perficit oculum ad exequendum actum visionis : et sic intellectus non est actus corporis (*Ibid.*, q. XXVI, a. 9, ad 3).

elle le sens reçoit une *représentation* capable de lui donner connaissance du sensible (1).

Le travail sensitif, commencé en commun, se continue de même. C'est par une série d'actes à la fois de l'âme et du corps que l'être sent sa propre sensation, se complaît et se délecte s'il sent en lui un état conforme à sa nature, s'émeut *passionnément* du désir d'avoir encore cette sensation agréable que lui donne son bien suivant les sens, et par suite se *passionne* pour l'objet capable de la lui procurer. Les émotions contraires, douleur et aversion, et en général tous les mouvements de passion proprement dite doivent être de même attribués à l'âme et au corps tout ensemble, car ils ont la même nature fondamentale que le plaisir suivant les sens et l'émotion de désir qui l'accompagne.

Quant à l'action motrice qui s'exerce dans les or-

(1) Quamvis vis apprehensiva sensitiva immutetur simul cum organo corporali, non tamen est ibi passio proprie loquendo, quia in operatione sensus non transmutatur organum corporale per se loquendo, nisi spirituali immutatione, secundum quod species sensibilium recipiuntur in organis sentiendi sine materia, ut dicitur in II *de Anima* (*Ibid.*, q. xxvi, a 3, ad 11). — Forma sensibilis alio modo est in re quæ est extra animam, et alio modo in sensu qui suscipit formas sensibilium absque materia, sicut colorem auri sine auro... Nam receptum est in recipiente per modum recipientis (*Sum. theol.*, I, q. lxxxiv, a. 1). — Inter cognoscens et cognitum non exigitur similitudo quæ est secundum convenientiam in natura, sed secundum repræsentationem tantum. Constat enim quod forma lapidis in anima est longe alterius naturæ quam forma lapidis in materia ; sed inquantum repræsentat eam, sic est principium ducens in cognitionem ejus (*Q. disp., de Veritate*, q. viii, art. 11, ad 3).

ganes à la suite du désir sensitif, elle achève la série des opérations communes de l'âme et du corps, et, partant, appartient au composé comme la sensation proprement dite et la passion : de plus, elle a, dans le corps, sous sa dépendance directe, des forces physiques qui lui obéissent et transmettent sa motion d'un organe à l'autre (1).

On le voit, cette théorie ne suppose point une impression faite par un objet corporel sur un sujet exclusivement incorporel, ce qui serait incompatible avec la perfection relative d'un tel sujet, mais plutôt une double modification d'un sujet mixte, composé à la fois de matière et d'âme simple, par un objet à la fois matériel et actif comme le sont tous les corps inorganiques, et la réaction du sujet corporel animé par suite de la double modification que cause en lui l'action du corps extérieur (2).

On concevra la possibilité d'une modification et d'une réaction communes de l'âme et du corps, si l'on entend bien la théorie thomiste de l'unité substan-

---

(1) Ex apprehensione sensus non sequitur motus in corpore nisi mediante appetitiva, quæ est immediatum movens. Unde secundum modum operationis ejus statim disponitur organum corporale... tali dispositione quæ competat ad exequendum hoc in quod appetitus sensibilis inclinatur (*Q. disp., de Veritate, q.* XXVI, a. 3).

(2) Sensus autem comparatur ad sensibile sicut patiens ad agens, eo quod sensibile transmutat sensum... Visio perficitur per hoc quod species visibilis recipitur in visu, quod est quoddam pati. Unde sensus potentia passiva est (*Ibid.*, q. XXVI, a. 3, ad 4). — Quamvis activum simpliciter sit passivo nobilius respectu ejusdem, nihil tamen

tielle du vivant mixte, à la fois corporel et animé. Dans cette doctrine, l'étendue n'est pas l'essence de la matière, elle n'est qu'une propriété des corps adjointe à leur substance, et le fond substantiel de tout être corporel est, dans son essence, chose une et indivisible (1). C'est précisément ce qui permet à la substance corporelle d'être active comme toute substance, car toute activité vient nécessairement d'un sujet doué d'unité essentielle. C'est aussi ce qui permet à l'âme d'être le principe *formateur* du corps vivant, et de le constituer avec la matière en sujet un et mixte à la fois, un par la simplicité de l'âme qui le *forme*, mixte par l'union, en une seule substance, de la matière première, purement passive, avec un seul principe actif, qui est l'âme (2).

prohibet aliquod passivum activo nobilius esse, inquantum passivum nobiliori passione patitur quam sit actio qua activum agit, sicut passio a qua intellectus passibilis dicitur passiva potentia; et etiam sensus recipiendo aliquid immaterialiter est nobilior actione qua potentia vegetativa agit materialiter, id est mediantibus qualitatibus elementaribus (*Ibid.*, q. XXVI, a. 3, ad 5).

(1) Materiam autem dividi in partes non convenit nisi secundum quod intelligitur sub quantitate; qua remota, remanet substantia indivisibilis, ut dicitur in I *Physic.* (*Sum. theol.*, I, q. L., a. 2). — Dimensiones quantitativæ sunt accidentia consequentia corporeitatem, quæ toti materiæ convenit. Unde materia, jam intellecta sub corporeitate et dimensionibus, potest intelligi ut distincta in diversas partes (I, q. LXXVI, a. 6, ad 2).

(2) Sic dicitur aliquid unum quomodo et ens. Forma autem per seipsam facit rem esse in actu, quum per essentiam suam sit actus nec dat esse per aliquod medium. Unde unitas rei compositæ ex materia et forma est per ipsam formam, quæ secundum seipsam unitur

Mais, dans un tel sujet, des puissances très diverses peuvent émaner de l'unité fondamentale de la substance. Un vivant corporel, tout en restant substance une et indivisible dans son essence intime, peut produire des actes seulement physiques, des actes végétatifs, des actes sensitifs ; et c'est ce que font l'animal et l'homme lui-même (1).

Or, les actes purement physiques sont naturellement liés à l'étendue : c'est, par exemple, comme sujet à la fois actif et étendu que le corps inorganique exécute l'acte calorifique ou l'acte lumineux (2). Cependant ces actes émanent radicalement d'un prin-

materiæ ut actus ejus (I, q. LXXVI, a. 7). — Inquantum anima est forma corporis, non habet esse seorsum ab esse corporis, sed per suum esse corpori unitur immediate (I, q. LXXVI, a. 7, ad 3).

(1) Forma perfectior virtute continet quidquid est inferiorum formarum; et ideo una et eadem existens perficit materiam secundum diversos perfectionis gradus... Quamvis enim eadem forma sit secundum essentiam, quæ diversos perfectionis gradus materiæ attribuit, ut dictum est art. 4 hujus quæst., tamen secundum considerationem rationis differt (I, q. LXXVI, a. 6, ad 1 et ad 2).

(2) Prima dispositio materiæ est quantitas dimensiva ; unde et Plato posuit primas differentias materiæ *magnum* et *parvum* (ex Arist. lib. I *Metaph.*). Et quia primum subjectum est materia, consequens est quod omnia alia accidentia referantur ad subjectum mediante quantitate dimensiva, sicut et primum subjectum coloris dicitur esse superficies, ratione cujus quidam posuerunt dimensiones esse substantias corporum, ut dicitur in I *Metaph.* (III, q. LXXVII, a. 2). — Quantitas autem est proximum subjectum qualitatis alterativæ, ut superficies est subjectum coloris (I, q. LXXVIII, a. 3, ad 2). — Sicut enim calor non est id quod est, sed est id quo aliquid est calidum, ita non calefacit, sed est id quo calidum calefacit (*Q. disp., de Anima*, a. 10).

cipe simple, cause de l'unité de la substance, car toute activité dérive d'un principe simple.

Pourquoi donc les actes vitaux, végétatifs ou même sensitifs, ne pourraient-ils pas, eux aussi, dépendre à la fois du corps étendu et d'un principe simple, tel que l'âme, unis en une même substance ?

Les actes végétatifs, nous l'avons vu, sont soumis à cette double dépendance et à cette unité, même chez l'homme. Pourquoi les actes sensitifs n'auraient-ils pas aussi pour sujet le composé de corps et d'âme (1) ?

Serait-ce parce qu'ils ne sont pas l'œuvre des forces physico-chimiques? — Mais, à notre avis, de ce que l'étendue corporelle est le support de ces forces, il ne s'ensuit point qu'elle ne puisse être aussi le soutien des puissances sensitives, qui opèrent par les organes corporels, mais non par les forces physico-chimiques. Il peut y avoir dans la même étendue de corps animé des actes de nature très diverses: c'est même par l'organisation locale de telle partie du corps que l'âme

---

(1) Quædam vero operationes sunt animæ quæ exercentur per organa corporalia, sicut visio per oculum, auditus per aurem ; et simile est de omnibus aliis operationibus nutritivæ et sensitivæ partis. Et ideo potentiæ quæ sunt talium operationum principia, sunt in conjuncto sicut in subjecto, et non in anima sola... Ergo dicendum quod omnes potentiæ dicuntur esse animæ non sicut subjecti, sed sicut principii, quia per animam conjunctum habet quod tales operationes operari possit (*Sum. theol.*, I, q. LXXVII, art. 5).

rend celle-ci capable d'être le sujet d'une puissance sensitive et de son opération (1).

Objecterait-on que l'acte sensitif est dans le domaine de la conscience? — Mais on peut admettre, comme nous l'avons fait, une conscience sensitive qui est liée à des organes étendus. La conscience sensitive est, nous l'avons vu, une sensation seconde appliquée à une sensation première. Nous l'appellerions volontiers, suivant une expression de Leibniz, une *aperception* qui s'exerce sur une *perception* (2).

(1) Accidens per se non potest esse subjectum accidentis; sed unum accidens per prius recipitur in substantia quam aliud, sicut quantitas quam qualitas: et hoc modo unum accidens dicitur esse subjectum alterius, ut superficies coloris, inquantum substantia uno accidente mediante recipit aliud (I, q. LXXVII, a. 7, ad 2). — Manifestum est igitur quod nulla operatio partis sensitivae potest esse animae tantum ut operetur; sed est compositi per animam, sicut calefactio est calidi per calorem. Compositum igitur est videns et audiens et omnia sentiens, sed per animam; unde etiam compositum est potens videre et audire et sentire, sed per animam. Manifestum est ergo quod potentiae partis sensitivae sunt in composito sicut in subjecto; sed sunt ab anima sicut a principio (Q. disp., de Anima, a. 19). — Si esset oculus in pede, esset ibi potentia visiva, quia haec potentia est actus talis organi animati. Remoto autem organo, remanet ibi anima, non tamen potentia visiva (Q. disp., de Spirit. creat., a. 4, ad 11).

(2) « L'état passager qui enveloppe et qui représente une multitude dans l'unité ou dans la substance simple, n'est autre chose que ce qu'on appelle la *perception*, qu'on doit distinguer de l'*aperception* ou de la conscience, comme il paraîtra dans la suite. Et c'est en quoi les cartésiens ont fort manqué, ayant compté pour rien les *perceptions* dont on ne s'aperçoit pas » (Leibniz, la *Monadologie*, § 14. — Cf. *Ibid.*, 20-21). — « Pour ce qui est de la sensation, dit Bossuet, il n'est pas besoin de prouver qu'elle est *aperçue* en sentant ; chacun en est à soi-même un bon témoin, et celui qui sent n'a pas besoin

Cette *aperception* peut partir d'un élément organique distinct de celui où naît la *perception* externe. Pour que l'être sentant puisse avoir conscience que c'est lui-même qui produit ces deux actes, il nous paraît suffire que *perception* et *aperception* découlent d'une même source intime. Or, les organes des puissances sensitives forment, dans l'animal comme dans l'homme, un seul système organique, animé radicalement d'une même activité sensitive répandue en tous points. De là vient, ce, nous semble, qu'un élément organique peut *apercevoir* la *perception* d'un autre élément sans que cette *perception* paraisse exister dans un autre sujet que l'acte d'*aperception*.

Dira-t-on que la sensation ne peut pas émaner du corps, même animé, parce qu'elle s'étend à la perception de quelque chose d'extérieur, et que tout ce qui est corporel est nécessairement fixé à la matière déterminée qui le porte sans pouvoir s'étendre au delà ? — Cette raison nous a servi à montrer que la sensation n'est pas le produit direct des forces physico-chimiques, lesquelles sont trop rigoureusement enchaînées à la passivité de la matière. Mais nous pensons avec saint Thomas que, sans être affranchi de l'organe corporel où il réside, le sens

d'en être averti. C'est pourtant par quelque autre chose que la sensation que nous connaissons la sensation ; car elle ne peut pas réfléchir sur elle-même, et se tourne toute à l'objet auquel elle est terminée » (*De la Connaissance de Dieu et de soi-même*, ch. III, art. VIII, prop. 9).

peut recevoir une représentation, non physique, de ce qui est au dehors, et, par ce moyen, prendre connaissance du sensible extérieur. En cela la puissance sensitive triomphe de l'individualité matérielle de l'organe animé, auquel elle reste néanmoins attachée comme à son sujet (1).

VI. — La matière marque cependant son caractère sur la puissance de sentir, et c'est précisément parce que la sensation s'accomplit dans un organe corporel, que les sens ne peuvent s'assimiler quelque chose de l'objet extérieur que sous une détermination individuelle. Ils perçoivent ceci, cela, et à des

(1) Cognoscentia a non cognoscentibus in hoc distinguuntur, quia non cognoscentia nihil habent nisi formam suam tantum, sed cognoscens natum est habere formam etiam rei alterius : nam species cogniti est in cognoscente. Unde manifestum est quod natura rerum non cognoscentis est magis coarctata et limitata, natura autem rerum cognoscentium habet majorem amplitudinem et extensionem ; propter quod dicit Philosophus, III *de Anima*, quod *anima est quodam modo omnia*. Coarctatio autem formæ est per materiam... Patet igitur quod immaterialitas alicujus rei est ratio quod sit cognoscitiva, et secundum modum immaterialitatis est modus cognitionis. Unde in II *de Anima* dicitur quod plantæ non cognoscunt propter suam materialitatem. Sensus autem cognoscitivus est quia receptivus est specierum sine materia ; et intellectus adhuc magis cognoscitivus est, quia magis separatus est a materia et immixtus, ut dicitur in III *de Anima* (*Sum. Theol.*, I, q. xiv, a. 1). — Intellectus in corpore existens non indiget aliquo corporali ad intelligendum, quod simul cum intellectu sit principium intellectualis operationis, sicut accidit in visu : nam principium visionis non est visus tantum, sed oculus constans ex visu et pupilla (*Q. disp., de Potentia*, q. III, a. 9, ad 22).

points de vue bornés par les conditions matérielles, mais jamais une nature en tant qu'universelle, c'est-à-dire comme pouvant par elle-même être commune à un nombre indéfini de sujets en qui elle soit susceptible de s'individualiser. Il n'en est pas de même des puissances intellectuelles, et dans cette différence est leur supériorité absolue sur les puissances sensitives (1).

Cette détermination individuelle à laquelle sont toujours soumises les facultés sensitives, est tellement la marque distinctive de toute puissance organique, d'après saint Thomas, qu'il n'hésite pas à

---

(1) « Sunt autem aliæ altiores actiones animæ, quæ transcendunt actiones formarum naturalium etiam ad id quod agitur, inquantum scilicet in anima sunt nata esse omnia secundum esse immateriale. Est enim anima quodam modo omnia secundum quod est sentiens et intelligens. Oportet autem esse diversum gradum hujusmodi esse immaterialis. Unus enim gradus est secundum quod in anima sunt res sine propriis materiis, sed tamen secundum singularitatem et conditiones individuales quæ consequuntur materiam ; et iste est gradus sensus, qui est susceptivus specierum individualium sine materia, sed tamen in organo corporali. Altior autem et perfectissimus immaterialitatis gradus est intellectus, qui recipit species omnino a materia et conditionibus materiæ abstractas, et absque organo corporali (*Q. disp., de Anima*, a. 13). — Unumquodque quod recipitur in aliquo, recipitur in eo secundum modum ejus in quo est (*C. Gent.*, lib. II, cap. 79). — Sensus non est cognoscitivus nisi singularium ; cognoscit enim omnis sensitiva potentia per species individuales, quum recipiat species rerum in organis corporalibus. Intellectus autem est cognoscitivus universalium, ut per experimentum patet. Differt igitur intellectus a sensu (*C. Gent.*, lib. II, cap. 66. Cf. *Sum. theol.*, I, q. XII, a. 4. — I, q. LXXV, a 5. — I, q. LXXXV, a 1).

donner le composé corporel pour sujet, non seulement aux sens externes, qui perçoivent les sensibles extérieurs, mais à toutes les puissances que l'école aristotélicienne désigne sous le nom de sens internes : au sens central qui aperçoit, distingue et rassemble les perceptions des sens externes, à l'imagination, au sens appréciatif, à la mémoire du passé sensible.

Nous ne voyons pas de difficulté sérieuse à suivre saint Thomas jusque-là.

Distinguer, comme le fait le sens central, une couleur d'une saveur, en ne saisissant ces qualités que comme des sensibles individuels, n'est pas plus incompatible avec la nature d'une puissance organique que distinguer une couleur d'une autre couleur, en les percevant toutes deux avec le caractère individuel.

Néanmoins, le sens central perçoit sous un point de vue plus général, plus compréhensif que ne le font les sens externes. Il embrasse, en tant que sensibles, tous les objets des sens particuliers ; et c'est parce qu'il les saisit tous comme sensibles, qu'il peut discerner les perceptions d'un sens de celles d'un autre, et rassembler plusieurs perceptions d'espèces différentes, pour aider à former d'un corps unique une perception complexe et plus exacte (1).

Mais ses opérations, quoique plus larges et plus

---

(1) Sensus proprius judicat de sensibili proprio, discernendo ipsum ab aliis quæ cadunt sub eodem sensu, sicut discernendo album

riches que celles de chaque sens externe, ne dépassent point le domaine de l'individuel. Le sens central perçoit un son et une couleur comme différents, il ne peut atteindre la notion universelle et abstraite de la différence. Et même, bien qu'il perçoive, comme les sens particuliers, ce qui apparaît, il n'a pas plus qu'eux la perception proprement dite du corps individuel qui porte les qualités sensibles. Cette perception du corps lui-même est une interprétation qui s'ajoute à la perception directe des apparences sensibles ; elle dépasse la portée, non seulement des sens externes, mais même du sens central ; nous verrons dans quelle mesure elle appartient au sens appréciatif. A plus forte raison, le sens central ne peut élever sa connaissance jusqu'à l'*être*, réalité universelle : c'est là un objet propre à la perception intellectuelle ; et si l'on est tenté quelquefois de l'attribuer à la perception des sens, au moins du sens central, c'est que dans l'hom-

a nigro vel a viridi. Sed discernere album a dulci non potest neque visus neque gustus, quia oportet quod qui inter aliqua discernit utrumque cognoscat. Unde oportet ad sensum communem pertinere discretionis judicium, ad quem referantur, sicut ad communem terminum, omnes apprehensiones sensuum (*Sum. theol.*, 1, q. LXXVIII, a. 4, ad 2). — Nihil prohibet inferiores potentias vel habitus diversificari circa illas materias quæ communiter cadunt sub una potentia vel habitu superiori, quia superior potentia vel habitus respicit objectum sub universaliori ratione: sicut objectum sensus communis est sensibile, quod comprehendit sub se visibile et audibile; unde sensus communis, quum sit una potentia, extendit se ad omnia objecta quinque sensuum (1, q. 1, a. 3, ad 2.)

me l'acte par lequel l'entendement saisit l'*être*, objet de sa perception première, est ordinairement, pour ne pas dire toujours, étroitement joint à l'acte par lequel les sens perçoivent les objets propres de leurs opérations (1).

Les autres sens internes, l'imagination, le sens appréciatif, la mémoire du passé sensible, ont, dans l'homme, une énergie plus haute et plus pénétrante que dans l'animal sans raison, mais n'en sont pas moins, dans leur sphère propre, limités à l'individuel.

L'imagination humaine, non seulement conserve et associe, suivant leur enchaînement naturel, les

(1) Sic autem se habet sensus ad cognoscendum res inquantum similitudo rerum est in sensu. Similitudo autem alicujus rei est in sensu tripliciter. Uno modo primo et per se, sicut in visu est similitudo colorum et aliorum propriorum sensibilium. Alio modo per se, sed non primo, sicut in visu est similitudo figuræ vel magnitudinis et aliorum communium sensibilium omnium. Tertio modo nec primo, nec per se, sed per accidens, sicut in visu est similitudo hominis, non inquantum est homo, sed inquantum huic colorato accidit esse hominem (I, q. XVII, a. 2). — Sicut res habet esse per propriam formam, ita virtus cognoscitiva habet cognoscere per similitudinem rei cognitæ... Sicut autem sensus informatur directe similitudine propriorum sensibilium, ita intellectus informatur similitudine quidditatis rei (I, q. XVII, a. 3). — In his autem quæ in apprehensione hominum cadunt, quidam ordo invenitur. Nam illud quod primo cadit sub apprehensione est ens, cujus intellectus includitur in omnibus quæcumque quis apprehendit (I-II, q. XCIV, a. 2). — Innatum est nobis per ea quæ exterius apparent de rebus judicare, eo quod nostra cognitio a sensu ortum habet, qui primo et per se est exteriorum accidentium (I, q. XVII, a. 1).

images sensibles reçues antérieurement par les sens externes et par le sens central, mais, de deux images que ces sens n'ont jamais eues liées ensemble dans leur perception des sensibles extérieurs, elle sait se former une image complexe, dont l'originalité est son œuvre, et, par cette fécondité d'invention, elle est, dans l'ordre sensible, la mère des arts qu'engendre le génie humain. L'animal ne pourra jamais, sans l'avoir perçu par ses sens, imaginer un cheval de marbre ou un homme de bronze, lors même qu'il a dans son imagination les représentations séparées, en formes individuelles et sensibles, du cheval et du marbre, du bronze et de l'homme. Les images de ce qu'il a vu, ouï, odoré, goûté, touché, s'associent en lui et s'appellent mutuellement comme elles ont été liées ensemble dans ses perceptions, mais il est incapable de les marier l'une à l'autre ou de les désunir suivant une fantaisie qui ne vienne que de lui-même, comme le fait l'homme (1).

(1) Quum natura non deficiat in necessariis, oportet... quod animal per animam sensitivam non solum recipiat species sensibilium quum præsentialiter immutatur ab eis, sed etiam eas retineat et conservet. Recipere autem et retinere reducuntur in corporalibus ad diversa principia. Nam humida bene recipiunt, et male retinent ; e contrario autem est de siccis. Unde, quum potentia sensitiva sit actus organi corporalis, oportet esse aliam potentiam quæ recipiat species sensibilium, et quæ conservet... Sic ergo ad receptionem formarum sensibilium ordinantur sensus proprius et communis, de quorum distinctione post dicetur, in solut. 1 et 2 arg. Ad harum autem formarum

Néanmoins, dans l'homme ainsi que dans l'animal, l'imagination, dans son acte propre, n'a à sa disposition que des images individuelles : l'idée universelle est hors de sa portée. Imaginer ne nous paraît donc pas outrepasser les pouvoirs d'une faculté organique, car nous pensons avec saint Thomas que c'est la matérialité de l'organe, son sujet, qui réduit une faculté de connaissance à ne recevoir que des représentations individuelles.

Le sens appréciatif est le sens qui a le plus de ressemblance avec l'entendement. C'est lui qui fait considérer souvent les animaux comme intelligents, quoiqu'à vrai dire ils ne méritent point cet excès d'honneur, si l'on prend le mot « intelligent » au sens propre.

L'animal saisit instinctivement, dans les choses, certains caractères que les sens externes, le sens central, l'imagination, ne peuvent atteindre par eux-mêmes (1). Par exemple, c'est par l'interprétation instinctive de ses sensations qu'il connaît tel

retentionem aut conservationem ordinatur phantasia sive imaginatio, quæ idem sunt ; est enim phantasia sive imaginatio quasi thesaurus quidam formarum per sensum acceptarum... Avicenna vero ponit quintam potentiam mediam inter æstimativam et imaginativam, quæ componit et dividit formas imaginatas ; ut patet quum ex forma imaginata auri et forma imaginata montis, componimus unam formam montis aurei, quam nunquam vidimus. Sed ista operatio non apparet in aliis animalibus ab homine, in quo ad hoc sufficit virtus imaginativa (I, q. LXXVIII, a. 4).

(1) Sicut ovis videns lupum venientem fugit, non propter indecentiam coloris vel figuræ, sed quasi inimicum naturæ ; et similiter

ou tel sujet individuel en qui résident les qualités perçues par ses sens externes. Cependant, remarquons-le bien, ce sujet individuel, il ne le connaît point comme individu d'une espèce déterminée, mais uniquement comme terme ou principe de quelque action ou de quelque passion. La brebis reconnaît son agneau en l'entendant bêler ou en le voyant venir, mais, si elle distingue cet agneau, ce n'est pas précisément en tant qu'il est agneau individuel, mais parce que c'est lui qu'elle est portée instinctivement à allaiter. De même, si la brebis fuit le loup qu'elle voit ou qu'elle entend approcher, ce n'est point qu'elle le connaisse en tant qu'animal individuel de telle espèce, c'est parce que son propre instinct l'avertit que le loup va la dévorer. Les sujets individuels avec lesquels l'animal n'a aucun rapport d'action ou de passion, ne sont pas connaissables par son appréciation instinctive ; il ne perçoit et ne retient que les apparences extérieures ; il reste indifférent aux sujets eux-mêmes (1).

---

avis colligit paleam, non quia delectet sensum, sed quia est utilis ad nidificandum... Ad apprehendendum autem intentiones quæ per sensum non accipiuntur, ordinatur vis æstimativa (I. q. LXXVIII, a. 4).

(1) In animali vero irrationali fit apprehensio intentionis individualis per æstimativam naturalem, secundum quod ovis per auditum vel visum cognoscit filium vel aliquid hujusmodi... Æstimativa autem non apprehendit aliquid individuum secundum quod est sub natura communi, sed solum secundum quod est terminus aut

Dans l'homme, le sens appréciatif est plus perspicace, parce qu'il est éclairé naturellement par un reflet de l'intelligence, à laquelle il est uni dans le fond du même être. Il discerne et compare les caractères individuels comme la raison discerne et compare les caractères universels. Il est une sorte de raison d'un degré inférieur, s'appliquant à ce qui est particulier, comme la raison proprement dite s'applique à ce qui est général. Ces deux raisons se tiennent de si près que, dans le raisonnement intellectuel, la raison supérieure pose les termes généraux et les propositions universelles, mais la raison inférieure pose les termes individuels et, sous la motion et la direction logique de la raison supérieure, les propositions individuelles (1). Élevé par son alliance avec l'entendement à un pouvoir qu'il n'aurait pas de lui-même, le sens ap-

principium alicujus actionis aut passionis, sicut ovis cognoscit hunc agnum, non inquantum est hic agnus, sed inquantum est ab ea lactabilis, et hanc herbam inquantum est ejus cibus : unde alia individua ad quæ se non extendit ejus actio vel passio, nullo modo apprehendit sua æstimativa naturali. Naturalis enim æstimativa datur animalibus ut per eam ordinentur in actiones proprias vel passiones prosequendas vel fugiendas (In II *de Anima*, lect. XIII).

(1) Quantum ad formas sensibiles non est differentia inter hominem et alia animalia, similiter enim immutantur a sensibilibus exterioribus ; sed quantum ad intentiones prædictas differentia est. Nam alia animalia percipiunt hujusmodi intentiones solum naturali quodam instinctu, homo autem per quamdam collationem. Et ideo quæ in aliis animalibus dicitur æstimativa naturalis, in homine dicitur cogitativa, quæ per collationem quamdam hujusmodi inten

préciatif de l'homme saisit l'individu comme existant avec une nature qui lui appartient individuellement : il connait un arbre individuel comme étant *cet arbre*, un homme ou un autre comme étant *cet homme-ci* ou *cet homme-là* (1).

Mais, ne l'oublions pas, le sens appréciatif de l'homme reste confiné dans le domaine de l'individuel : il y reçoit des rayons de l'intelligence, qui lui donnent, dans cette région, plus de clairvoyance que n'en a le sens analogue de l'animal, mais pas plus que ce sens de l'animal il ne discerne l'universel en tant qu'essentiellement réalisable par tout individu de même nature. Sa perspicacité d'emprunt montre seulement que les puissances sensitives de l'homme, par leur sommet, entrent, dans une certaine mesure restreinte, en participation des lumières de l'activité intellectuelle ; elle ne prou-

---

tiones adinvenit. Unde etiam dicitur ratio particularis, cui medici assignant determinatum organum, scilicet mediam partem capitis ; est enim collativa intentionum individualium, sicut ratio intellectiva est collativa intentionum universalium (I, q. LXXVIII, a. 4). — Ipsa autem ratio particularis nata est moveri et dirigi in homine secundum rationem universalem ; unde in syllogisticis ex universalibus propositionibus concluduntur conclusiones singulares (I, q. LXXXI, a. 3).

(1) Differenter tamen circa hoc se habet cogitativa et æstimativa. Nam cogitativa apprehendit individuum ut existens sub natura communi ; quod contingit et inquantum unitur intellectivæ in eodem subjecto : unde cognoscit hominem prout est hic homo et hoc lignum prout est hoc lignum (In II *de Anima*, lect. XII).

ve pas que quelqu'une de ces puissances soit foncièrement indépendante des organes corporels (1).

C'est aussi par une illumination émanée de l'intelligence que le sens de la mémoire, dans l'homme, a une vertu plus grande que dans l'animal sans raison (2).

L'animal, après avoir distingué, par son appréciation instinctive, certains objets de ses sensations comme pouvant lui convenir ou lui nuire, en conserve dans sa mémoire l'impression en tant qu'ils sont convenables ou nuisibles à son égard, et, à l'occasion de nouvelles sensations ou imaginations, peut se rappeler ces objets comme ayant pu précédemment lui convenir ou lui nuire. Mais ce ressouvenir se produit par un effet subit de l'instinct, sans aucune recherche, sans aucun travail que fasse l'animal pour ranimer en lui ou rapporter à un moment du temps écoulé la représentation de ce qu'il a apprécié antérieurement (3).

---

(1) Nihilominus tamen hæc vis est in parte sensitiva, quia vis sensitiva in sui supremo participat aliquid de vi intellectiva in homine, in quo sensus intellectui conjungitur (In II *de Anima*, lect. XIII).

(2) Illam eminentiam habet cogitativa et memorativa in homine, non per id quod est proprium sensitivæ partis, sed per aliquam affinitatem et propinquitatem ad rationem universalem, secundum quamdam refluentiam. Et ideo non sunt aliæ vires, sed eædem perfectiores quam sint in aliis animalibus (*Sum. theol.*, I, q. LXXVIII, a. 4, ad 5).

(3) Ad apprehendendum autem quæ per sensum non accipiuntur, ordinatur vis æstimativa; ad conservandum autem eas vis memo-

La mémoire sensitive de l'homme, au contraire, sait, par un travail méthodique, remettre en relief un souvenir en partie effacé, ou même retrouver un souvenir perdu : elle s'efforce de rattacher, par un enchaînement en quelque sorte logique, les caractères d'une sensation présente aux traces analogues d'une sensation passée ; elle s'ingénie à se servir des rapports individuels les plus fins, les plus secondaires, entre les choses, pour faire revivre la réminiscence qu'elle cherche ; elle essaye plusieurs rapprochements, jusqu'à ce qu'elle ait le bonheur ou le talent secret de reconstruire l'image dont l'oubli lui dérobait les traits, et qu'elle reconnaît aussitôt qu'elle en a rétabli les lignes principales. En un mot, chez l'homme, le sens de la mémoire, sous l'influence de l'entendement, sait comparer, composer, diviser, pour se ressouvenir (1).

Cependant cette mémoire sensitive est, comme la mémoire de l'animal, absolument impuissante à saisir des rapports universels. Elle est étrangère à la

---

rativa, quæ est thesaurus quidam hujusmodi intentionum ; cujus signum est quod principium memorandi fit in animalibus ex aliqua hujusmodi intentione ; puta, quod est nocivum vel conveniens. Et ipsa ratio præteriti, quam attendit memoria, inter hujusmodi intentiones computatur (1,q. LXXVIII, a. 4).

(1) Ex parte autem memorativæ non solum habet memoriam, sicut cætera animalia, in subita recordatione præteritorum, sed etiam reminiscentiam, quasi syllogistice inquirendo præteritorum memoriam secundum individuales intentiones (1, q. LXXVIII, a 4).

notion générale et abstraite du passé : dans ses comparaisons, ses rapprochements et ses distinctions, elle ne considère jamais que des caractères individuels. Tout ce qui, dans la mémoire humaine, a la marque de l'universalité doit être attribué à quelque opération intellectuelle qui accompagne l'acte de la mémoire sensitive, et non point au sens mémoratif. Il ne nous paraît donc pas nécessaire de donner à la puissance par laquelle l'homme saisit le passé sensible un sujet immédiat qui soit incorporel.

Concluons avec saint Thomas que, dans l'homme comme dans l'animal, non seulement les sens externes, mais le sens central, l'imagination, le sens appréciatif et la mémoire sensitive, ont pour sujet immédiat, non pas l'âme seule, mais le composé tout entier, c'est-à-dire l'âme et le corps ensemble, et que, de même, c'est le composé, corps et âme, qui, dans l'homme comme dans l'animal, est le sujet immédiat des appétitions passionnelles et des impulsions motrices qui en dépendent.

CHAPITRE IV

Les puissances intellectuelles.

I. Quel est le sujet des puissances intellectuelles? Importance et données du problème. — II. Les deux lois de toute connaissance: le connu est dans le connaissant; le connaissant est assimilé au connu.—III. Les caractères d'universalité et de nécessité que présente la connaissance intellectuelle, exigent une puissance indépendante du corps étendu. — IV. Les systèmes qui nient la réalité de l'étendue sont obligés de reconnaître l'immatérialité de toute puissance intellectuelle.—V. Comment l'individualité de l'entendement n'est pas un obstacle à son immatérialité.—VI. Réfutation du système de M. Taine sur la formation de l'universel.—VII. Caractère intellectuel de la volonté.

I. — Pour compléter l'étude que nous avons entreprise sur les puissances de l'âme, il nous reste à déterminer le sujet des puissances intellectuelles, apanage de la nature humaine.

Ce problème est de la plus haute importance, car, suivant la solution qu'on en donne, on est conduit à affirmer ou à mettre en doute l'immortalité de notre âme. Essayons donc d'y porter la lumière.

Le nœud de la question consiste à savoir si l'objet de toute opération intellectuelle nécessite absolument l'application d'une puissance indépendante du corps.

Or, quel est l'objet propre que saisit l'entendement?

C'est l'*universel*, et avant tout, comme au fond de tout, c'est l'*être*, propriété commune à tout ce qui peut être perçu ou conçu. En effet, tout acte de l'intelligence se résume par une de ces propositions : Ceci est, ceci n'est pas ; ceci doit être, ceci ne doit pas être ; ceci peut être, ceci ne peut pas être (1).

En saisissant l'*être*, l'entendement le pose comme distinct de ce qui n'est pas. Par là même, il voit qu'être et n'être pas ne peuvent être identiques, que ce qui est ne peut pas à la fois être et n'être pas (2).

Voilà le principe fondamental sur lequel s'appuie tout l'édifice rationnel. Supprimez cette base, l'œuvre tout entière de l'intelligence s'écroule, et la volonté elle-même n'a plus de but, car le bien auquel elle

(1) Sensus est singularium, intellectus autem universalium (*Sum. theol.*, I, q. LXXXV, a. 3). — Id quod est primo et per se cognitum a virtute cognoscitiva est proprium objectum ejus (I, q. LXXXV, a. 8). — Primo autem in conceptione intellectus cadit ens, quia secundum hoc unumquodque cognoscibile est inquantum est actu, ut dicitur in IX *Metaph.*, text. 20; unde ens est proprium objectum intellectus, et sic est primum intelligibile, sicut sonus est primum audibile (I, q. V, a. 2).

(2) Naturaliter igitur intellectus noster cognoscit ens et ea quæ sunt per se entis inquantum hujusmodi ; in qua cognitione fundatur primorum principiorum notitia, ut non esse simul affirmare et negare, et alia hujusmodi. Hæc igitur sola principia intellectus noster naturaliter cognoscit ; conclusiones autem per ipsa, sicut per colorem cognoscit visus omnia sensibilia per accidens (*C. Gent.*, lib. II, cap. 83.)

tend est vu d'abord par l'entendement comme un point de vue de l'être (1).

Puisque nous touchons ici à l'objet primordial de l'acte intellectuel, c'est cet objet, mieux que tout autre, qui nous révèlera la nature de cet acte et, par suite, celle du sujet qui le produit.

Or, cet objet a deux caractères évidents : il a *universalité* et *nécessité*. Ainsi, l'entendement voit que rien ne peut être perçu qui n'ait l'être, et, aux yeux de notre raison, ce qui est ne peut pas à la fois être et ne pas être.

II. — Mais l'entendement ne peut atteindre par sa connaissance que ce qu'il a en lui-même au moins par similitude.

Pour bien comprendre cette nécessité, comparons l'opération de connaître aux opérations d'ordre inférieur.

Une action physique d'un corps sur un autre ne suppose aucune réalité substantielle qui sorte du premier corps pour se poser sur le second : elle implique seulement la détermination à l'acte d'une puissance passive du sujet patient par la vertu active du sujet agissant. On peut penser que cette action

---

(1) Id quod primo cadit in intellectu, est ens. Unde unicuique apprehenso a nobis attribuimus quod sit ens, et per consequens quod sit unum et bonum, quæ convertuntur cum ente (*Sum. theol.*, I-II, q. LV, a. 4, ad 1). — Bonum et ens sunt idem secundum rem, sed differunt secundum rationem tantum. Bonum dicit rationem appetibilis, quam non dicit ens (I, q. v. a. 1).

physique fait perdre à l'agent quelque chose pour communiquer au patient quelque chose de semblable et d'équivalent. Mais, par cette action, l'agent ne sort point de sa propre existence individuelle. La communication de l'effet physique se fait simplement par l'union de la vertu active de l'agent avec la puissance passive du patient, et résulte de la relation naturelle entre une activité et une passivité du même genre (1).

Mais cette relation même contient l'obligation pour l'agent physique d'avoir une actualité semblable à celle qu'il doit déterminer au dehors. Tout au moins faut-il qu'il y ait en lui une similitude générique avec l'effet à produire : par exemple, le mouvement local a une certaine similitude naturelle avec tous les autres mouvements physiques qu'il contient en germe. La raison métaphysique de cette nécessité d'une ressemblance entre l'actualité de l'agent et l'actualité à engendrer dans le patient, c'est que tout être agit parce qu'il est en acte : l'action est le déploiement de l'actualité de l'agent ; voilà pourquoi il y a similitude entre cette actualité et celle à laquelle tend l'action (2).

L'opération de connaissance est soumise à des lois analogues.

---

(1) Corpus agit secundum quod est in actu, in aliud corpus secundum quod est in potentia (I, q. cxv, a. 1).

(2) Effectus aliquis invenitur assimilari causæ agenti dupliciter : uno modo secundum eamdem speciem, ut homo generatur ab homine

D'abord il est facile de voir que nous ne modifions pas, par notre connaissance, l'objet extérieur de notre perception. Tout au contraire, c'est nous-mêmes qui sommes alors modifiés : nous acquérons une connaissance que nous n'avions pas. L'objet n'en reste pas moins tel qu'il serait s'il n'était pas perçu; s'il perd quelque chose de son énergie physique actuelle en faisant impression sur l'organe de la perception sensitive, c'est là un changement tout matériel qui n'est pas l'effet de l'acte de connaissance, mais simplement la condition d'une action physique que l'objet pourrait exercer pareillement sur un corps inorganique.

Puisque c'est nous qui sommes modifiés par notre connaissance, c'est nous qui étions en puissance passive à l'égard de cet acte, et qui recevons acte à ce point de vue par l'accomplissement de l'opération. Cependant notre puissance de connaître n'est pas seulement passive; pour percevoir, nous subissons une transformation, mais, en percevant, nous agissons ; nous exerçons notre propre activité pour connaître l'objet. Agissons-nous pour cela

---

et ignis ab igne ; alio modo secundum virtualem continentiam, prout scilicet forma effectus virtualiter continetur in causa (I, q. cv, a. 1, ad 1). — Nihil agit nisi secundum quod est actu. Unde quo aliquid est actu, eo agit (I, q. LXXVI, a. 1). — Agere autem, quod nihil est aliud quam facere aliquid actu, est per se proprium actus inquantum est actus. Unde et omne agens agit sibi simile (I, q. cxv, a. 1). — Cf. I, q. iv, a. 3.

hors de nous-mêmes ? Non, la connaissance ne modifiant pas l'objet extérieur, rien ne passe par elle du sujet connaissant sur cet objet, lorsqu'il est connu. L'opération s'accomplit tout entière dans le sujet qui perçoit (1).

Il faut donc que l'objet soit en quelque façon dans le sujet connaissant, pour que celui-ci puisse le saisir. De là, cette première loi de toute connaissance : l'objet connu est dans le sujet qui le connaît (2).

Mais évidemment l'objet n'est pas nécessairement par sa propre substance dans le sujet qui le perçoit : quand nous percevons un objet au dehors de nous, il reste substantiellement extérieur à nous-

---

(1) Sicut in motibus corporalibus movens dicitur quod dat formam, quæ est principium motus ; ita dicitur movere intellectum quod causat formam quæ est principium intellectualis operationis, quæ dicitur motus intellectus. Operationis autem intellectus est duplex principium in intelligente : unum scilicet quod est ipsa virtus intellectualis, quod quidem principium est etiam in intelligente in potentia ; aliud autem est principium intelligendi in actu, scilicet similitudo rei intellectæ in intelligente (I, q. cv, a. 3). — Intelligibile movet intellectum nostrum inquantum quodam modo imprimit ei suam similitudinem per quam intelligi potest (Ibid., ad 3). — Duplex enim est actionis genus, ut dicitur in IX Metaph., text. 16 ; una scilicet quæ transit in aliquid exterius, inferens ei passionem, sicut urere et secare ; alia vero actio est quæ non transit in rem exteriorem, sed manet in ipso agente, sicut sentire, intelligere et velle ; per hujusmodi enim actionem non immutatur aliquid extrinsecum, sed totum in ipso agente agitur (I, q. LIV, a. 2).

(2) Cognitio enim contingit secundum quod cognitum est in cognoscente (I, q. XII, a. 4).

mêmes. C'est donc par une représentation de lui-même que l'objet est dans le sujet, s'il ne peut y être par lui-même (1).

Mais comment le sujet est-il déterminé à le connaître ?

Comme l'agent physique, le sujet connaissant agit parce qu'il est en acte ; comme lui, il est déterminé à son opération parce qu'il a une actualité semblable à celle où aboutit son action. Or, le terme de cette action, c'est l'objet connu. C'est donc parce que le sujet est semblable à cet objet qu'il le connaît. Ainsi, il faut pour notre perception une assimilation de notre puissance perceptive à ce qui est perçu : cette puissance est transformée en une ressemblance de l'objet, elle en devient accidentellement l'image.

D'où la seconde loi de toute connaissance : l'objet est connu parce que le sujet connaissant lui est semblable (2).

En rapprochant les deux lois que nous venons

---

(1) Ad cognitionem non requiritur similitudo conformitatis in natura, sed similitudo repræsentationis tantum... Hoc modo aliquid cognoscitur secundum quod est in cognoscente repræsentatum (*Q. disput., de Veritate*, q. II, a. 5, ad 5 et ad 17).

(2) Requiritur ad cognoscendum ut similitudo rei cognitæ sit in cognoscente quasi quædam forma ipsius (*Sum. theol.*, 1, q. LXXXVIII, a. 1, ad 2). — Illud quo intellectus intelligit comparatur ad intellectum ut forma ejus, quia forma est quo agens agit (I, q. LV, a. 1). — Et sicut forma secundum quam provenit actio tendens in rem exteriorem, est similitudo objecti actionis, ut calor calefa-

d'énoncer, on voit que, si la condition exigée par la seconde est remplie en nous, celle que demande la première se trouve accomplie en même temps. Notre puissance perceptive étant assimilée à l'objet, le possède par là-même en représentation : il est en elle par image, et l'image est *forme* ou qualité actualisant la puissance. Ainsi transformée, la faculté a le ressort qui lui est nécessaire pour achever l'acte de connaissance (1).

III. — Appliquons ces propositions à la connaissance intellectuelle.

L'objet premier de l'entendement, avons-nous dit, c'est l'*être*, avec les caractères d'*universalité* et de *nécessité*. C'est à un tel objet que l'entendement doit être assimilé pour le connaître. Il faut donc qu'il soit susceptible de revêtir une forme empreinte d'*universalité* et de *nécessité*.

---

cientis est similitudo calefacti ; similiter forma secundum quam provenit actio manens in agente, est similitudo objecti. Unde similitudo rei visibilis est secundum quam visus videt, et similitudo rei intellectæ, quæ est species intelligibilis, est forma secundum quam intellectus intelligit (I, q. LXXXV, a. 2) . — Cognitio fit secundum assimilationem cognoscentis ad rem cognitam (I, LXXVI, a. 2, ad 4).

(1) Intellectum est in intelligente per suam similitudinem. Et per hunc modum dicitur quod intellectum in actu est intellectus in actu, inquantum similitudo rei intellectæ est forma intellectus, sicut similitudo rei sensibilis est forma sensus in actu (I, q. LXXXV, a. 2, ad 1). — Secundum hoc enim intellectus subjicitur scientiæ et transmutatur de ignorantia ad scientiam, secundum quod est in potentia ad species intelligibiles (I, q. LXXV, a. 5, ad 2).

Mais toute forme accidentelle, toute qualité est une dépendance du sujet qui la possède : elle est actualité d'une puissance qui est sa raison d'être du côté du sujet, et ne peut par conséquent avoir par nature plus d'amplitude que cette puissance dont elle doit être l'acte. En d'autres termes, la forme accidentelle se proportionne, dans le sujet, à la puissance qu'elle détermine, et ne peut en dépasser les limites naturelles ni, par suite, celles du sujet (1).

Il s'ensuit que la puissance intellective doit avoir une capacité suffisante pour recevoir une forme comportant universalité et nécessité.

Une puissance dépendante du corps peut-elle remplir cette condition ? Non ; et voici pourquoi.

Conformément au témoignage des sens, nous pensons avec saint Thomas que l'étendue est une propriété réelle des corps : elle est en eux la première disposition de la matière. Il en résulte que toute puissance dépendante du corps est contrainte, par l'étendue concrète de ce corps où elle réside,

---

(1) Actualitas per prius invenitur in subjecto formæ accidentalis quam in forma accidentali ; unde actualitas formæ accidentalis causatur ab actualitate subjecti ; ita quod subjectum, inquantum est in potentia, est suceptivum formæ accidentalis ; inquantum autem est in actu, est ejus productivum. Et hoc dico de proprio et per se accidente ; nam respectu accidentis extranei subjectum est susceptivum tantum ; productivum vero talis accidentis est agens extrinsecum (I, q. LXXVII, a. 6). — Potentia autem, quum sit receptiva actus, oportet quod actui proportionetur (I, q. LXXV, a. 5).

à n'éprouver que des déterminations individuelles; car tout ce qui est reçu dans l'étendue concrète, se fixe sur ses dimensions déterminées individuellement, et devient par là même individuellement déterminé.

Cette puissance d'individualisation que possède l'étendue, est telle qu'en considérant l'extension d'une manière abstraite, indépendamment de tout corps qui la porte et de toute qualité qu'elle soutienne, nous formons dans notre imagination, avec les seules dimensions ou même avec une seule dimension, une ou plusieurs images individuelles, chacune nette et précise dans son individualité. Ainsi, nous pouvons imaginer plusieurs lignes de même espèce et absolument pareilles, plusieurs droites, par exemple, ne différant l'une de l'autre que par leur position, caractère qui dépend lui-même de l'étendue. Au contraire, nous ne pouvons imaginer en même temps plusieurs couleurs de même espèce et de même intensité sans les préciser sur des étendues imaginaires, dont chacune contienne et individualise une de ces couleurs, en lui donnant une dimension ou au moins une position déterminée (1).

Si donc l'étendue individualise par elle-même et

---

(1) « Prima dispositio materiæ est quantitas dimensiva... Quantitas autem dimensiva est quoddam individuationis principium... Ex hoc enim aliquid est natum esse in uno solo, quod illud est in se

si tout corps est naturellement étendu, toute puissance dépendante du corps doit n'acquérir que des actualités empreintes du caractère individuel. La représentation formée dans une telle puissance perceptive, pour la connaissance de l'objet à percevoir, devra donc revêtir le caractère de l'individualité, et ne pourra, dans cette puissance, être une forme douée d'universalité. Par la même raison, elle ne pourra porter la marque de la nécessité, car le nécessaire est universellement nécessaire et, par conséquent, est un universel.

IV. — Les esprits qui ne peuvent se résoudre à admettre la réalité de l'étendue dans les corps, et qui ne voient dans l'extension sentie qu'une modification subjective produite en nous par leur présence, ont-ils le droit de prétendre qu'une notion universelle peut émaner d'une puissance dépendante du corps ?

Sans doute, s'il n'y avait dans toute substance

---

inlivisum et divisum ab omnibus aliis. Divisio autem accidit substantiæ ratione quantitatis, ut dicitur in I *Physic.*, text. 15-16. Et ideo ipsa quantitas dimensiva est quoddam individuationis principium in hujusmodi formis, inquantum scilicet diversæ formæ numero sunt in diversis partibus materiæ ; unde et ipsa quantitas dimensiva secundum se habet quamdam individuationem, ita quod possumus imaginari plures lineas ejusdem speciei, differentes positione, quæ cadit in ratione hujus quantitatis : convenit enim dimensioni quod sit quantitas positionem habens : et ideo potius quantitas dimensiva potest esse subjectum aliorum accidentium quam e converso. (III, q. LXXVII, n. 2). — Cf. *C. Gent.*, lib. IV, c. 65).

dite corporelle qu'un seul principe réel, principe simple et actif, le corps pourrait être considéré comme un esprit d'ordre inférieur, et dès lors il ne semble pas qu'il y eût incompatibilité radicale entre une puissance dépendante du corps et une notion universelle. Mais, à vrai dire, il n'y aurait alors, dans la nature, ni matière, ni corps ; tout y serait esprit : substance, puissance, forme, action, tout serait proprement spirituel. Certes, dans un monde ainsi conçu, la distinction entre puissances indépendantes du corps et puissances qui en dépendent pourrait être superflue ; il pourrait n'y avoir que des différences de degrés dans les puissances des êtres divers, au lieu de différences essentielles. Mais il resterait aux partisans de cette opinion à établir leur thèse par des raisons irréfutables, car elle contredit la persuasion naturelle de l'humanité.

Un autre système moins absolu, tout en niant la réalité de l'étendue, admet deux principes réels dans les corps : un principe de passivité, la *matière première*, et un principe d'activité, celui que les scolastiques appelaient la *forme substantielle*. Dans ce système, le corps est un composé de *matière* et de *forme* ; l'esprit est *forme* sans *matière* : une puissance dépendante du corps est une puissance essentiellement matérielle ; une puissance spirituelle est une puissance essentiellement immatérielle ; mais la première pas plus que la seconde ne repose sur l'étendue, car l'étendue n'est rien de réel.

A l'égard de cette opinion éclectique, remarquons qu'une passivité quelconque, dans les corps, ne suffit pas pour donner le droit d'admettre une *matière première*, en tant que principe réel distinct du principe actif. En effet, un principe subsistant en lui-même, comme l'âme humaine, par exemple, peut être passif d'un côté, actif d'un autre, sans être une substance composée de *matière* et de *forme* (1).

D'autre part, la négation de la réalité de l'étendue et, par conséquent, de la divisibilité de la substance corporelle prive ce système d'un argument en faveur de la composition essentielle de cette substance en *matière* et *forme*. Il lui reste une preuve : la transformation substantielle des corps, principalement celle des corps bruts en corps vivants. Cette transformation implique la réalité d'un élément permanent, que l'on peut appeler

---

(1) Dicitur aliquis pati communiter, ex hoc solo quod id quod est in potentia ad aliquid recipit illud ad quod erat in potentia, absque hoc quod abjiciatur; secundum quem modum omne quod exit de potentia in actum potest dici pati, etiam quum perficitur. Et sic intelligere nostrum est pati... Quod manifeste apparet ex hoc quod in principio sumus intelligentes solum in potentia, postmodum autem efficimur intelligentes in actu (*Sum. theol.*, I, q. LXXIX, a. 1). — Est autem alia potentia receptiva in anima intellectiva a potentia receptiva materiæ primæ, ut patet ex diversitate receptorum ; nam materia prima recipit formas individuales, intellectus autem recipit formas absolutas. Unde talis potentia in anima intellectiva existens non ostendit quod anima sit composita ex materia et forma (I, q. LXXV, a. 5, ad 1).

matière première, en opposition avec la réalité de principes actifs et *formateurs*, de natures différentes, lesquels se succèdent dans la *matière première* pour la spécifier différemment.

Mais un principe de spécification destiné à former avec cette *matière première* une seule substance n'est pas par lui-même un principe d'individualité, car autrement il aurait en lui-même la raison de l'individualité en même temps que la raison de l'espèce, et partant serait capable de former à lui seul une substance individuelle de telle espèce ; il n'aurait besoin d'aucune matière pour subsister comme individu de cette espèce indépendant et complet. Puisqu'on suppose que le principe spécifique, *formateur* du corps, a besoin de la matière pour constituer une substance individuelle et complète de telle espèce, il faut en conclure que c'est son union avec la matière qui l'individualise. Par lui-même, il est destiné à se poser sur un autre principe qui lui serve de sujet, et, dès qu'il s'y pose, il s'y unit de manière à ne faire avec lui qu'une seule substance individuelle : dès lors, il n'est plus principe général d'espèce, il devient individuel et concret. D'une part, l'universalité de son essence ne contenait pas la raison d'une existence individuelle, puisqu'il ne pouvait exister à lui seul comme forme séparée et complète dans son espèce ; d'autre part, la *matière première* qui le reçoit, le resserre dans un concert individuel, puisque c'est son enchaînement à cette matière qui le rend incapable de se poser sur un autre sujet. Il s'ensuit qu'en s'incorporant dans la matière, le principe *formateur* est, comme tel, étroitement individualisé par elle, et que toute la substance corporelle qu'il forme, est fixée rigoureusement dans des conditions individuelles (1).

Ainsi, sans considérer l'étendue, la seule composition du corps en *matière* et *forme* suffit pour obliger à reconnaître que la substance corporelle, comme telle, et, par conséquent, toutes les puissan-

---

(1) Est enim de ratione individui quod non possit in pluribus esse, quod quidem contingit dupliciter : uno modo, quia non est natum esse in aliquo, et hoc modo formæ immateriales separatæ per se subsistentes sunt etiam per seipsas individuæ ; alio modo, ex eo quod forma substantialis vel accidentalis est quidem nata in aliquo esse, non tamen in pluribus, sicut hæc albedo, quæ est in hoc corpore. Quantum igitur ad primum, materia est individuationis principium omnibus formis inhærentibus, quia, quum hujusmodi formæ, quantum est de se, sint natæ in aliquo esse sicut in subjecto, ex quo aliqua earum recipitur in materia, quæ non est in alio, ideo nec forma ipsa sic existens potest in alio esse. Quantum autem ad secundum, dicendum est quod individuationis principium est quantitas dimensiva (III, q. LXXVII, a. 2). — Finitur autem quodam modo et materia per formam, et forma per materiam. Materia quidem per formam, inquantum materia, antequam recipiat formam, est in potentia ad multas formas, sed quum recipit unam, terminatur per illam. Forma vero finitur per materiam, inquantum forma in se considerata communis est ad multa, sed, per hoc quod recipitur in materia, fit forma determinata hujus rei. Materia autem perficitur per formam per quam finitur ... Forma autem non perficitur per materiam, sed magis per eam ejus amplitudo contrahitur (I, q. VII, a. 1).

ces qui en dépendent, sont naturellement restreintes à des déterminations individuelles. Donc, si le corps est un composé de *matière* et de *forme*, toute puissance de ce composé est incapable de recevoir une actualité empreinte d'universalité, telle qu'une notion intellectuelle. Un sujet absolument incorporel et immatériel est seul de nature à porter une puissance intellectuelle, telle que l'entendement humain et la volonté intelligente qui le suit (1).

V. — Prenez garde, nous dira-t-on. Qui veut trop prouver, ne prouve rien. Si l'individualité rigoureuse d'une substance entraine l'incapacité, pour toute puissance qui en dépend, de recevoir une forme universelle, l'entendement lui-même aura cette incapacité; car il est individuel comme cet homme qui le porte, et toute représentation qu'il acquiert, est individuelle comme lui-même.

Pour résoudre cette objection, il faut distinguer ce qui est individuel parce qu'il est individualisé par la matière, de ce qui est individuel simplement

---

(1) Impossibile est quod substantia intellectualis habeat qualemcumque materiam. Operatio enim cujuslibet rei est secundum modum substantiæ ejus. Intelligere autem est operatio penitus immaterialis, quod ex ejus objecto apparet, a quo actus quilibet recipit speciem et rationem. Sic enim unumquodque intelligitur, inquantum a materia abstrahitur ; quia formæ in materia sunt individuales formæ, quas intellectus non apprehendit secundum quod hujusmodi. Unde relinquitur quod substantia intellectus est omnino immaterialis (I, q. L, a. 2).

parce qu'il existe en soi et à part de tout autre sujet existant, tout en étant absolument sans matière. Le premier individuel a une réceptivité bornée par les conditions matérielles ; le second a une réceptivité aussi large que sa nature : il est ouvert aux formes absolues indépendamment de la matière qui les concrète.

C'est pour cela que le sens ne peut recevoir que des représentations individuelles, et, par suite, ne peut percevoir que des objets individuels ; tandis que l'entendement reçoit des formes absolues et universelles. Le sens, engagé dans la matière de l'organe sensitif, est impuissant à transformer les images sensibles de manière à s'affranchir des conditions individuelles dans lesquelles sont fixées les formes extérieures par la matière des corps, tels qu'ils existent dans la nature. L'entendement, au contraire, entièrement dégagé de tout organe matériel, transforme par sa propre activité les images sensibles, par sa lumière les rend capables de lui montrer l'absolu sans les conditions individuelles, prend cet absolu, obtient ainsi les représentations intelligibles des formes universelles que la matière individualise au dehors, et, par ces représentations, dont sa réceptivité se pénètre, connaît la nature universelle des objets dont le sens saisit seulement les caractères individuels et concrets (1).

(1) Cognitio enim contingit secundum quod cognitum est in co-

L'individualité de l'entendement humain n'est pas un obstacle à son opération *abstractive* et *appréhen-*

gnoscente. Cognitum autem est in cognoscente secundum modum cognoscentis. Unde cujuslibet cognoscentis cognitio est secundum modum suæ naturæ. Si igitur modus essendi alicujus rei cognitæ excedat modum naturæ cognoscentis, oportet quod cognitio illius rei sit supra naturam illius cognoscentis. Est autem multiplex modus essendi rerum. Quædam enim sunt quorum natura non habet esse nisi in hac materia individuali; et hujusmodi sunt omnia corporalia. Quædam vero sunt quorum naturæ sunt per se subsistentes, non in materia aliqua, quæ tamen non sunt suum esse, sed sunt esse habentes. Ex igitur quæ non habent esse nisi in materia individuali, cognoscere est nobis connaturale, eo quod anima nostra, per quam cognoscimus, est forma alicujus materiæ. Quæ tamen habet duas virtutes cognoscitivas : unam quæ est actus alicujus corporei organi ; et huic connaturale est cognoscere res secundum quod sunt in materia individuali ; unde sensus non cognoscit nisi singularia ; alia vero virtus cognoscitiva ejus est intellectus, qui non est actus alicujus organi corporalis. Unde per intellectum connaturale est nobis cognoscere naturas quæ quidem non habent esse nisi in materia individuali, non tamen secundum quod sunt in materia individuali, sed secundum quod abstrahuntur ab ea per considerationem intellectus : unde secundum intellectum possumus cognoscere hujusmodi res in universali, quod est supra facultatem sensus. Intellectui autem angelico connaturale est cognoscere naturas non in materia existentes; quod est supra naturalem facultatem intellectus animæ secundum statum præsentis vitæ, quo corpori unitur (1, q. XII, a 4). – Phantasmata et illuminantur ab intellectu agente, et iterum ab eis per virtutem intellectus agentis species intelligibiles abstrahuntur. Illuminantur quidem, sicut pars sensitiva ex conjunctione ad intellectum efficitur virtuosior, ita phantasmata ex virtute intellectus agentis redduntur habilia ut ab eis intentiones intelligibiles abstrahantur. Abstrahit autem intellectus agens species intelligibiles a phantasmatibus, inquantum per virtutem intellectus agentis accipere possumus in nostra consideratione naturas specierum sine individualibus conditionibus, secundum quarum similitudines intellectus possibilis informatur (1, q. LXXXV, a. 1, ad 4).

sive de l'universel, parce que pour lui l'individualité n'est pas le résultat d'une immersion complète dans la matière, mais un caractère qui fixe sa nature sans lui rien faire perdre de son immatérialité essentielle. L'âme dont l'entendement est une puissance, est indépendante de la matière, mais, comme elle est par nature destinée à animer un corps pour former un homme, elle s'individualise en formant avec la matière cet individu humain : par là sont individualisées toutes ses puissances en même temps que son fond substantiel, mais son incorporation n'amoindrit pas sa subsistance propre, et l'individualité qu'elle acquiert ainsi, ne diminue en rien l'amplitude radicale de ses facultés supérieures. C'est *cet* homme qui entend, c'est dans son entendement individuel que se forme l'acte d'intelligence ; mais cet acte embrasse néanmoins l'universel, parce que la puissance où il naît, est indépendante de la matière comme l'âme de laquelle elle émane (1).

---

(1) Individuatio intelligentis, aut speciei per quam intelligit, non excludit intelligentiam universalium ; alioquin, quum intellectus separati sint quædam substantiæ subsistentes, et per consequens particulares, non possent universalia intelligere. Sed materialitas cognoscentis, et speciei per quam cognoscitur, universalis cognitionem impedit. Sicut enim omnis actio est secundum modum forma quæ agens agit, ut calefactio secundum modum caloris ; ita cognitio est secundum modum speciei, qua cognoscens cognoscit. Manifestum est autem quod natura communis distinguitur

VI. — Illusions ! objectera dédaigneusement le positivisme contemporain à nos assertions sur la nature de la connaissance intellectuelle. L'universel ? Ce n'est qu'un mot. Tout est individuel dans la connaissance humaine comme dans la perception de l'animal. L'analyse perspicace de notre siècle a fait justice de toutes les chimères imaginées par les métaphysiciens. Sans doute, l'homme distingue des caractères que l'animal ne peut saisir ; mais, en examinant avec attention le travail de l'intelligence humaine, on voit qu'elle ne sort pas de l'individuel.

« Une idée générale et abstraite, dit M. Taine, est un nom, rien qu'un nom, le nom *significatif* et *compris* d'une série de faits semblables ou d'une classe d'individus semblables, ordinairement accompagné par la représentation sensible, mais vague, de quelqu'un de ces faits ou individus ».

« ... Il y a quelques années, continue le même auteur, en Angleterre, à Kew-Gardens, je vis pour la première fois des araucarias... Si, en ce moment, je cherche ce que cette expérience a laissé en moi, j'y

et multiplicatur secundum principia individuantia, quæ sunt ex parte materæ. Si ergo forma per quam fit cognitio, sit materialis, non abstracta a conditionibus materiæ, erit similitudo naturæ speciei aut generis secundum quod est distincta et multiplicata per principia individuantia ; et ita non poterit cognosci natura rei in sua communitate. Si vero species sit abstracta a conditionibus materiæ individualis, erit similitudo naturæ absque iis quæ ipsam distinguunt et multiplicant ; et ita cognoscetur universale (I, q. LXXVI, a. 2, ad 3).

trouve d'abord la représentation sensible d'un araucaria ; en effet, j'ai pu décrire à peu près la forme et la couleur du végétal. Mais il y a une différence entre cette représentation et les sensations anciennes dont elle est l'écho actuel. Le simulacre interne d'après lequel je viens de faire ma description, est vague, et mes sensations passées étaient précises... Mais cette représentation n'est pas l'idée générale et abstraite. Elle n'en est que l'accompagnement, et, si j'ose ainsi parler, la gangue. Car la représentation, quoique mal esquissée, est une esquisse, l'esquisse sensible d'un individu distinct ; en effet, si je la fais persister et que j'insiste sur elle, elle répète telle sensation visuelle particulière ; je vois mentalement tel contour qui ne convient qu'à tel araucaria, et, partant, ne peut convenir à toute la classe ; or, mon idée abstraite convient à toute la classe ; elle est donc autre chose que cette représentation d'un individu. De plus, mon idée abstraite est parfaitement nette et déterminée ; maintenant que je l'ai, je ne manque jamais de reconnaître un araucaria entre les diverses plantes qu'on me présente ; elle est donc autre chose que la représentation confuse et flottante que j'ai de tel araucaria particulier. — Qu'y a-t-il donc en moi de si net et de si déterminé qui correspond au caractère abstrait et commun à tous les araucarias, et ne correspond qu'à lui ? — Un nom de classe, le nom d'araucaria, prononcé ou entendu mentalement, c'est-à-dire un son *significatif*, lequel est *compris*, et qui, à ce titre, est doué de deux propriétés. D'une part, sitôt qu'il est perçu ou imaginé, il éveille en moi la représentation sensible, plus ou moins expresse, d'un individu de la classe : cette attache est exclusive ; il n'éveille point en moi la représentation d'un individu d'une autre classe. D'autre part, sitôt que je perçois ou imagine un individu de la classe, j'imagine ce son lui-même, et je suis tenté de le prononcer ; cette attache aussi est exclusive ; la présence réelle ou mentale d'un individu d'une autre classe ne l'évoque point dans mon esprit, et ne l'appelle pas sur mes lèvres. Par cette double attache, il fait corps avec toutes les perceptions et représentations sensibles que j'ai des individus de la classe, et ne fait corps qu'avec elles. Mais il n'est attaché d'une façon particulière à aucune d'elles ; indifféremment, il les évoque toutes ; indifféremment, il est évoqué par toutes. Partant, si elles l'évoquent, c'est grâce à ce que toutes ont de commun, et non grâce à ce que chacune d'elles a de propre ; partant encore, s'il les évoque, c'est grâce à ce que toutes ont de commun, et non grâce à ce que chacune d'elles a de propre ; par conséquent enfin, il est attaché à ce que toutes ont de commun et à cela seulement. Or, ce quelque chose est justement le caractère abstrait, le même pour tous les individus de la classe. C'est donc à ce caractère seul que le nom, mentalement entendu ou prononcé, correspond ; ce qu'on exprime en disant que le nom désigne et signifie le caractère. De cette façon, le nom équivaut à la vue, expérience ou représentation sensible, que nous n'avons pas et que nous ne pouvons avoir, du caractère abstrait présent dans tous les individus semblables. Il la remplace et fait le même office. — Ainsi *nous pensons les caractères abstraits des choses au moyen de noms abstraits qui sont nos idées abstraites, et la formation de nos idées n'est que la formation des noms, qui sont des substituts* (1).

Cette explication de la pensée humaine est, sans contredit, fort ingénieuse ; mais, quoi qu'en dise son auteur, elle s'appuie sur une analyse superficielle et incomplète.

M. Taine, comme tous les positivistes, à force de se préoccuper des phénomènes sensibles, externes ou internes, semble avoir perdu la perspicacité nécessaire pour discerner les actes propres de notre intelligence. Il voit, pour l'opération intellectuelle, l'intervention nécessaire de quelque puissance sensitive et corporelle, surtout de l'imagination, et l'examen minutieux qu'il se plaît à faire des actes sensitifs qui accompagnent et rendent possible la connaissance de l'universel, l'empêche de distinguer, sous cette enveloppe sensible, l'action profonde et immatérielle de l'entendement.

Un moment on croirait qu'il va saisir l'opération spirituelle en elle-même. Il reconnaît nettement que

---

(1) H. Taine, *de l'Intelligence*, 4ᵉ éd., t. II, pp. 259-262.

la représentation vague, fournie par l'imagination, d'un objet extérieur, en apparence indéterminé, n'est pas l'idée abstraite et générale. Il comprend parfaitement que l'universel ne peut être imaginé, car toute représentation imaginaire est déterminée par des caractères individuels, si confusément qu'on les aperçoive. Il comprend, d'autre part, que l'idée de l'universel est claire et précise, bien qu'elle embrasse dans son amplitude un nombre indéfini de cas particuliers. Mais, dominé par son préjugé positiviste, il ne voit rien de réel dans une idée qui ne peut être imaginée : comme il n'attribue de réalité qu'à un *évènement* sensible, il prend le *nom* abstrait pour l'*idée* abstraite, et confond, sans paraître s'en douter, le signe sensible avec la notion intellectuelle ; car il ne craint pas de dire : « Nous pensons les caractères abstraits des choses au moyen de noms abstraits qui sont nos idées abstraites, et la formation de nos idées n'est que la formation des noms, qui sont des *substituts* ».

Cela fait, notre illustre positiviste entre naïvement en admiration devant la subtile habileté de la nature, qui a su tourner une difficulté, ce semble, insurmontable, celle de faire penser des caractères universels à un sujet où tout n'est, suivant lui, qu'*évènement* particulièrement déterminé. « Artifice admirable et spontané de notre nature, s'écrie-t-il : nous ne pouvons apercevoir ni maintenir isolées dans notre esprit les qualités générales, sortes de filons précieux qui constituent l'essence et font la classification des choses ; et cependant, pour sortir de la grosse expérience brute, pour saisir l'ordre et la structure intérieure du monde, il faut que nous les retirions de leur gangue et que nous les concevions à part. Nous faisons un détour ; nous associons à chaque qualité abstraite et générale un petit *évènement* particulier et complexe, un son, une figure, facile à imaginer et à reproduire ; nous rendons l'association si exacte et si étroite, que désormais la qualité ne puisse apparaître ou manquer dans les choses sans que le nom apparaisse ou manque dans notre esprit, et réciproquement. .Quand il s'agit d'une qualité générale, dont nous ne pouvons avoir ni expérience ni représentation sensible, nous substituons un nom à la représentation impossible, et nous le substituons à bon droit. Il a les mêmes affinités et les mêmes répugnances que la représentation, les mêmes empêchements et conditions d'existence, la même étendue et les mêmes limites de présence : affinités et répugnances, empêchements et conditions d'existence, étendue et limites de présence, tout ce qui se rencontrerait en elle, se rencontre en lui par contre-coup. Par cette équivalence, les caractères généraux des choses arrivent à la portée de notre expérience ; car les noms qui les expriment sont eux-mêmes de petites expériences de la vue, de l'ouïe, des muscles vocaux, ou les images intérieures, c'est-à-dire les résurrections plus ou moins

.nettes, de ces expériences. Une difficulté extraordinaire a été levée; dans un être dont la vie n'est qu'une expérience diversifiée et continue, on ne peut rencontrer que des impressions particulières et complexes ; avec des impressions particulières et complexes, la nature a simulé en nous des impressions qui ne sont ni l'un ni l'autre, et qui, ne pouvant être ni l'un ni l'autre, semblaient devoir échapper pour toujours, par nécessité et par nature, à notre être tel qu'il est construit (1).

Constatons ici l'illusion positiviste. On pose en fait certain que la vie de l'homme n'est qu'une expérience diversifiée et continue, et qu'on ne peut rencontrer en lui que des impressions particulières et complexes. On observe, d'autre part, dans l'intelligence humaine, des faits qui paraissent porter l'empreinte de l'absolu et de l'universel. De ces prémisses on conclut logiquement que cette empreinte est seulement apparente, et que la nature, qui, elle, sait bien ce qu'elle fait, s'est servie d'impressions particulières et complexes pour simuler des impressions qui ne sont et ne peuvent être ni l'un ni l'autre.

Mais, s'il est faux qu'on ne puisse rencontrer dans l'homme que des impressions particulières et complexes ? — Alors, tout le raisonnement s'écroule.

Or, de bonne foi, les faits mêmes que décrit

(1) Taine, *op. cit.*, t. I. pp. 14-15.

M. Taine ne montrent-ils pas que, dans l'opération intellectuelle, il y a plus que des impressions particulières et complexes ?

M. Taine avoue que le nom est un son *significatif et compris*. Mais *comprendre* ce son significatif, cela veut-il dire seulement que le fait de percevoir ou d'imaginer ce son éveille en nous une représentation sensible d'un individu de la classe nommée, et que le fait de percevoir ou d'imaginer un individu de cette classe éveille en nous l'image de ce son et la tendance à le prononcer ? Voilà une singulière définition de l'action de comprendre.

Sans doute, cette attache et cet appel réciproque existent entre le nom perçu ou imaginé, d'une part, et, d'autre part, la perception ou l'image sensible d'un individu de la classe nommée: cette relation est de l'ordre animal; c'est un secours donné par nos facultés sensitives à notre puissance intellectuelle. Mais il y a plus: comprendre un nom commun, c'est manifestement saisir par l'intelligence, non pas un individu de la classe, mais la réalité abstraite et universelle dont chaque individu de la classe est un spécimen déterminé.

Quand nous disons : « Le triangle », et que nous appliquons notre attention sur le sens de ce nom, nous ébauchons, sans doute, par notre imagination, la représentation sensible d'un triangle individuel, plus ou moins confusément dessiné : mais nous saisissons autre chose par notre intelligence, et ce quelque chose, c'est précisément ce qui constitue le triangle considéré absolument et indépendamment de tels ou tels caractères individuels. La preuve, c'est que, si nous expliquons notre pensée, nous définissons le triangle *en soi*, comme le remarque M. Taine lui-même : « Le triangle, disons-nous, est une figure formée par trois lignes qui se coupent deux à deux » (1).

Ce caractère général et abstrait que nous attribuons nettement au triangle que nous avons nommé, nous le voyons réalisé individuellement, avec des caractères particuliers, dans tous les triangles que notre imagination peut nous représenter. Nous savons que tel triangle scalène, tel triangle isocèle, tel triangle rectangle sont des triangles, c'est-à-dire des spécimens ayant le caractère général du triangle, plus tel ou tel caractère particulier ; qu'ils ne peuvent être triangles sans avoir, à la fois, ces deux sortes de caractères, mais que c'est le caractère général qui les fait être triangles, leurs caractères particuliers réalisant seulement des cas déterminés par lesquels le triangle absolu est susceptible d'être individualisé.

Cette notion que nous précisons très clairement en l'expliquant par le langage, nous l'avons implicitement quand nous prononçons le nom de « triangle »,

(1) Cf. Taine, *op. cit.*, t. I, p. 37.

en faisant attention au sens de ce mot. Si nous ne l'avions pas implicitement, comment pourrions-nous la développer par la parole?

Dira-t-on que cette notion implicite consiste uniquement en une *tendance* à définir, comme on dit que la faculté de percevoir le caractère universel n'est qu'une *tendance* à nommer? — Mais que peut être une tendance à énoncer clairement une définition universelle, sinon une inclination à détailler par le langage ce qui est connu en bloc? A mesure que nous développons ainsi notre pensée, n'avons-nous pas conscience d'exprimer par le menu une véritable connaissance que nous avons en nous, de tirer de notre intelligence, pour l'étaler au dehors, quelque chose que nous possédons intimement. Il faut un singulier parti pris de ne reconnaître comme réel que ce qui est sensible, pour nier l'existence réelle, dans l'intelligence, d'une notion universelle que nous savons manifester clairement par une définition.

On ne peut donc pas dire, comme le fait M. Taine: « Nous n'avons pas d'idées générales, à proprement parler; nous avons des tendances à nommer et des noms » (1). Tout au contraire, nous nommons une chose parce que nous en avons l'idée. Notre idée générale est le trait d'union en-

(1) Taine, *op. cit.*, t. I, p. 42.

tre la chose, considérée sous un point de vue général, et le nom commun que nous prononçons. En un mot, il faut dire : « Nous parlons parce que nous pensons » ; et non pas : « Nous parlons faute de pouvoir penser » (1).

Après avoir nié la réalité de l'idée générale, le positivisme méconnaît la valeur du jugement général.

M. Taine voit bien que tout axiome repose, en définitive, sur l'axiome d'*identité* ou de *contradiction* ; mais ce qu'il ne voit pas, c'est la supériorité de cet axiome sur toute connaissance sensible. Nous souscririons volontiers à cette définition qu'il donne : « Les axiomes sont des propositions analytiques, où le sujet contient l'attribut, soit d'une façon très visible, ce qui rend l'analyse inutile, soit d'une façon très masquée, ce qui rend l'analyse presque impraticable » (2). Mais nous

---

(1) Quicumque autem intelligit, ex hoc ipso quod intelligit, procedit aliquid intra ipsum, quod est conceptio rei intellectæ, ex vi intellectiva proveniens, et ex ejus notitia procedens. Quam quidem conceptionem vox significat, et dicitur verbum cordis significatum verbo vocis (*Sum. theol.*, I, q. xxvii, a. 1).

(2) Taine, *op. cit.*, t. II, p. 336.

Intellectus semper est rectus, secundum quod intellectus est principiorum, circa quæ non decipitur, ex eadem causa qua non decipitur circa *quod quid est*. Nam principia per se nota sunt illa quæ statim intellectis terminis cognoscuntur, ex eo quod prædicatum ponitur in definitione subjecti. (I, q. xvii, a. 3, ad 2). — Secundum se quidem quælibet propositio dicitur per se nota, cujus prædicatum est de ratione subjecti (I-II, q. xciv, a. 2). — Omnia principia reducuntur ad hoc sicut ad primum : *Impossibile est simul affirmare et negare*, ut patet per Philosophum in IV *Metaph.*, text. 9 et seq. (II-II, q. 1, a. 7).

ne partageons point son dédain pour les axiomes d'*identité* et de *contradiction*, qui ne sont que deux formes du même axiome.

« Il y a, dit-il, des axiomes qui semblent insignifiants ; c'est que l'analyse demandée y est toute faite ; les termes de l'attribut se trouvent par avance dans les termes du sujet ; le lecteur ne trouve point la proposition instructive ; il juge qu'on lui dit deux fois la même chose. Tels sont les fameux axiomes métaphysiques d'*identité* et de *contradiction*. Le premier peut s'exprimer ainsi : si dans un objet telle donnée est présente, elle y est présente. Le second peut recevoir cette formule : si dans un objet telle donnée est absente, elle n'y est point présente. Comme les mots *présent* et *non absent*, *absent* et *non présent*, sont synonymes, il est clair que, dans l'axiome de *contradiction* aussi bien que dans l'axiome d'*identité*, le second membre de phrase répète une portion du premier ; c'est une redite ; on a piétiné en place » (1).

Oui, c'est une redite ; mais la solidité absolue de l'entendement consiste précisément à ne pas pouvoir, en même temps et sous le même rapport, admettre deux propositions contradictoires entre elles. Pour lui, saisir une donnée comme présente, c'est saisir en elle le caractère d'être ; et sa lucidité naturelle lui montre, avec une

---

(1) Taine, *op. cit.*, t. II, pp. 336-337.

clarté souveraine, que ce qui est, est, et ne peut pas, en même temps et sous le même point de vue, ne pas être.

Taxez, tant que vous voudrez, ce jugement de piétinement sur place ; vous ne diminuerez pas la valeur de cette affirmation absolue et nécessaire, et vous n'amoindrirez pas la dignité de l'entendement qui la prononce avec une énergie inébranlable. Peu philosophique est votre dédain. Nous avons tous un penchant naturel à ne pas faire grand cas de ce que nous voyons et entendons tous les jours ; mais c'est la marque d'un vrai philosophe, de savoir mesurer la portée et sonder la profondeur de ce que le vulgaire répète à chaque instant sans en remarquer l'importance.

En vérité, nous touchons ici à la racine même de l'intelligence humaine. Jamais l'animal ne percevra une chose en tant qu'elle est ; jamais il ne jugera qu'une chose qui est actuellement, ne peut pas au même instant ne pas être. Il n'aura jamais l'idée d'être, et ne saisira jamais la contradiction nécessaire entre être et n'être pas.

C'est sur cette impossibilité radicale des contradictoires que l'entendement fonde la nécessité de ses jugements et de ses raisonnements ; c'est en vertu de l'axiome d'*identité* ou de *contradiction* qu'il lie entre elles ses propositions certaines, comme il lie entre eux les termes de ces propositions. En cette matière, le contradictoire est pour lui la marque indélébile du faux, comme la connexion nécessaire est la marque indestructible du vrai. C'est sous ces deux formes, qui se complètent l'une l'autre, qu'il saisit et discerne l'universel (1).

En somme, que l'on considère l'idée générale, le jugement; ou le raisonnement; la pensée, par son universalité empreinte de nécessité, suppose un sujet absolument incorporel et immatériel. Donc, l'âme est, à elle seule, sans le concours intrinsèque du corps, le sujet de la pensée et de l'entendement qui la produit.

VII. — La volonté a-t-elle aussi pour sujet l'âme seule ?

La volonté suit l'entendement et se guide d'après les jugements pratiques de l'intelligence. Elle aspire au bien absolu, qui n'est qu'un point de vue de l'absolue vérité.

Si, par un instinct invincible, elle tend, avant tout et en tout, au bonheur de l'homme, cette

(1) Intellectus naturaliter et ex necessitate inhæret primis principiis... Quædam autem propositiones sunt necessariæ, quæ habent connexionem necessariam cum primis principiis, sicut conclusiones demonstrabiles, ad quarum remotio sequitur remotio primorum principiorum ; et his intellectus ex necessitate assentit, cognita connexione necessaria conclusionum ad principia per demonstrationis deductionem. Non autem ex necessitate assentit, antequam hujusmodi necessitatem connexionis per demonstrationem cognoscat (I, q. LXXXII, a. 2).

inclination fondamentale n'en est pas moins de nature intellectuelle. L'animal tend vers son bien par un instinct que n'éclaire, pour lui, aucune lumière ayant le caractère de l'universel et du nécessaire : il est attiré vers sa fin sans avoir la notion même de fin. L'homme, sans doute, éprouve aussi cette impulsion animale, mais, au-dessus, il a la volonté qui tend à une fin que l'intelligence connait comme fin, avec un caractère universel (1).

Le vrai lui-même, qui est l'objet propre de l'entendement, est embrassé par la volonté, sous le point de vue du bien, comme un objet particulier est compris sous un genre universel qui l'enveloppe. La volonté veut le vrai parce que le vrai est un bien : elle veut que l'entendement entende, parce que l'acte intellectuel est bon, c'est-à-dire conforme au bien absolu

Inversement, l'entendement a prise sur la volonté : il saisit l'acte volontaire comme une forme de l'être et comme une tendance vers l'être. C'est l'entendement qui tient le sommet de l'âme humaine : c'est lui qui, le premier, saisit l'être ;

(1) Objectum appetitus intellectivi, qui voluntas dicitur, est bonum secundum communem boni rationem (I, q. LIX, a. 4). — Bonum intellectum est objectum voluntatis, et movet ipsam ut finis... Objectum autem voluntatis est bonum et finis in communi (I, q. LXXII, a. 4). — Nihil enim potest voluntate amari, nisi sit in intellectu conceptum... De ratione amoris est quod non procedat nisi a conceptione intellectus (I, q. XXVII, a. 3, ad 3 ,

et c'est l'être qu'il saisit avant tout ; puis il saisit son propre acte, il sait qu'il entend l'être ; enfin il saisit l'objet et l'acte de la volonté, il sait que la volonté doit tendre à l'être et y tend en effet.

Simple connaissance de l'être, connaissance du vrai en tant que l'intelligence connaît sa propre conformité à l'être connu, connaissance du bien comme être désirable, désir de ce bien par la volonté, connaissance intellectuelle de ce désir : tels sont les chaînons qui lient la volonté à l'intelligence (1).

L'acte de la volonté complète la série des actes intellectuels ; il émane d'une puissance qui est de même nature que l'entendement, et dont l'opération est, comme celle de l'intelligence, dans le domaine de l'universel et du nécessaire.

(1) Bonum continetur sub vero, inquantum est quoddam verum intellectum, et verum continetur sub bono, inquantum est quoddam bonum desideratum (I, q. LXXXII, a. 4, ad 1). — Voluntas et intellectus mutuo se includunt ; nam intellectus intelligit voluntatem, et voluntas vult intellectum intelligere. Sic ergo inter illa quæ ordinantur ad objectum voluntatis, continentur etiam ea quæ sunt intellectus, et e converso. Unde in ordine appetibilium bonum se habet ut universale, et verum ut particulare ; in ordine autem intelligibilium est e converso. Ex hoc ergo quod verum est quoddam bonum, sequitur quod bonum sit prius in ordine appetibilium, non autem quod sit prius simpliciter... Secundum hoc est aliquid prius ratione, quod prius cadit in intellectu. Intellectus autem per prius apprehendit ipsum ens, et secundario apprehendit se intelligere ens, et tertio apprehendit se appetere ens. Unde primo est ratio entis, secundo ratio veri, tertio ratio boni (I, q. XVI, a. 4)

Donc, la volonté, comme l'entendement, ne peut avoir pour sujet qu'une substance absolument immatérielle.

Concluons enfin que toutes les puissances supérieures de l'homme, toutes ses puissances intellectuelles, qui l'élèvent radicalement au-dessus de l'animal, ont pour sujet son âme seule, sans aucun concours intrinsèque des organes corporels. C'est le corps animé qui végète, et qui sent ; mais c'est l'âme toute seule qui pense, et qui veut (1).

(1) Omnes potentiæ animæ comparantur ad animam solam sicut ad principium. Sed quædam potentiæ comparantur ad animam solam sicut ad subjectum, ut intellectus et voluntas (I, q. LXXVII, a. 8). — Quædam operationes sunt animæ quæ exercentur sine organo corporali, ut intelligere et velle. Unde potentiæ quæ sunt harum operationum principia, sunt in anima sicut in subjecto (I, q. LXXVII, a. 5). — Potentiarum animæ quædam sunt in ea secundum quod excedit totam corporis capacitatem, scilicet intellectus et voluntas : unde hujusmodi potentiæ in nulla parte corporis esse dicuntur (I, q. LXXVI, a. 8, ad 4).

CHAPITRE V

Résumé et Conclusion.

I. Vue d'ensemble sur les puissances de l'âme : leur hiérarchie.
II. — Que deviennent les puissances de l'âme lorsqu'elle est séparée du corps ?

I. — Arrivé au terme de cette étude, nous ne pouvons nous empêcher de considérer dans son ensemble le magnifique édifice des puissances de l'âme.

A la base est le corps vivant avec son pouvoir intime de s'entretenir, de se renouveler, de s'accroître, et même de se reproduire au dehors en un corps vivant qui lui ressemble.

Sur ce fondement, à la fois matériel et animé, s'appuient des puissances moins asservies à la matière, mais cependant encore dépendantes de la substance du corps. Nourris et régénérés constamment par leurs propres puissances végétatives, les organes reçoivent de l'âme, qui les forme, le privilège plus noble de porter, comme sujets, les facultés de connaissance par les sens et d'appétition sensitive.

Il semble que l'énergie de l'âme élève ainsi progressivement le corps, en même temps qu'elle se dégage elle-même peu à peu de la matière corporelle qu'elle anime. Ces organes que l'âme vivifie, dans lesquels s'actualise sa puissance de sentir, ne peuvent enchaîner son dernier essor, ni contenir l'ampleur de ses facultés supérieures. Les sens servent, sans doute, de points d'appui à l'entendement et à la volonté ; mais ces puissances intellectuelles se déploient librement au-dessus du sensible, et couronnent l'ordonnance de la vie par les splendeurs de la connaissance universelle et les sublimes élévations de l'amour du bien.

II. — A ces sommets, tout est incorporel et immatériel, tout vient de l'âme et de l'âme seule. Ses facultés intellectuelles sont sa propriété exclusive, incommunicable à la matière : elles tiennent uniquement à la substance de l'âme spirituelle. C'est pourquoi l'âme peut exister avec elles sans le corps, mais n'existe point sans elles (1).

---

(1) Quanto forma est nobilior, tanto magis dominatur materiæ corporali, et minus ei immergitur, et magis sua operatione vel virtute excedit eam... Et quanto magis proceditur in nobilitate formarum, tanto magis invenitur virtus formæ materiam elementarem excedere : sicut anima vegetabilis plus quam forma elementaris, et anima sensibilis plus quam anima vegetabilis. Anima autem humana est ultima in nobilitate formarum : unde in tantum sua vir-

Il n'en est pas de même des puissances inférieures, végétatives ou sensitives. Sans doute, elles tirent leur première origine de l'essence de l'âme, mais elles ne prennent vie que lorsque l'âme est unie au corps qu'elle forme et vivifie. Comme leur sujet, c'est le corps animé, et qu'aucune puissance n'existe *actuellement* que dans son sujet, l'âme humaine séparée du corps ne conserve plus ces puissances à l'état d'existence *actuelle* (1). Bien que le corps vivant ne les ait que par l'âme, elles ne sont point la propriété de l'âme seule, mais une propriété commune et indivise de l'âme et du corps. Le corps, en perdant la vie et l'âme qui la lui donne, perd naturellement sa part de co-propriété dans ces puissances vitales ; mais

---

lute excedit materiam corporalem, quod habet aliquam operationem et virtutem in qua nullo modo communicat materia corporalis ; et hæc virtus dicitur intellectus (I, q. LXXVI, a. 1). — Quædam potentiæ comparantur ad animam solam sicut ad subjectum, ut intellectus et voluntas ; et hujusmodi potentiæ necesse est quod maneant in anima, corpore destructo (I, q. LXXVII, a. 8).

(1) Actualitas formæ accidentalis causatur ab actualitate subjecti ; ita quod subjectum, inquantum est in potentia, est susceptivum formæ accidentalis ; inquantum autem est in actu, est ejus productivum. Et hoc dico de proprio et per se accidente... Emanatio propriorum accidentium a subjecto non est per aliquam transmutationem, sed per aliquam naturalem resultationem, sicut ex uno naturaliter aliud resultat, ut ex luce color (I, q. LXXVII, a. 6). — Compositum autem est in actu per animam. Unde manifestum est quod omnes potentiæ animæ, sive subjectum earum sit anima sola, sive compositum, fluunt ab essentia animæ sicut a principio (*Ibid.*).

l'âme, qui ne les possédait pas à elle seule proprement et divisément, ne peut non plus les conserver d'une manière *actuelle,* une fois qu'elle est séparée du corps.

Ces puissances s'évanouissent-elles donc totalement par la mort? N'en reste-t-il rien? On peut dire qu'elles ne sont pas détruites jusque dans leur racine ; car elles ont leur racine dans l'essence même de l'âme, et l'essence de l'âme humaine ne périt point à la mort. — Que demeure-t-il donc de ces puissances dans l'âme séparée ? — Leur racine même, ou, si l'on veut, la source d'où elles découlaient. Ce sont là des métaphores, sans doute ; mais tout esprit philosophique saisira la réalité profonde qu'elles expriment dans leur obscure clarté.

En d'autres termes : même séparée du corps, l'âme humaine reste le principe capable de communiquer l'existence *actuelle* aux puissances inférieures, comme elle reste le principe capable de former le corps et de le vivifier. Que Dieu mette un jour à sa disposition une matière convenable, elle s'élancera joyeuse pour en prendre possession, l'animer, et, en même temps, faire naître de l'état *virtuel* à l'état *actuel* les puissances végétatives et les puissances sensitives dans le corps qu'elle aura formé pour compléter la nature humaine (1).

(1) Quædam vero potentiæ sunt in conjuncto sicut in subjecto,

En attendant cette réviviscence de l'être humain total, l'âme déploie, dans sa vie séparée, ses puissances intellectuelles. Elle les exerce dans d'autres conditions qu'elle ne le faisait dans son état d'union avec la matière; mais ce sont bien toujours les mêmes puissances: connaître par l'entendement et aimer par la volonté, telle est toujours, et pour toujours, la vie de l'âme spirituelle et immortelle.

sicut omnes potentiæ sensitivæ partis et nutritivæ. Destructo autem subjecto, non potest accidens remanere. Unde, corrupto conjuncto, non manent hujusmodi potentiæ actu, sed virtute tantum manent in anima sicut in principio vel radice. Et sic falsum est quod quidam dicunt, hujusmodi potentias in anima remanere, etiam corpore corrupto; et multo falsius quod dicunt, etiam actus harum potentiarum remanere in anima separata, quia talium potentiarum nulla est actio nisi per organum corporeum ... Hæ potentiæ quas dicimus actu in anima separata non manere, non sunt proprietates solius animæ, sed conjuncti (I, q. LXXVII, a. 8). — Secundum se convenit animæ corpori uniri, sicut secundum se convenit corpori levi esse sursum. Et sicut corpus leve manet quidem leve, quum a loco proprio fuerit separatum, cum aptitudine tamen et inclinatione ad proprium locum; ita anima humana manet in suo esse, quum fuerit a corpore separata, habens aptitudinem et inclinationem naturalem ad corporis unionem (I, q. LXXVI, a. 1, ad 6).

III

L'ORGANISME ET LA PENSÉE

L'ORGANISME ET LA PENSÉE

INTRODUCTION.

Position du problème : La pensée a-t-elle un organe ?
Aperçu de la solution.

Je voudrais répondre à cette question : *La pensée a-t-elle un organe ?*

J'appelle *organe* une partie du corps vivant, partie substantielle douée à la fois d'étendue et de vie végétative.

Par *pensée*, j'entends, non pas toute connaissance, mais seulement la connaissance intellectuelle, je veux dire celle dont l'objet est universel : par exemple, la notion d'être, la conception des premiers principes ou axiomes, la déduction de certains jugements par une connexion évidemment nécessaire avec ces premiers principes.

On voit que cette définition de la pensée diffère de celle qu'en a donnée Descartes. Pour l'auteur du *Discours de la méthode*, « une chose qui pense, c'est une chose qui doute, qui entend, qui conçoit, qui affirme, qui nie, qui veut, qui ne veut pas, qui *imagine* aussi et qui *sent* » (1). Pour lui, « *les facultés d'imaginer et de sentir* » sont des « *facultés de penser qui ont leur manière particulière* » (2). Il est juste, cependant, de reconnaître que Descartes établit une différence très marquée entre imaginer et sentir, « ces façons de penser », et ce qu'il appelle la « *pure intellection* ou *conception pure* » (3).

Le problème à résoudre est donc celui-ci :

La pensée, entendue dans le sens de connaissance proprement intellectuelle, s'exerce-t-elle au moyen d'un organe corporel ?

Je réponds :

« La pensée exige le concours de facultés inférieures de connaissance, notamment de l'imagination, lesquelles ont des organes corporels.

« Mais, considérée en elle-même, la pensée n'a pas d'organe ».

Avant d'exposer ces deux parties de la solution du problème, je crois utile de rappeler plu-

---

(1) 2e *Méditation*, vers le milieu.
(2) 6e *Méditation*.
(3) *Ibid.*

sieurs théories émises par les philosophes sur l'union de l'âme et du corps, je parle de l'âme et du corps de l'homme. Pour mieux faire apprécier ces théories, je les présenterai dans les termes qu'ont employés leurs auteurs.

CHAPITRE PREMIER

Théories sur l'union de l'âme et du corps.

Trois classes de systèmes. I. Fénelon, Malebranche, Leibniz : l'union de l'âme et du corps ne consiste que dans une certaine harmonie entre les opérations de l'âme et les mouvements du corps. — II. Bossuet : l'âme et le corps ne font ensemble qu'un tout naturel, et il y a entre les parties une parfaite et nécessaire communication. MM. P. Janet, Tissot, Fr. Bouillier. Analogie avec Descartes. — III. Saint Thomas : le corps et l'âme forment une seule substance composée. Interprétation inexacte de saint Thomas par M. Fr. Bouillier. Rapprochement entre la solution de saint Thomas et les opinions de plusieurs philosophes modernes.

Eu égard à la manière de concevoir l'union de l'âme et du corps, dans l'homme, les systèmes qui admettent la spiritualité et l'immortalité de l'âme peuvent se diviser en trois classes principales, suivant le degré d'intimité qu'ils attribuent à cette union.

I. — Certains philosophes, entre autres Fénelon et Malebranche, considèrent l'âme et le corps comme *deux êtres*, ayant *deux natures si dissemblables*, que leur union ne consiste que dans une certaine harmonie, un certain concert entre les opérations de l'âme et les mouvements du corps.

« Dès qu'on a supposé, dit Fénelon, la distinction très réelle du corps et de l'âme, on est tout étonné de leur union, et ce n'est que par la seule puissance de Dieu qu'on peut concevoir comment il a pu unir et faire opérer de concert ces deux natures si dissemblables... La distinction réelle et l'entière dissemblance de nature de ces deux êtres étant ainsi établies, on ne doit nullement s'étonner que leur union, qui ne consiste que dans une espèce de concert ou de rapport mutuel entre les pensées de l'un ou les mouvements de l'autre, puisse cesser sans qu'aucun de ces deux êtres cesse d'exister ; il faut, au contraire, s'étonner comment deux êtres de nature si dissemblable peuvent demeurer quelque temps dans ce concert d'opérations. A quel propos conclurait-on donc que l'un de ces deux êtres serait anéanti dès que leur union, qui leur est si peu naturelle, viendrait à cesser ?... La cessation d'une union si accidentelle à ces deux natures ne peut être ni à l'une ni à l'autre une cause d'anéantissement... L'union du corps et de l'âme ne consistant que dans un concert ou rapport mutuel entre les pensées de l'une et les mouvements de l'autre, il est facile de voir ce que la cessation de ce concert doit opérer. Ce concert n'est point naturel à ces deux êtres si dissemblables et si indépendants l'un de l'autre. Il n'y a même que Dieu qui ait pu, par une volonté purement arbitraire et toute puissante, assujettir deux êtres si divers en nature et en opération à ce concert pour opérer ensemble. Faites cesser la volonté purement arbitraire et toute puissante de Dieu, ce concert, pour ainsi dire si forcé, cesse aussitôt, comme une pierre tombe par son propre poids dès qu'on ne la tient plus en l'air : chacune de ces deux parties rentre dans son indépendance naturelle d'opération à l'égard de l'autre. Il doit arriver de là que l'âme, loin d'être anéantie par cette désunion, qui ne fait que la remettre dans son état naturel, est alors libre de penser indépendamment de tous les mouvements du corps, de même que je suis libre de marcher tout seul, comme il me plaît, dès qu'on m'a détaché d'un autre homme avec lequel une puissance supérieure me tenait enchaîné. La fin de cette union n'est qu'un dégagement et qu'une liberté, comme l'union n'était qu'une gêne et qu'un pur assujettissement ; alors l'âme doit penser indépendamment de tous les mouvements du corps, comme on suppose, dans la religion chrétienne, que les anges, qui n'ont jamais été unis à des corps, pensent dans le ciel ,.. L'opération suit l'être, comme tous les philosophes en conviennent. Ces deux natures sont indépendantes l'une de l'autre, tant en nature qu'en opération. Comme le corps n'a pas besoin des pensées de l'âme pour être mû, l'âme n'a aucun besoin des mouvements du corps pour penser. Ce n'était que par accident que ces deux êtres si dissemblables et si indépendants étaient assujettis à opérer de concert : la fin de leur société passagère les laisse opérer librement chacun selon sa nature, qui n'a aucun rapport à celle de l'autre » (1).

« L'union de l'âme et du corps, dit de son côté Malebranche, consiste dans l'action mutuelle et réciproque de ces deux êtres, en conséquence de l'efficace des volontés divines qui seules peuvent changer les modifications des substances. L'âme pense et n'est point étendue, le corps est étendu et ne pense point. On ne peut donc unir l'âme au corps par l'étendue, mais par la pensée ; ni le corps à l'âme par des sentiments, mais par des situations et des mouvements. Le corps est piqué, l'âme le sent ; l'âme craint un mal, le corps le fuit. L'âme veut remuer le bras ; il se remue aussitôt, et l'âme est avertie de ce mouvement. Ainsi, il y a une correspondance mutuelle entre certaines pensées de l'âme et certaines modifications du corps, en conséquence de quelques lois naturelles que Dieu a établies et qu'il suit constamment. C'est ce qui fait l'union de l'âme et du corps » (2).

---

(1) *Lettre II sur la Métaphysique*, chap. II, §§ 2, 3, 5.
(2) *Traité de Morale*, 1ʳᵉ partie, chap. x, § 13.

Malebranche reconnaît que cette union est le résultat de lois naturelles, tandis que Fénelon n'y voyait qu'un concert forcé, non naturel. Mais au fond les deux systèmes se ressemblent : pour l'un comme pour l'autre, l'âme et le corps sont *deux êtres* rapprochés qui ne font point ensemble un *seul être*, et, si Malebranche attribue une action mutuelle et réciproque à ces deux êtres, on sait que, d'après lui, Dieu seul agit sur l'un à l'occasion de ce qui arrive dans l'autre.

Voici comment Leibniz croit « expliquer naturellement l'union ou bien la conformité de l'âme et du corps organique ». « L'âme suit ses propres lois, et le corps aussi les siennes ; et ils se rencontrent en vertu de l'harmonie préétablie entre toutes les substances, puisqu'elles sont toutes des représentations d'un même univers. Les âmes agissent selon les lois des causes finales par appétitions, fins et moyens. Les corps agissent selon les lois des causes efficientes ou des mouvements. Et les deux règnes, celui des causes efficientes et celui des causes finales, sont harmoniques... Ce système fait que les corps agissent comme si (par impossible) il n'y avait point d'âmes ; et que les âmes agissent comme s'il n'y avait point de corps ; et que tous deux agissent comme si l'un influait sur l'autre» (1).

(1) *Monadologie*, §§ 78, 79, 81.

Le corps n'est qu'un amas, un *aggregatum*, de substances simples ou monades, et l'âme est une monade supérieure : or, pour Leibniz, on le sait, « dans les substances simples, ce n'est qu'une influence idéale d'une monade sur l'autre, qui ne peut avoir son effet que par l'intervention de Dieu, en tant que dans les idées de Dieu une monade demande avec raison que Dieu, en réglant les autres dès le commencement des choses, ait égard à elle. Car, puisqu'une monade créée ne saurait avoir une influence physique sur l'intérieur d'une autre, ce n'est que par ce moyen que l'un peut avoir de la dépendance de l'autre » (1).

II. — Avec Bossuet se présente une seconde classe de systèmes philosophiques sur l'union de l'âme et du corps : ces systèmes sont moins séparatistes. « Si l'âme, dit l'auteur de la *Connaissance de Dieu et de soi-même*, n'était simplement qu'intellectuelle, elle serait tellement au dessus du corps, qu'on ne saurait par où elle y pourrait tenir ; mais parce qu'elle est sensitive, on la voit manifestement unie au corps par cet endroit-là, ou, pour mieux dire, par toute sa substance, puisqu'elle est indivisible, et qu'on peut bien en distinguer les opérations, mais non pas la partager dans son fond...

« Si nous ne voyons pas dans le fond de l'âme

(1) *Ibid.*, 2, 51.

ce qui lui fait comme demander naturellement d'être unie à un corps, il ne faut pas s'en étonner, puisque nous connaissons si peu le fond des substances ».

Relisons aussi le passage suivant du même auteur : « On ne se trompe pas, quand on dit que le corps est comme l'instrument de l'âme ; et il ne faut pas s'étonner si, le corps étant mal disposé, l'âme en fait moins bien ses fonctions. La meilleure main du monde, avec une mauvaise plume, écrira mal. Si vous ôtez à un ouvrier ses instruments, son adresse naturelle ou acquise ne lui servira de rien. — Il y a pourtant une extrême différence entre les instruments ordinaires et le corps humain. Qu'on brise le pinceau du peintre ou le ciseau d'un sculpteur, ils ne sentent point les coups dont ils ont été frappés ; mais l'âme sent tous ceux qui blessent le corps, et, au contraire, elle a du plaisir quand on lui donne ce qu'il lui faut pour s'entretenir.

« Le corps n'est donc pas un simple instrument appliqué par le dehors, ni un vaisseau que l'âme gouverne à la manière d'un pilote. Il en serait ainsi si elle n'était simplement qu'intellectuelle ; mais, parce qu'elle est sensitive, elle est forcée de s'intéresser d'une façon plus particulière à ce qui le touche, et de le gouverner, non comme une chose étrangère, mais comme une chose naturelle et intimement unie.

« En un mot, l'âme et le corps ne font ensemble qu'un tout naturel, et il y a entre les parties une parfaite et nécessaire communication ».

« Aussi, ajoute Bossuet, avons-nous trouvé dans toutes les opérations animales quelque chose de l'âme et quelque chose du corps : de sorte que, pour se connaître soi-même, il faut savoir distinguer, dans chaque action, ce qui appartient à l'une de ce qui appartient à l'autre, et remarquer tout ensemble comment deux parties de si différente nature s'entr'aident mutuellement » (1).

Nous voilà bien loin de Fénelon et de son concert de l'âme et du corps, purement accidentel, forcé, et nullement naturel ! Ici le corps n'est plus une gêne pour l'âme, mais les deux parties du tout naturel, quoique de si différente nature, s'entr'aident mutuellement dans toutes les opérations animales, c'est-à-dire sensitives.

Les philosophes spiritualistes de nos jours se sont plus d'une fois inspirés de Bossuet.

L'homme, dit M. Paul Janet, « est un composé et, pour employer l'expression de Bossuet, un *tout naturel* (2).

« L'union dont il s'agit ici, dit M. Tissot, c'est-à-dire celle du corps et de l'âme, est un rapport d'action et de réaction, une influence mutuelle. Et, comme la matière et l'esprit sont également

---

(1) *De la Connaissance de Dieu et de soi-même*, ch. III, §§ 11, xx.
(2) *Traité élémentaire de philosophie*, p. 13.

des forces substantielles, mais dont l'une est, à beaucoup d'égards, subordonnée à l'autre et doit lui servir d'instrument, il est naturel qu'elle en soit façonnée en conséquence. La force-âme travaille donc la force-matière, la dispose comme elle peut, de son mieux, pour l'approprier à ses usages. Ce premier travail accompli, l'instrument une fois formé, l'âme s'en sert, mais, en s'en servant, elle subit une réaction. C'est ainsi que l'ouvrier est modifié lui-même par l'usage de son instrument, qu'il subit le frottement et la résistance du vêtement qu'il s'est taillé, qu'il est influencé par la demeure qu'il s'est bâtie, et ainsi du reste. L'âme a bien pu se former un corps, tout indépendante qu'elle était d'abord de ce corps, et en vertu de ses forces propres ; mais, comme ce n'est pas elle qui a créé la matière qu'elle travaille, elle ne s'est pas plutôt mise en rapport avec cette matière qu'elle en subit fatalement l'influence. De là les rapports phénoménaux du physique et du moral ; de là la limite de l'action de l'âme sur la matière dont elle forme son corps » (1).

« Comment concevoir, dit M. Francisque Bouillier, que chaque passion de l'âme produise immédiatement un changement, une altération dans les organes, que le trouble des fonctions organiques réagisse aussitôt sur les fonctions intellec-

---

(1) *La vie dans l'homme*, Paris, 1801, p. 221.

tuelles, si ces phénomènes appartenaient à deux principes différents, s'il fallait qu'il y eût un passage de l'un dans l'autre? Si le trouble des fonctions physiologiques produit immédiatement le trouble des fonctions psychologiques, et réciproquement, c'est qu'elles se pénètrent, pour ainsi dire, c'est parce qu'un seul et même être en est le sujet. Un même être vit et pense au dedans de nous, voilà pourquoi ce qui affecte la vie affecte immédiatement la pensée, voilà pourquoi ce qui affecte la pensée affecte immédiatement la vie. De là ces rapports si profonds, si intimes, du physique et du moral. Quel enchaînement, quelle dépendance réciproque, quelle société exacte et parfaite de l'âme et du corps... » (1) !

« Nous ne nions pas, ajoute le même philosophe, qu'il y ait deux choses dans l'homme, l'âme et le corps, mais nous nions que ces deux choses soient des êtres et des substances au même titre. Suivant une très juste remarque de Bossuet (*Sermon sur la mort*), la société de l'âme fait paraître le corps quelque chose de plus qu'il n'est. Qu'est-ce en effet que le corps, par rapport à l'âme, sinon un organe, un instrument, un vêtement où s'enveloppe et dans lequel s'incorpore, pour ainsi dire, le principe vivant? Le corps par lui-même n'est rien, il ne subsiste que par la vertu de l'âme qui

(1) *Le principe vital et l'âme pensante*, Paris, 1873, p. 351.

l'organise, qui l'anime, qui le conserve. L'âme seule est vraiment cause et substance, forme et acte, tandis que le corps n'est que matière et puissance » (1).

Plus loin, expliquant encore plus nettement sa pensée, M. Bouillier s'exprime ainsi : « C'est l'âme qui contient le corps, qui retient toutes ses molécules en un filet invisible : ce n'est pas le corps qui contient l'âme, comme dans une boîte ou un étui » (2).

Il ne faudrait donc pas entendre rigoureusement ces mots de M. Bouillier : « Le corps n'est que matière et puissance ». Sans doute, dans ce système, le corps, en tant qu'ensemble de molécules matérielles, n'est rien que par l'âme, qui maintient ces molécules unies et groupées en un tout organique, mais ces molécules elles-mêmes sont des substances matérielles ; en elles sont des forces, que M. Bouillier appelle forces brutes, et qu'il désigne sous le nom général de cause physique : et cette cause physique, annexée à la cause vitale, est foncièrement et intimement séparée de cette cause vitale, qui est l'âme. « Nous croyons, en effet, dit M. Bouillier, à une opposition profonde de la cause vitale et de la cause physique ; nous n'avons nullement l'intention de chercher

(1) *Ibid.*, p. 353.
(2) *Ibid.*, p. 354.

à atténuer cette opposition, comme les iatrochimistes, pour les ramener, l'une et l'autre, à un même principe. Mais nous ne pensons pas qu'il y ait aussi loin de l'âme à la cause vitale, que de la cause vitale à la cause physique » (1).

Cette doctrine, très différente de celle de Descartes sur la vie, car l'auteur du *Discours de la méthode* réduit la vie à un pur mécanisme indépendant de l'âme, n'est pas si éloignée du système de Descartes sur l'union de l'âme et du corps.

Dans sa sixième méditation, qu'on me permette de le rappeler, le père du cartésianisme dit ceci : « La nature m'enseigne, par les sentiments de douleur, de faim, de soif, etc., que je ne suis pas seulement logé dans mon corps ainsi qu'un pilote en son navire, mais, outre cela, que je lui suis conjoint très étroitement, et tellement confondu et mêlé que je compose comme un seul tout avec lui. Car, si cela n'était, lorsque mon corps est blessé, je ne sentirais pas pour cela de la douleur, moi qui ne suis qu'une chose qui pense ; mais j'apercevrais cette blessure par le seul entendement, comme un pilote aperçoit par la vue si quelque chose se rompt dans son vaisseau. Et, lorsque mon corps a besoin de boire ou de manger, je connaîtrais simplement cela même, sans en être averti par des sentiments confus de faim et de soif ; car, en effet, tous ces sen-

---

(1) *Ibid*, p. 349.

timents de faim, de soif, de douleur, etc..., ne sont autre chose que de certaines façons confuses de penser, qui proviennent et dépendent de l'union et comme du mélange de l'esprit avec le corps ».

Avant Bossuet, Descartes enseignait donc que l'âme pensante compose comme un seul tout avec le corps, et qu'elle est, dans certaines de ses opérations, comme confondue et mêlée avec lui. Dans la même méditation, il oppose « à l'esprit seul le composé de l'esprit et du corps », et il parle de « lui-même tout entier, en tant qu'il est composé de corps et d'âme », comme « pouvant recevoir diverses commodités ou incommodités des autres corps qui l'environnent ».

Je crois cette remarque importante, parce qu'il arrive parfois qu'on se méprend sur le système de Descartes, et qu'on remporte une victoire facile sur une théorie qu'on croit la sienne et qu'il désavouerait certainement.

Dans son ouvrage sur la *Philosophie de saint Thomas d'Aquin*, M. Charles Jourdain montre la trace de la philosophie scolastique même dans la doctrine cartésienne. « Malgré son mépris des anciens, dit-il, et sa confiance un peu hautaine dans ses propres forces, Descartes s'est-il soustrait entièrement au prestige que le génie joint à la sainteté exerce sur les esprits les plus indociles ? Son biographe Baillet nous apprend que saint Thomas était son auteur favori et presque l'unique théologien qu'il eût « jamais voulu étudier. Le cartésianisme, en plus d'un endroit, porte la trace irrécusable de cette influence » (1).

M. Jourdain cite comme exemple la doctrine cartésienne sur la conservation du monde assimilée à une création continuée. Il est manifeste que, lorsque Descartes parle du « composé d'âme et du corps », c'est par souvenir de la doctrine scolastique, notamment de celle de saint Thomas sur le composé humain.

III. — Mais combien est plus rigoureuse, dans saint Thomas, l'unité du composé que l'âme forme avec le corps ! Elle est telle que je crois devoir considérer le Docteur angélique comme le maître par excellence en cette matière, comme le chef le plus hardi et le plus logique d'une famille de philosophes qui s'attachent à porter aussi loin que possible l'intimité de l'union de l'âme et du corps.

La théorie de saint Thomas sur cette union est assez souvent mal comprise de nos jours, et il en résulte une fausse explication du rôle que le Docteur angélique attribue au corps dans les opérations complexes de la connaissance par les sens, par l'imagination et par l'appréciation sensible. Il est nécessaire de bien saisir le système de saint

---

(1) *La philosophie de S. Thomas d'Aquin*, livre II, chap. VI, 1 §4.

Thomas sur le composé d'âme et de corps, si l'on veut tirer entièrement profit de sa doctrine pour résoudre le problème des rapports du corps et de l'âme dans l'élaboration de la pensée.

M. Francisque Bouillier, que j'ai déjà cité, se pose comme partisan très net de l'unité de nature dans l'homme et de l'identité substantielle du principe vital et de l'âme pensante; il combat très vivement les partisans du double dynamisme au nom de l'unité nécessaire de l'être, il appuie sa thèse sur une citation de saint Thomas.

« Assurément, dit-il, les partisans les plus déterminés de la séparation des deux principes ne vont pas jusqu'à leur donner une indépendance absolue à l'égard l'un de l'autre; ils avouent que la force vitale n'atteindrait pas sa fin sans l'intervention du moi, et que, d'un autre côté, le moi, pour aller à la sienne, a besoin du concours de la force vitale. C'est dans leur mutuelle association qu'ils prétendent faire consister l'unité de l'homme. Mais, quelque étroite que soit cette alliance, quelque intime que soit cette association, quand bien même, avec M. Lordat, on la qualifierait d'union hypostatique, ou, avec Van Helmont, *d'unitas conjugalis*, elle ne sera jamais qu'un agrégat, qu'un composé accidentel, une unité collective, semblable à celle d'un édifice ou d'une armée, et non une vraie unité, une individualité, comme celle de l'être humain. Ainsi, l'homme du double dynamisme ne sera pas un par lui-même, et d'une manière absolue, *unum per se et simpliciter*, comme disait la philosophie scolastique, mais seulement par accident, *per accidens*, comme l'objecte saint Thomas aux partisans de la pluralité des âmes: « Sic corpus animæ accidentaliter adveniret, unde hoc nomen homo, de cujus intellectu est anima et corpus, non significaret unum per se, sed per accidens, et ita non esset in genere substantiæ » (1). Quel n'est pas le blâme de Descartes lui-même contre Regius, son disciple infidèle, qui s'était avisé de soutenir cette thèse malheureuse, que l'homme est un être par accident ! » (2)

Ne déplaise à M. Bouillier! je suis obligé de faire remarquer qu'il a mal appliqué la citation qu'il a faite de saint Thomas dans ce passage. Sans doute, le Docteur angélique repousse la pluralité des principes de vie dans tout vivant, et notamment dans l'homme, et cela au nom de l'unité *per se et simpliciter* de l'être vivant comme de tout être; mais il repousse aussi la dualité qu'admet le système de M. Bouillier, je veux dire celle de l'âme, d'une part, et des molécules matérielles du corps, d'autre part. Dans cette opinion, ces molécules sont proprement la substance

---

(1) III Dist. V, q. III, a. 2. — Cf. *Contra Gent.*, lib. II, cap. 58.
(2) *Le principe vital et l'âme pensante*, p. 355.

matérielle de l'homme, l'âme en est la substance immatérielle, et l'ordre, la liaison organique de ces molécules en un corps complexe par la force vitale, qui est l'âme elle-même, ne font pas de ces particules matérielles et de l'âme pensante et vivifiante une seule et même substance, un seul être *unum per se* : le tout, composé de matière et d'âme, n'est donc ainsi qu'un tout accidentel ; il n'est pas, à proprement parler, dans le genre des substances, mais seulement dans le genre des agrégats, et la citation de saint Thomas alléguée par notre auteur se retourne contre lui, pour le condamner aussi bien et au même titre que Van Helmont et son *unitas conjugalis*, ou M. Lordat et sa prétendue *union hypostatique*.

La formule exacte du système de saint Thomas me paraît être cette phrase extraite de la *Somme contre les Gentils* : « *Non enim corpus et anima sunt duæ substantiæ actu existentes, sed ex eis duobus fit una substantia actu existens* (1) : le corps et l'âme ne sont pas, dans l'homme vivant, deux substances existantes en acte, mais de ces deux se fait une seule substance existante en acte ».

Pour entendre cette doctrine, il faut ne pas oublier que, d'après saint Thomas, l'âme pensante, non seulement relie et groupe les molécules matériel-

(1) *C. Gent.* lib. II, cap. 69.

les du corps, mais est elle-même le seul principe actif formateur de ces molécules avec l'élément premier commun à tous les corps, même aux corps bruts, je veux dire avec la matière dite première, qui n'est, dans ce système, qu'un *principe de devenir*, et ne peut exister seule, à cause de son indétermination radicale, mais a besoin, pour venir à l'être actuel, de recevoir un autre principe qui la détermine et la forme, en composant avec elle la substance matérielle complète. Le principe déterminant et formateur s'appelle, en langage scolastique, la *forme substantielle*, et, en se servant de ce terme, saint Thomas n'a pas craint de dire : « Il n'y a pas d'autre forme substantielle dans l'homme que la seule âme pensante ; et cette âme, de même qu'elle a la vertu d'une âme sensitive et d'une âme nutritive, de même elle a aussi la vertu de toutes les formes inférieures, et, à elle seule, elle fait tout ce que les formes plus imparfaites font dans les autres êtres » (1).

Je ne m'étonne pas trop que M. Bouillier n'ait pas compris toute la profondeur de la doctrine de saint Thomas, car il n'a pas saisi le sens de l'expression « forma substantialis », qu'il traduit comme l'expression « forma subsistens ». Ce contre-sens est assez surprenant pour que je doive

---

(1) *Sum. th.*, 1. q. LXXVI, a. 4.

citer le curieux passage où il se trouve. « L'âme, en tant que connaissante ou intellective, dit l'auteur du *Principe vital et de l'âme pensante*, subsiste par elle-même, ou, ce qui revient au même, est forme substantielle: *anima intellectiva est forma substantialis* » (1).

A l'appui de la doctrine de saint Thomas sur le composé d'âme et de matière, je me contenterai de rappeler la conscience naturelle que nous avons tous de notre être à la fois corporel et animé. M. Rabier a vivement mis ce fait en lumière:

« Pour l'animal, pour l'enfant, pour tout homme qui n'a pas fait de métaphysique, dit-il, et pour le métaphysicien lui-même quand il cesse de faire de la métaphysique, son être propre, son moi, n'est point quelque chose de spirituel et d'inétendu, mais bien ce « tout naturel », comme dit Bossuet, ce « mélange intime », ce « tout substantiel », comme dit Descartes, qui est à la fois âme et corps, esprit et matière, étendue vivante, animée, sentante et pensante. Inutile d'insister sur ce point: tout le monde avouera que l'idée d'un moi distinct du corps est une idée philosophique due à une réflexion très savante, et nullement une idée naturelle et primitive... »

« Notre moi, dit encore le même auteur, n'est point pour nous, tant que nous ne pensons pas

---

(1) *Le principe vital et l'âme pensante*, p. 140.

en métaphysiciens, quelque chose de purement spirituel. En fait, l'idée que j'ai de mon organisme est aussi partie essentielle de l'idée du moi. Tous ces pouvoirs, dont on vient de parler, nous apparaissent localisés dans un corps que, pour cette raison, nous appelons *nôtre*. Et ils n'y sont point seulement « logés comme un pilote en son navire » (Descartes), mais ils nous semblent « unis et mélangés » avec ce corps, au point de ne faire qu'un seul « tout substantiel » avec lui. Le langage témoigne de cette vérité, car le mot *je* ou *moi* nous sert indifféremment pour désigner la partie spirituelle ou la partie matérielle de notre être. Comme on dit: Je pense, je sens, je veux, on dit aussi: Je grandis, je marche, je respire. On dit de même indifféremment: Je suis souffrant, ou : Mon corps est souffrant » (1).

M. Rabier remarque qu'Herbert Spencer et Maine de Biran ont reconnu le même fait, chacun à sa manière.

« *Je*, dans son sens primitif et dans son sens actuel, pour la masse du genre humain, dit Herbert Spencer, signifie l'individualité dans son tout, dont l'élément dominant, dans la pensée, c'est l'organisme avec ses formes étendues » (2).

---

(1) *Leçons de philosophie*, t. I, pp. 421, 441.
(2) *Principes de psychologie*, trad. française, II, 333.

« L'homme, dit Maine de Biran, n'est pour lui-même ni une âme à part le corps vivant, ni un certain corps vivant à part l'âme qui s'y unit sans s'y confondre... Le sentiment qu'il a de son existence n'est autre que l'union ineffable des deux termes qui la constituent » (1).

M. le docteur F. Frédault dit de son côté: « Ce *moi* qui est moi, sait de science certaine et par une attestation de conscience indéniable, que tout ce qu'il renferme, est de lui, et est lui. C'est pour moi que tout se passe en moi, que mon poumon respire, que mon estomac digère, que mes bras agissent, que mes jambes me portent; je veux dire mieux encore: c'est bien moi, moi, dis-je, et non un autre, qui respire par mes poumons, qui digère par mon estomac, qui agis par mes mains, qui marche par mes jambes. Et tout ce qui gêne une partie quelconque de mon être, me gêne moi-même, me blesse dans ma personne, dans mon moi, dans mon unité; ce n'est pas ma joue seule qui reçoit un soufflet, mais moi-même; ce n'est pas seulement mon estomac que le poison attaque, mais mon moi tout entier » (2).

D'après M. Ernest Naville, « l'être qui sent n'a d'autre connaissance directe, en tant qu'il sent, que celle d'une modification éprouvée dans son

---

(1) Maine de Biran, III, 195.
(2) *Traité d'anthropologie*, pp. 181, 182.

existence, indivisiblement corporelle et spirituelle dans l'unité de sa conscience (1) ».

Le docteur Chauffard s'est approché de très près de la doctrine de saint Thomas sur le composé animé. « L'âme, la vie, l'unité vitale, dit-il, c'est l'être tout entier ; l'agrégat physique n'est rien en lui et par lui ; il est l'âme et la vie visible dans ses effets. Cette âme, cette vie, n'occupe pas seulement une partie de l'organisme, elle le pénètre jusqu'aux derniers atomes, se confond organiquement avec lui par delà les infinies divisions que la pensée peut concevoir. Cette invincible et mystérieuse union est la condition de toute unité et de toute substance, mais il ne nous est pas donné d'en sonder le comment et l'abîme. L'unité vivante se substantialise jusque dans les profondeurs inaccessibles de l'organisation, par les éternelles nécessités qui commandent à l'étreinte de la force et du composé, de l'un et du multiple. Si la vie n'imprégnait pas à l'infini la matière organique, si elle s'arrêtait à un terme déterminé, il s'ensuivrait qu'au delà de ce terme la matière organique, soustraite à la vie, tomberait exclusivement sous d'autres forces, lesquelles seraient les forces physiques libres; et, par cela seul, la constitution de l'économie deviendrait impossible. Ces forces physiques, maîtresses sur un point, en dissou-

(1) *Revue scientifique*, 31 mars 1877, p. 947.

draient les éléments suivant leur action propre pour les livrer au monde inorganique ; et la vie, manquant de base, privée du point d'arrêt qu'on prétendait lui fixer, verrait se dérober devant elle toute détermination organique. Il semble qu'il y ait un point, raison dernière des choses, substance de l'infini, un point où la force causante s'identifie au composé et à l'effet, la force devenant une sorte de matière simple, la matière se perdant dans l'activité de la force. A ce point, nous tombons en éblouissement, suivant une expression de Montaigne » (1).

De cet éblouissement l'œil pénétrant de saint Thomas a su se préserver, et, plongeant son regard profond dans la conception aristotélicienne de la matière et de la forme, il y a vu cette étonnante synthèse d'un principe de pur devenir actualisé en une réalité existante, par un principe spécifique formateur, synthèse qui exprime tout être corporel, soit simplement physique, soit à la fois physique et vivant, soit physique, vivant et sentant, soit enfin physique, vivant, sentant et pensant.

Emparons-nous sans crainte de cette conception de génie ; elle nous livrera le secret du concours que l'organisme corporel donne à la pensée, dans l'unité de l'être humain.

(1) *La Vie*, pp. 59-60.

CHAPITRE II

La pensée a besoin de l'organisme.

I—Correspondance entre les opérations intellectuelles et les changements physiques de l'organisme. —II. Explication: les facultés de connaissance inférieures, sens externes et internes, préparent l'acte intellectuel; or, ces facultés ont des organes. Aristote, Bossuet, saint Thomas. —III. Développement de la théorie de saint Thomas: l'organe vivant est l'agent de l'opération de connaissance sensitive, mais par une vertu supérieure à toute force physico-chimique.

I. — Personne ne doute que l'organisme, et notamment le cerveau, ne travaille en même temps que l'esprit pense. La science contemporaine a même essayé de déterminer les dépérissements matériels qu'entraînent dans les organes les opérations intellectuelles, et les dispositions matérielles nécessaires aux organes pour que ces opérations s'exercent convenablement.

« Après une grande excitation, dit M. Alexandre Bain, ou un grand effort intellectuel, on voit toujours augmenter les produits qui viennent de l'appareil nerveux. Les phosphates alcalins que les reins séparent du sang, proviennent du cerveau et des nerfs ; or, la quantité de ces phosphates augmente après tout travail intellectuel pénible...

« Aucun organe n'est actif, s'il ne reçoit du sang. Les besoins du cerveau, à cet égard, correspondent à l'étendue et à l'énergie de ses fonctions. Quand la circulation est insuffisante, les manifestations intellectuelles sont proportionnellement faibles. Dans le sommeil, la quantité de sang artériel que reçoit le cerveau est toujours moins abondante. Une réplétion générale affaiblit toutes les fonctions en général, y compris celles de l'esprit. D'un autre côté, quand la circulation cérébrale s'accélère, les sentiments deviennent plus forts, les pensées plus rapides, la volonté plus énergique...

« Il faut que le sang ait une certaine *qualité*, qui dépend de la présence de certains éléments et de l'absence de certains autres. Une nourriture saine est la première condition de l'activité des nerfs et de l'esprit ; l'inanition, une mauvaise digestion sont défavorables à l'exercice des fonctions de l'esprit. Il se peut, en outre, que le sang soit abondant et riche en substances nutritives, et que cependant l'organe de l'esprit manque d'énergie, par suite d'un excès de travail de quelques autres organes, tels par exemple que les muscles ; avec de grands efforts musculaires, il est très difficile de se livrer au travail de l'esprit....

« Parmi les substances dont la présence serait

nuisible au sang, il faut compter celles qui portent le nom de poisons, et les impuretés du corps lui-même, que plusieurs grands viscères travaillent à éliminer. Les principales de ces impuretés sont l'acide carbonique et l'urée; l'accumulation de l'une ou de l'autre de ces substances dans le sang amène l'abattement de l'esprit, la perte de connaissance, et enfin la mort. Ainsi l'énergie intellectuelle ne dépend pas moins de la vigueur des organes de purification, poumons, foie, intestins, reins, peau, que de la présence de substances nutritives provenant des aliments...

« Le rapport entre l'altération du cerveau et l'aliénation mentale est, en fait, presque absolument démontré. Chez le plus grand nombre des aliénés, l'altération du cerveau est visible et prononcée. Je citerai à l'appui de ce que j'avance une brochure des docteurs J.-B. Tuke et Rutherford, intitulée: « *Des altérations morbides observées sur les cerveaux de trente aliénés* »... Les auteurs énumèrent neuf espèces d'altérations morbides, révélées par l'étude microscopique... Nous croyons d'ailleurs que, dans tous les cas d'aliénation mentale prononcée, on peut constater une maladie du cerveau bien marquée...

« Considérons ce que nous apprend l'expérience ordinaire des maladies qu'accompagnent généralement des symptômes intellectuels... Dans tous les cas où il y a du trouble, direct ou indirect, du cerveau, le médecin cherche dans l'esprit des symptômes définis correspondant à ce trouble. L'état de l'esprit est indiqué par celui du cerveau. Nous citerons comme exemple les symptômes que présente l'esprit dans la fièvre typhoïde, symptômes que résume l'expression d'un accablement fébrile. La faculté de penser et celle de se mouvoir ne s'exercent qu'avec peine. Le visage offre l'expression de l'hébêtement ; le malade est lourd, distrait, embarrassé ; il ressemble à un homme abruti par la boisson. En un mot, conclut avec exagération M. Alexandre Bain, l'esprit est complètement à la merci de l'état du corps ; il n'y a aucune trace d'un agent séparé, indépendant, spirituel, se suffisant à lui-même et s'élevant au dessus de toutes les fluctuations de l'enveloppe matérielle. Le médecin admet qu'à chaque changement intellectuel correspond un changement physique ; dans ces limites, il est matérialiste » (1).

Si admettre cette correspondance, c'était être matérialiste, tout homme ayant un peu d'expérience serait matérialiste. Mais il n'en est rien, tout spiritualiste sensé reconnaît sans peine qu'à chaque opération intellectuelle correspond un changement physique.

II. — Est-ce à dire que la pensée ait réellement

(1) *L'esprit et le corps*, Paris, 1880. pp. 14-17, 42, 43.

un organe? Non, si l'on entend par pensée ce que Descartes appelait « la pure intellection », la « conception pure ».

Mais ce qu'il ne faut pas craindre d'affirmer, c'est qu'il y a tout un groupe d'opérations de connaissance inférieures qui s'exercent par des organes corporels, non pas que ces organes leur prêtent seulement un concours extrinsèque, mais parce qu'ils sont, en tant que parties substantielles du corps vivant, les agents véritables de ces opérations, bien qu'ils n'agissent point en cela par la vertu des forces physico-chimiques.

Quelles sont ces opérations? Ce sont celles des sens spéciaux, du sens central-commun, de l'imagination, de l'appréciation sensible et de la mémoire.

Tout le monde connaît les sens spéciaux de la vue, de l'ouïe, de l'odorat, du goût et du toucher.

Le sens central-commun prend conscience des opérations des sens spéciaux, saisit, discerne et groupe les objets de ces sens.

L'imagination forme, retient, associe et rappelle les images sensibles.

L'appréciation juge les choses sensibles dans leurs ressemblances ou leurs différences individuelles, sans s'élever à la notion de l'absolu et de l'universel.

La mémoire rappelle le passé sensible.

N'est-il pas manifeste que toutes ces facultés

préparent l'acte intellectuel et en élaborent les matériaux? Si donc elles ont des organes corporels, il n'est pas étonnant que la pensée proprement dite, « la pure intellection », ne puisse s'exercer sans le concours de ces organes. Ce concours n'est point, pour cela, intrinsèque, à l'égard de l'opération intellectuelle proprement dite, mais il est concomitant ; et, à ce titre, les organes des facultés de connaissance inférieures travaillent et s'usent en même temps que l'intelligence supérieure agit.

Celle de ces facultés inférieures qui touche de plus près l'entendement, est l'imagination.

Il y a longtemps qu'Aristote a dit : « L'âme ne pense pas sans image sensible » (1).

Bossuet donnait pour cause à ce fait l'habitude contractée dès l'enfance.

« Il faut reconnaître, dit-il, qu'on n'entend point sans imaginer ni sans avoir senti, car il est vrai que, par un certain accord entre toutes les parties qui composent l'homme, l'âme n'agit pas, c'est-à-dire ne pense et ne connaît pas, sans le corps, ni la partie intellectuelle sans la partie sensitive...

« Et notre vie ayant commencé par de pures sensations, avec peu ou point d'intelligence indépendante du corps, nous avons dès l'enfance

---

(1) Οὐδέποτε νοεῖ ἄνευ φαντάσματος ἡ ψυχή (Περὶ ψυχῆς, III, VII).

contracté une si grande habitude de sentir et d'imaginer, que ces choses nous suivent toujours, sans que nous puissions en être entièrement séparés.

« De là vient que nous ne pensons jamais, ou presque jamais, à quelque objet que ce soit, que le nom dont nous l'appelons ne nous revienne ; ce qui marque la liaison des choses qui frappent nos sens, tels que sont les noms, avec nos opérations intellectuelles.

« On met en question s'il peut y avoir, en cette vie, un pur acte d'intelligence dégagé de toute image sensible ; et il n'est pas incroyable que cela puisse être durant de certains moments, dans les esprits élevés à une haute contemplation, et exercés par un long temps à tenir leurs sens dans la règle ; mais cet état est fort rare, et il faut parler ici de ce qui est ordinaire à l'entendement.

« L'expérience fait voir qu'il se mêle toujours, ou presque toujours, à ses opérations quelque chose de sensible, dont même il se sert pour s'élever aux objets les plus intellectuels » (1).

Cette supposition, que l'entendement puisse exceptionnellement, en cette vie, penser sans image sensible, et cela sans intervention surnaturelle, me paraît arbitraire, et je n'hésite pas à préférer la

---

(1) *De la connaissance de Dieu et de soi-même*, III, xiv.

déclaration d'Aristote, acceptée d'ailleurs comme une vérité par saint Thomas.

« Il est impossible, dit le Docteur angélique, que notre entendement, dans l'état de la vie présente où il est uni à un corps passible, opère aucun acte intellectuel sans se tourner vers les images sensibles »(1).

Voilà une doctrine solide et fondée sur l'expérience. Elle est fondée aussi sur la nature de notre entendement, qui ne contemple pas la vérité directement en elle-même, mais qui la voit dans les réalités particulières et sensibles (2) : il la dégage du sensible dans la formation intime de ses concepts, et cette opération d'abstraction est tellement l'application de sa nature, qu'il lui faut toujours une base sensible pour y appuyer ses conceptions absolues et universelles ; et cela, lors même qu'il s'attache à combiner et à analyser des notions proprement intellectuelles et à diriger son regard sur le vrai considéré en soi (3)

---

(1) Impossibile es intellectum nostrum, secundum præsentis vitæ statum quo passibili corpori conjungitur, aliquid intelligere in actu nisi convertendo se ad phantasmata (*Sum. theol.*, I, q. LXXXIV, a. 7).

(2) Τὰ μὲν οὖν εἴδη, τὸ νοητικὸν ἐν τοῖς φαντάσμασι νοεῖ (Περὶ ψυχῆς, III, VII). — Necesse est ad hoc quod intellectus actu intelligat suum objectum proprium, quod convertat se ad phantasmata, ut speculetur naturam universalem in particulari existentem (*Sum. theol.*, I, q. LXXXIV, a. 7).

(3) Ὅταν τε θεωρῇ, ἀνάγκη ἅμα φάντασμά τι θεωρεῖν (Περὶ ψυχῆς, III, VIII).

Ce n'est donc pas par une habitude d'enfance, mais par une nécessité de nature, que notre intelligence a besoin, dans toutes ses opérations, de quelque image sensible.

Il est vrai, comme le remarque Bossuet, que les mots imaginés peuvent souvent suffire pour donner à l'entendement cette base sensible dont nous venons de parler; mais il n'est pas exact que nous puissions, en cette vie, dans l'ordre naturel, penser quelquefois sans image fournie par l'imagination.

III. — Maintenant, allons au fond des choses. J'ai dit que le concours donné aux opérations de connaissance inférieures, par exemple à celles de l'imagination, par les organes corporels, n'est pas simplement extrinsèque, mais que l'organe vivant est l'agent de l'opération, bien que par une vertu supérieure à toute force physico-chimique.

Voilà ce que n'admettent ni Descartes ni Bossuet, ni peut-être la plupart des spiritualistes contemporains.

Pour comprendre la théorie que je propose et qui n'est autre, à mon avis, que celle de saint Thomas, il convient de se rappeler comment notre docteur conçoit l'unité du composé d'âme et de corps.

L'organe corporel n'est pas seulement une partie d'étendue, mais une partie substantielle du corps vivant.

Or, c'est l'âme pensante elle-même qui est le principe formateur du corps, non seulement en tant qu'organisé et vivant, mais en tant que matière actuellement existante. La matière commune à tous les corps de la nature n'est, en soi, que principe de devenir: l'âme va jusqu'à ce principe, lui donne l'être en l'actualisant, et compose avec lui une substance corporelle, un corps, qui dès lors est vivant, parce que le principe actif qui le forme est une âme, un principe de vie.

Dans l'ordre naturel, toute substance corporelle est douée d'étendue : l'étendue a sa racine dans la matière première elle-même, elle est la première disposition de la matière(1), en conséquence de l'actualisation qu'elle reçoit du principe qui la forme en telle matière actuelle.

Et, comme le corps vivant, principalement le corps humain, a besoin de parties diversement organisées pour l'exercice des multiples opérations de l'être animé, l'âme, en formant son corps, y distribue des parties diverses, qu'elle forme diversement, dans les multiples départements de l'organisme étendu : ici les os et les muscles, là le cerveau, la moelle et les nerfs avec les divers appareils des sens, et ainsi du reste.

Parlons du cerveau, par exemple. Supposons qu'une cellule cérébrale soit un organe de l'imagination : sera-ce par ses forces physico-chimiques, cha-

---

(1) Prima dispositio materiæ est quantitas dimensiva, unde et Plato posuit primas differentias materiæ *magnum* et *parvum* (*Sum. theol.*, III, q. LXXVII, a. 2).

leur, électricité, activité de combinaison ou de décomposition élémentaire, que cette cellule produira l'image sensible ? Point du tout : pas plus que par le simple déplacement local de ses parties moléculaires. Ce sont là choses de nature essentiellement différente de la nature de l'image.

Comment donc la cellule cérébrale donnera-t-elle naissance à l'image sensible ? Par la puissance imaginative qu'elle possède, comme partie substantielle et animée d'un corps qu'anime une âme sensitive. Cette puissance d'imagination est une force sensitive qu'a l'organe, comme il a les forces brutes dites physico-chimiques : elle est essentiellement supérieure à ces forces brutes, mais le même organe a l'une et les autres, parce que le principe unique de l'une et des autres, c'est l'âme à la fois sensitive, végétative et formatrice du corps matériel, et que l'imagination, comme les forces physico-chimiques, n'est pas dans l'âme seule, mais dans l'âme et dans la matière à la fois (1).

C'est pour cette raison que l'animal a l'imagination, quoiqu'il n'ait pas une âme proprement spirituelle, c'est-à-dire radicalement indépendante de la matière.

Mais, dira-t-on, cette théorie ne résout pas le problème, puisque les mouvements moléculaires, les altérations physiques, les combinaisons ou décompositions chimiques sont considérés comme de na-

---

(1) Cf. *Sum. theol.* I, q. LXXVII, a. 5, a. 6, a. 8.

ture essentiellement différente de la nature de l'image sensible. Dans cette hypothèse, les phénomènes physico-chimiques et l'image peuvent résider dans le même organe ; ils n'en sont pas moins réciproquement étrangers par essence, et l'on ne voit pas pourquoi celle-ci dépend de ceux-là. Le système proposé n'explique donc pas cette dépendance que nous montre l'observation interne et externe, et qui est précisément l'énigme à expliquer.

A cette objection je réponds que l'organe, étant corporel, c'est-à-dire d'abord de nature physico-chimique, ne peut agir, même par la puissance sensitive qu'il possède, sans être disposé convenablement par les forces brutes qu'il possède aussi. Il faut à la cellule cérébrale, peut-on dire dans l'hypothèse posée ci-dessus, un certain degré de chaleur, une certaine dose d'électricité, certains mouvements moléculaires, une certaine préparation chimique, pour qu'elle soit en état d'exercer sa force d'imagination. Le plus n'est pas le moins, mais il est naturel que le moins prépare au plus, dans l'agent qui est doué du plus et du moins (1).

Voilà donc expliqué un concours nécessaire que l'organe donne à la pensée proprement dite. Celle-ci ne s'exerce pas sans image sensible ; aucune image sensible ne naît sans une action intrinsèque de l'organe ; cette action intrinsèque ne peut se produire

(1) Cf. *Sum. theol.*, I, q. LXXVIII, a. 1.

sans une préparation de l'organe par les forces physico-chimiques ; l'action de ces forces brutes est extrinsèque à l'opération imaginative, mais c'est le même organe qui agit par ses forces physico-chimiques et par sa puissance d'imagination.

Si je ne me trompe, il y a dans l'imagination et, partant, dans l'organe duquel elle dépend, un travail encore plus rapproché de la connaissance intellectuelle que celui de présenter une image simplement sensible à l'entendement.

Pour que le concept abstrait se dégage de l'image sensible et se grave dans l'intelligence, il faut que l'image reçoive, par l'influence de la lumière intellectuelle dont Dieu a doté l'âme humaine, une transformation qui lui donne une sorte d'intelligibilité préparatoire. Sans cela, l'image resterait tout à fait en dehors de l'ordre intelligible ; il y aurait comme un abîme entre elle et l'entendement, et, quelque vive que fût la représentation imaginaire, rien d'intellectuel ne se formerait dans la puissance de conception pure.

J'ai cru saisir, par l'observation de la conscience, cette préparation d'intelligibilité dans l'image. Il m'a semblé que souvent, dans l'enfantement de la pensée, je sentais en moi, non seulement des associations d'images, des appréciations de rapports particuliers, des souvenirs, mais une certaine illumination progressive dans mon imagination jusqu'au point où, avec joie, je voyais luire définivement le concept dans mon intelligence. J'observais alors, me semblait-il, trois actes distincts : une action illuminatrice que j'exerçais par quelque chose de moi-même sur les images sensibles, une transformation lumineuse de ces images, et enfin la clarté du concept (1).

Une fois le concept formé, j'ai toujours conscience, en le rappelant, qu'il est accompagné d'une image sensible, au moins d'un mot imaginé, et le plus souvent d'une représentation imaginaire reproduisant d'une façon plus ou moins vague, plus ou moins nette, quelque réalité sensible.

Ainsi, nécessité de l'image pour la formation du concept au moyen de l'illumination intellectuelle, et pour la reproduction, ainsi que pour l'enchaînement, la combinaison et l'analyse des concepts, auxquels l'image sert de point d'appui : telle est la loi qui motive l'intervention de l'organisme au moment où l'entendement pense. Car c'est toujours quelque organe corporel qui produit l'image ; non pas certes par la vertu de ses forces physiques ou chimiques, mais par celle d'une force essentiellement supérieure, qu'on peut appeler la force ou puissance imaginative, donnée à l'organe par l'âme vivifiante et sensitive.

(1) Cf. Sum. theol., I, q. LXXIX, a. 4; q. LXXXV, a. 1.

CHAPITRE III

La pensée n'a pas d'organe.

I. La simplicité de la pensée ne suffit pas pour prouver que la pensée n'a pas d'organe. — II. L'universalité et la nécessité, caractères de la pensée reconnus par Leibniz, prouvent qu'elle est indépendante d'un organe matériel et étendu. — III. Ces caractères prouvent aussi que la pensée est radicalement indépendante de la matière.

Il me reste à montrer que, tout en ayant besoin de l'image sensible pour se former, se réveiller ou se développer, la pensée pure est, en soi, de tout autre nature que l'image, d'une nature incompatible avec tout organe corporel.

En deux mots, l'image a un organe, la pensée n'en a point.

On prétend quelquefois démontrer l'indépendance de la pensée à l'égard de l'organisme en s'appuyant seulement sur la simplicité de tout acte intellectuel. Tout organe corporel, dit-on, est composé de parties, parce qu'il est étendu. Or, la pensée est un acte simple. Donc, il y a incompatibilité entre la pensée et l'organisme.

Cet argument me paraît insuffisant. En effet, toute activité, toute force est une et simple en soi, et produit des actes simples, si on les considère dans leur naissance même.

J'entends ici par simplicité cette unité d'émanation qui est le caractère de l'opération d'une puissance active, en tant que cette puissance agit.

« Je soutiens, disait Leibniz, que les substances (matérielles ou immatérielles) ne sauraient être conçues dans leur essence nue sans aucune activité, que l'activité est de l'essence de la substance en général » (1).

« Tout être en acte, avait dit déjà saint Thomas, est né pour agir, pour produire quelque chose d'existant en acte » (2).

Or, de même que tout être est simplement un, *simpliciter unum*, de même il y a unité, simplicité, dans l'opération de tout être. Les substances matérielles du dernier degré possèdent, elles aussi, ce caractère. La simplicité, l'unité de la pensée, ne suffit donc point pour prouver que nous pensons sans organe temporel.

Mais, poursuit-on, quelque unité ou simplicité qu'il y ait, au fond, dans l'opération d'un corps, il n'en est pas moins vrai qu'il y a une différence

---

(1) *Nouveaux essais sur l'entendement humain*, préface, vers la fin.
(2) Omne ens actu natum est agere aliquid actu existens (*C. Gent.*, lib. II, cap. 6).

de nature radicale entre toute activité purement physique et la pensée. Or, l'activité physique est l'activité propre du corps; donc, il y a incompatibilité entre le corps et la pensée, c'est-à-dire que l'acte intellectuel n'a pas d'organe.

Je réponds : Il y a aussi une différence de nature radicale entre l'activité physique et la sensation ou l'imagination ; on aurait tort cependant d'en conclure qu'on sent ou qu'on imagine sans organe, comme nous l'avons vu.

Enfin, il serait imprudent, à mon avis, de s'appuyer sur le renouvellement incessant de la matière du corps pour prouver que la pensée, par sa permanence dans la mémoire, est incompatible avec un organe corporel. En effet, la mémoire sensible, l'association des images ne sont point indépendantes de l'organisme, bien qu'elles supposent une permanence qui contraste, elle aussi, avec le renouvellement continuel de la matière dans les organes. Bien plus, les dispositions morphologiques, les formes de structure persistent dans l'organisme, malgré cette circulation perpétuelle de la matière ; les cicatrices ne s'effacent pas, quoique la matière change : la permanence de la pensée n'est donc pas une preuve d'indépendance à l'égard du corps, puisque le corps lui-même garde des caractères permanents dans une matière changeante.

II. — Si toutes ces preuves sont insuffisantes,

comment peut-on établir que la pensée n'a pas d'organe ? Ecoutons Leibniz :

« Les sens, quoique nécessaires pour toutes nos connaissances actuelles, ne sont point suffisants pour nous les donner toutes, puisque les sens ne donnent jamais que des exemples, c'est-à-dire des vérités particulières ou individuelles. Or, tous les exemples qui confirment une vérité générale, de quelque nombre qu'ils soient, ne suffisent pas pour établir la nécessité universelle de cette même vérité, car il ne suit point que ce qui est arrivé arrivera de même..... D'où il paraît que les vérités nécessaires, telles qu'on les trouve dans les mathématiques pures et particulièrement dans l'arithmétique et dans la géométrie, doivent avoir des principes dont la preuve ne dépende point des exemples, ni, par conséquent, du témoignage des sens, quoique sans les sens on ne se serait jamais avisé d'y penser. C'est ce qu'il faut bien distinguer, et c'est ce qu'Euclide a si bien compris, qu'il démontre souvent par la raison ce qui se voit assez par l'expérience et par les images sensibles. La *logique* encore, avec la *métaphysique* et la *morale*, dont l'une forme la *théologie* et l'autre la *jurisprudence*, naturelles toutes deux, sont pleines de telles vérités. C'est aussi en quoi les connaissances des hommes et celles des bêtes sont différentes ; les bêtes sont purement empiriques, et ne font que se régler sur les exemples, car elles n'arrivent jamais à former des propositions nécessaires, autant qu'on en peut juger ; au lieu que les hommes sont capables de sciences démonstratives. C'est encore pour cela que la faculté que les bêtes ont de faire des *consécutions*, est quelque chose d'inférieur à la raison qui est dans les hommes. Les *consécutions* des bêtes sont purement comme celles des simples empiriques, qui prétendent que ce qui est arrivé quelquefois, arrive encore dans un cas où ce qui les frappe est pareil, sans être capables de juger si les mêmes raisons subsistent. C'est par là qu'il est si aisé aux hommes d'attraper les bêtes, et qu'il est si facile aux simples empiriques de faire des fautes » (1).

Ainsi, ce qui caractérise proprement la pensée humaine, c'est l'universalité et la nécessité de son objet.

Ces caractères, que possèdent les premiers principes de la raison, distinguent aussi les conceptions les plus simples de l'entendement, comme la notion de l'être et la notion de chaque nature d'être. L'intelligence conçoit l'être comme réalisable en tout être, et ne pouvant pas ne pas être participé par toute réalité actuelle ; elle conçoit chaque nature, celle d'homme par exemple, comme essence absolue réalisable en tout individu qui aura les caractères exprimés par la définition de cette essence, et ne pouvant ne pas être réalisé en chaque individu qui aura ces caractères.

(1) *Nouveaux essais sur l'entendement humain*, préface, vers le commencement.

Ce qui est nécessaire étant universellement nécessaire, on peut dire en un mot que le propre des objets de l'entendement, c'est l'universalité.

Or, cette universalité exige l'immatérialité de la puissance intellectuelle. Voilà ce qu'il s'agit de démontrer pour établir qu'un organe corporel et, partant, matériel, ne peut avoir la puissance d'intelligence proprement dite, en d'autres termes que la pensée n'a pas d'organe.

Or, si l'on considère la propriété la plus manifeste de toute matière actuellement existante, je veux dire l'étendue, n'est-il pas certain que cette propriété est incompatible avec une représentation universelle que l'on supposerait produite par l'organe matériel ?

Tout ce qui est étendu, est nécessairement déterminé individuellement. Toute ligne, toute figure, tout volume sont fixés par des traits singuliers sans lesquels ils ne seraient pas.

Un organe étendu est donc marqué par une individualité précise où l'universalité ne saurait trouver place.

Dans un pareil organe peut exister, comme qualité dépendante, une force douée d'unité, soit force physique, soit puissance sensitive, parce que l'unité active peut embrasser une étendue sans cesser d'être unité et activité : alors tout est individualisé dans cette force ou puissance et dans ses actes. Mais un organe étendu ne saurait porter une pensée universelle : il faudrait pour cela que ce qui est à l'état universel, fût en même temps individualisé, ce qui implique contradiction.

III. — Toutefois je ne veux point me contenter de cette démonstration. Je sais qu'il est des esprits qui ne peuvent accepter que l'étendue soit quelque chose de réel, et qui ne voient dans toute substance, même matérielle, qu'unité et indivisibilité, l'extension n'étant pour eux qu'une forme apparente dont la métaphysique n'a pas à tenir compte.

Je m'adresse à ceux de ces esprits qui admettent néanmoins la réalité de la matière.

S'ils entendent par matière une simple passivité, une capacité de recevoir des impressions, ou bien une simple potentialité, une capacité d'être d'abord en puissance, puis en acte, je ne contesterai pas qu'une telle matérialité soit compatible avec l'universalité de la pensée. L'âme humaine, dans sa spiritualité même, a quelque chose de potentiel ; et, à certains égards, elle est passive vis-à-vis de la vérité : elle est tantôt en puissance, tantôt en acte ; elle reçoit la vérité, elle ne la fait pas.

Mais, si l'on entend par matière ce dont une chose est faite, et par matière première une réalité première et commune, que tel ou tel principe spécifique peut actualiser en telle ou telle substance déterminée, je dis que d'une telle substance matérielle ne peut naître une puissance capable d'une forme universelle comme la pensée.

En effet, une puissance naturelle tire naturellement son origine des principes essentiels qui constituent la substance dont elle est une qualité, une propriété. Or, ni la matière première, au sens que nous venons de dire, ni le principe spécifique qui l'actualise, ne contiennent la raison d'une puissance capable d'une forme universelle.

La matière, dans sa généralité commune, n'est pas principe d'être par elle-même, elle n'est que principe de devenir à condition qu'elle soit actualisée par un principe d'être. Sa généralité, comme telle, ne peut donc rien produire; puisqu'à ce titre de potentialité générale, la matière ne peut même pas exister actuellement. Si donc la matière concourt à la naissance d'une puissance de connaître, ce ne peut être qu'en tant qu'elle est déterminée par un principe d'être actuel qui la forme; c'est de cette détermination et du principe qui la lui donne, qu'elle tient ce qui la fait cause matérielle d'une faculté de connaissance. C'est donc, en définitive, dans ce principe formateur, principe d'être actuel, qu'il faudrait trouver la raison d'une faculté représentative de l'universel.

Or, de son côté, ce principe formateur est supposé ne faire, après la formation, qu'un seul être ctuel, simplement un, *ens simpliciter unum*, avec la matière. Dans le composé ainsi formé, il n'a donc pas d'existence à lui tout seul ; il n'est donc pas, en cet état, individualisé par une existence qui ne soit qu'à lui et en lui ; son être, s'il lui appartient en propre, a été communiqué par lui à la matière. C'est dans cette communication que le principe formateur a été individualisé avec la matière, car, s'il avait existé auparavant, ou s'il existait, à part, par une individualité qui n'appartînt qu'à lui, il aurait été, ou il serait, substance complète à lui tout seul, et dès lors son union avec la matière ne serait qu'une union *accidentelle* qui ne pourrait faire, des deux réalités unies, un être *simplement un*.

Voici les conséquences de ces prémisses.

Une puissance qui naît, à la fois, d'une âme formatrice et de la matière qu'elle forme, ne vient pas d'une âme qui existe individuellement à elle seule. Or, ce n'est que l'être individuel qui peut engendrer cette puissance, parce qu'il n'y a que cet être qui soit actuel. Donc, la part d'être qu'a cette puissance, lui vient de l'être individuel unique formé de matière et d'âme.

Dans une telle puissance, la réceptivité et l'activité découlent de cette part d'être. Donc, cette réceptivité et cette activité doivent avoir le caractère propre du composé individuel de matière et d'âme, c'est-à-dire que la forme imprimée dans la réceptivité et la forme produite par l'activité doivent être des formes à l'état d'individualisation dans la matière, et ne peuvent être des formes universelles dégagées de toute condition matérielle qui les détermine individuellement.

Or, nous l'avons vu, la pensée est une forme universelle ; donc, elle ne peut naître que d'une puissance qui ne tienne rien de la matière. Donc, la faculté de penser ne dépend pas d'un organe matériel, mais d'une âme immatérielle toute seule.

Comme il est juste de rendre à chacun ce qui lui appartient, surtout aux maîtres de la doctrine, je suis heureux de proclamer que cette démonstration a été inspirée par saint Thomas. « Il est impossible, dit le Docteur angélique, qu'une substance intellectuelle ait une matière quelconque. En effet, l'opération de chaque chose est suivant la manière d'être de la substance de cette chose. Or, entendre est une opération tout à fait immatérielle ; ce qui apparaît par son objet, puisque c'est de l'objet que tout acte reçoit sa nature spécifique. Et, en effet, ce qui est entendu, ne l'est qu'autant qu'il est séparé de la matière ; parce que les formes dans une matière sont des formes individuelles, et l'entendement ne les saisit point comme telles. Il faut donc conclure que la substance de l'entendement est tout à fait immatérielle » (1).

---

(1) Impossibile est quod substantia intellectualis habeat qualemcumque materiam. Operatio enim cujuslibet rei est secundum modum substantiæ ejus. Intelligere autem est operatio penitus immaterialis; quod ex ejus objecto apparet, a quo actus quilibet recipit

« Il est manifeste, dit encore le même docteur, que tout ce qui est reçu en quelque chose, y est reçu suivant la manière d'être de ce qui reçoit. Or, toute chose est connue à la manière dont sa forme est dans le connaissant. Mais l'âme intellective connaît une chose dans sa nature absolue, par exemple la pierre en tant qu'elle est pierre absolument. Donc, la forme de pierre est dans l'âme intellective absolument selon sa propre raison formelle. Donc, l'âme intellective est une forme absolue, et non une chose composée de matière et de forme. En effet, si l'âme intellective était composée de matière et de forme, les formes des choses y seraient reçues comme individuelles ; et ainsi, elle ne connaîtrait que le singulier, comme il arrive aux puissances sensitives, lesquelles reçoivent les formes des choses dans un organe corporel. Car la matière est principe d'individuation pour les formes. Il reste donc à affirmer que l'âme intellective, comme toute substance intellectuelle connaissant des formes absolument, est sans composition de forme et de matière » (1).

speciem et rationem. Sic enim unumquodque intelligitur, inquantum a materia abstrahitur : quia formæ in materia sunt individuales formæ, quas intellectus non apprehendit secundum quod hujusmodi. Unde relinquitur quod substantia intellectus est omnino immaterialis (*Sum. theol.*, I, q. L, a. 2).

(1) Manifestum est enim quod omne quod recipitur in aliquo, recipitur in eo per modum recipientis. Sic autem cognoscitur unumquodque, sicut forma ejus est in cognoscente. Anima autem intellectiva cognoscit rem aliquam in sua natura absolute. Est igitur forma

Concluons de même que l'âme pense sans organe matériel, parce que, si sa pensée avait un tel organe, elle ne pourrait avoir le caractère d'universalité.

On voit l'importance souveraine qu'il y a à mettre en lumière l'universalité de la pensée humaine. J'estime que tous les partisans de la spiritualité de l'âme doivent prendre à tâche de montrer cette forme universelle de nos concepts, pour y appuyer une solide preuve de l'indépendance de notre pensée et, par suite, de notre âme, à l'égard de la matière.

lapidis absolute secundum propriam rationem formalem in anima intellectiva. Anima igitur intellectiva est forma absoluta, non autem aliquid compositum ex materia et forma. Si enim anima intellectiva esset composita ex materia ex forma, formæ rerum reciperentur in ea ut individuales ; et sic non cognosceret nisi singulare, sicut accidit in potentiis sensitivis, quæ recipiunt formas rerum in organo corporali. Materia enim est principium individuationis formarum. Relinquitur ergo quod anima intellectiva et omnis intellectualis substantia cognoscens formas absolute caret compositione formæ et materiæ (*Sum. theol.*, I, q. LXXV, a. 5).

CHAPITRE IV

Résumé et Conclusion.

L'organisme humain est agent véritable, par l'âme qui le forme substantiellement, des opérations de connaissance sensitive, lesquelles sont indispensables pour l'exercice de la pensée. Mais la pensée, en elle-même, est sans organe.

Résumons la doctrine exposée dans cette étude sur le rôle de l'organisme par rapport à la pensée.

Ce rôle est souvent mal compris.

« Nous avons toute raison de croire, dit M. Alexandre Bain, que toutes nos actions mentales sont accompagnées *d'une suite non interrompue d'actes matériels*. Depuis l'entrée d'une sensation jusqu'à la production au dehors de l'action qui y répond, la série mentale n'est pas un seul instant séparée d'une série d'actions physiques. Une perspective nouvelle frappe la vue : aussitôt se produit dans l'esprit un effet de cette sensation, une émotion, une pensée, pour aboutir à des manifestations extérieures par la parole ou par le geste. Parallèlement à cette série d'actes de l'esprit marche la série des actions physiques, les mouvements successifs des organes appelés l'œil, la rétine, le nerf optique, les centres optiques, les hémisphères du cerveau, les nerfs qui vont du centre à la circonférence, les muscles, etc. Tandis que nous parcourons le cercle de la série mentale, sensation, émotion et pensée, il se produit un cercle non interrompu d'effets physiques. Il serait contraire à tout ce que nous savons de l'action du cerveau, de supposer que la chaîne matérielle se termine brusquement à un vide matériel, occupé par une substance immatérielle, et que cette substance immatérielle, après avoir agi seule, communique les résultats de cette action à l'autre bord de la solution de continuité matérielle, et détermine l'action qui répond à la stimulation première : il y aurait ainsi deux rivages matériels séparés par un océan immatériel. Il n'y a, en réalité, aucune solution de continuité dans l'appareil nerveux. La seule hypothèse admissible, c'est que l'action de l'esprit et celle du corps marchent ensemble, comme les jumeaux siamois » (1).

(1) *L'esprit et le corps*, p. 136.

Cette explication, à mon avis, n'accorde pas assez à l'esprit, et n'accorde pas, non plus, assez au corps.

C'est trop peu dire, que de présenter l'action de l'esprit et celle du corps comme deux actions simplement parallèles, juxtaposées et soudées l'une à l'autre, surtout si l'on entend par esprit, comme le fait M. Bain, toutes les facultés de connaissance et d'appétition, soit sensitives, soit intellectuelles.

Pour rester dans le domaine des facultés de connaissance, qui est l'objet de cette étude, il faut poser les affirmations suivantes.

L'organisme humain, formé substantiellement par une âme à la fois végétative, sensitive et intellectuelle, est agent véritable, par l'âme qui le forme, des opérations de connaissance sensitive: sensation proprement dite, imagination, appréciation sensible, mémoire; et il produit ces opérations, non par des forces physico-chimiques, mais par des puissances d'un ordre supérieur.

Ces opérations de connaissance inférieures sont indispensables pour l'élaboration des matériaux de la pensée proprement intellectuelle, et l'imagination fournit, par les images sensibles, un point d'appui, toujours nécessaire, aux actes de l'intelligence pure.

Toute pensée, toute opération intellectuelle, est, *en soi*, sans organe matériel, parce que sa forme universelle est incompatible avec la limitation individuelle de tout ce qui est matériel.

Cette doctrine rend admirablement compte des rapports étroits entre le corps et la connaissance à tous les degrés. N'hésitons pas à la proposer aux savants de nos jours, comme solution d'une énigme qui se dresse en face de la psychologie rationnelle.

IV

LA CONNAISSANCE

LA CONNAISSANCE

INTRODUCTION

Quatre points sur lesquels cette étude cherchera à éclaircir la doctrine de saint Thomas : 1° Comment le connaissant est-il assimilé à l'objet connu ? — 2° Comment le connaissant est-il identifié avec le connu ? — 3° Le connaissant connaît-il en se considérant lui-même identifié à l'objet ? — 4° Saint Thomas regarde-t-il comme acceptable la théorie de saint Augustin sur les idées innées ?

Dans une étude publiée par les *Annales de Philosophie chrétienne* sur l'*assimilation scolastique* (1), j'ai remarqué, entre autres, les points suivants que l'auteur attribue à la doctrine de l'école thomiste :

1° Tandis que les platoniciens prétendent que la connaissance se fait par le *contact* du connaissant et de l'objet connu, les thomistes soutiennent qu'elle se fait par *assimilation* du connaissant à l'objet connu, et que le *contact* ne suffit pas : suivant ces derniers, le connaissant et le connu ne sont pas entre eux comme agent et patient, mais ils sont unis en un seul principe de connaissance.

(1) *Annales*, janvier, février, mars 1887.

2º Dans le système des thomistes, cette *assimilation* rend le connaissant *identique* à l'objet: le sens en acte est le sensible en acte, l'intellect en acte est l'intelligible en acte.

3º Il s'ensuit, dit-on, que le connaissant, pour connaître l'objet, se considère lui-même identifié à l'objet, et c'est en se considérant lui-même ainsi transformé, qu'il voit, par relation, l'objet.

Enfin, dans des explications données à la Société de saint Thomas (1), l'auteur a avancé ceci : « Le Docteur angélique, tout en établissant pour la connaissance intellectuelle la théorie de l'*intellect agent*, déclare qu'il n'a pas de répugnance pour les *idées innées* de saint Augustin ».

Sur les points qui viennent d'être indiqués, je voudrais essayer de mettre un peu plus en lumière, telle, du moins, que je la comprends, la pensée de saint Thomas.

(1) *Annales*, mai 1887, p. 206.

CHAPITRE PREMIER

Rapport entre le connaissant et l'objet extérieur.

I. Union du connaissable au connaissant d'après saint Thomas : dans l'acte de connaissance, la forme de l'objet est unie à la puissance de connaître, de manière à n'être avec elle qu'un seul principe d'opération; mais, pour que cette forme s'unisse à la puissance, il y a au préalable action et passion. — II. Action et passion pour la connaissance sensitive : le sensible extérieur agit sur le sens et lui imprime sa ressemblance. — III. Action et passion pour la connaissance intellectuelle : l'intellect agent agit sur l'image d'imagination, la transforme, et, par le moyen de cette transformation, grave dans l'intellect réceptif la représentation intellectuelle de l'objet.

I. — On s'est appuyé sur ce passage de saint Thomas :

« Le connaissant et le connu ne sont pas entre eux comme agent et patient, mais comme deux choses desquelles se fait un seul principe de connaissance. Et voilà pourquoi il ne suffit pas, pour la connaissance, du contact entre connaissant et connaissable; mais il faut que le connaissable soit uni au connaissant comme forme, ou par son essence, ou par sa similitude » (1).

Recourons au texte de saint Thomas, et nous verrons que dans ce passage notre docteur renvoie expressément à l'article 6 de la même question VIII.

Or, voici l'explication donnée dans cet article 6 :

« Il y a deux actions. L'une va d'un agent sur une chose extérieure qu'elle transforme, comme illuminer ; c'est l'action proprement dite. L'autre ne va pas sur une chose extérieure, mais reste dans l'agent lui-même comme la perfection de lui-même ; on l'appelle proprement opération, comme, par exemple, luire. Ces deux actions ont ceci de commun, que l'une et l'autre ne procèdent que d'un être en acte, autant qu'il est en acte ; ainsi, ce n'est qu'autant qu'un corps a la lumière en acte, que ce corps luit et illumine. Or, l'action de l'appétit, du sens et de l'entendement n'est pas une action tendant à une matière extérieure, mais une action restant dans l'agent lui-même comme sa perfection : voilà pourquoi l'intelligent, pour entendre, doit être en acte ; mais il n'est pas nécessaire que, d'une part, l'intelligent, lorsqu'il entend, soit comme un agent, et, d'au-

---

(1) Cognoscens et cognitum non se habent sicut agens et patiens, ut ex dictis art. 6 ad 3 et in corp. art. patet ; sed sicut duo ex quibus fit unum cognitionis principium. Et ideo non sufficit ad cognitionem contactus inter cognoscens et cognoscibile ; sed oportet quod cognoscibile cognoscenti uniatur ut forma, vel per essentiam suam, vel per similitudinem suam. (de l'erit., q. VIII, a. 7 circa finem, ad 2).

tre part, l'objet entendu comme un patient; mais l'intelligent et l'objet qu'il entend, selon que des deux est faite une seule chose, qui est l'entendement en acte, sont un seul et unique principe de cet acte d'entendre. Et je dis que des deux se fait une seule chose, en tant que l'objet entendu est uni à l'intelligent soit par son essence, soit par similitude; d'où il suit que l'intelligent n'est agent ou patient que par accident, c'est-à-dire que, pour que l'intelligible soit uni à l'intellect, il faut action ou passion : action, selon que l'intellect agent fait que les espèces soient intelligibles en acte; passion, selon que l'intellect possible reçoit les espèces intelligibles, et le sens les espèces sensibles. Mais l'acte d'entendre est la conséquence de cette action ou passion, comme un effet l'est de sa cause » (1).

(1) Duplex est actio. Una quae procedit ab agente in rem exteriorem quam transmutat, et haec est sicut illuminare; quae etiam proprie actio nominatur. Alia vero actio est, quae non procedit in rem exteriorem, sed stat in ipso agente ut perfectio ipsius; et haec proprie dicitur operatio, et haec est sicut lucere. Haec autem duae actiones in hoc conveniunt quod utraque non progreditur nisi ab existente in actu, secundum quod est in actu, unde corpus non lucet nisi secundum quod habet lucem in actu, et similiter non illuminat. Actio autem appetitus et sensus et intellectus non est sicut actio progrediens in materiam exteriorem, sed sicut actio consistens in ipso agente ut perfectio ejus : et ideo oportet quod intelligens, secundum quod intelligit, sit actu; non autem oportet quod intelligendo intelligens sit ut agens, intellectum ut passum; sed intelligens et intellectum, prout ex eis est effectum unum quid, quod est intellectus in actu, sunt unum principium hujus actus qui est intelligere. Et dico ex eis effici unum quid, inquantum intellectum conjungitur intelligenti sive per essentiam suam, sive per similitudinem ; unde

La pensée de saint Thomas me paraît celle-ci : dans l'acte même de connaissance, il n'y a pas action du connaissant sur l'objet, comme d'agent à patient, ni action de l'objet sur le connaissant au même titre d'agent à patient ; dans cet acte de connaissance, l'objet, ou plutôt la forme de l'objet est unie à la puissance de connaître de manière à n'être avec elle qu'un seul principe d'opération ; mais, pour que cette forme s'unisse à la puissance, il y a au préalable action et passion. Dans la connaissance sensitive, le sens est passif à l'égard de la forme sensible de l'objet extérieur ; dans la connaissance intellectuelle, l'intellect réceptif est passif à l'égard de la forme intelligible de l'objet, et l'intellect agent est actif à l'égard de l'image sensible qu'il transforme en représentation intelligible.

II. — Examinons de plus près les actions et passions qui précèdent l'union de la forme à la puissance, et sont nécessaires pour que cette union se produise et engendre la connaissance.

Pour la connaissance sensitive, saint Thomas enseigne expressément qu'il y a *action* du sensible ex-

---

intelligens non se habet ut agens vel ut patiens, nisi per accidens, inquantum scilicet ad hoc quod intelligibile uniatur intellectui, requiritur actio vel passio : actio quidem, secundum quod intellectus agens facit species esse intelligibiles actu ; passio autem, secundum quod intellectus possibilis recipit species intelligibiles, et sensus species sensibiles. Sed hoc quod est intelligere, consequitur ad hanc passionem vel actionem, sicut effectus ad causam (*de Verit.*, q. VIII, n. 6).

térieur sur le sens ; il appelle cette action une *impression* des corps sensibles sur le sens, impression de quelque chose de corporel sur le composé à la fois corporel et animé (*conjunctum*).

« Comme, dit-il, il n'est pas déraisonnable d'admettre que les sensibles, qui sont en dehors de l'âme, causent un effet sur le composé, Aristote s'accorda avec Démocrite pour dire que les opérations de la partie sensitive sont causées par l'impression des sensibles sur le sens : non pas à la manière d'un épanchement matériel, comme Démocrite le soutenait, mais par le moyen d'une certaine opération » (1).

Saint Thomas oppose cette théorie d'Aristote, qu'il adopte, à celle de Platon, reproduite par saint Augustin.

« Platon, dit saint Thomas, soutint que le sens est une vertu opérant par elle-même. Aussi, suivant Platon, le sens, puissance spirituelle, n'est-il pas modifié par les sensibles, mais les organes des sens sont modifiés par les sensibles ; et par suite de cette modification l'âme est excitée de telle sorte, qu'elle forme en elle-même les espèces des sensi-

---

(1) Quia igitur non est inconveniens quod sensibilia, quæ sunt extra animam, causent aliquid in conjunctum, in hoc Aristoteles cum Democrito concordavit, quod operationes sensitivæ partis causentur per impressionem sensibilium in sensum, non per modum defluxionis, ut Democritus posuit, sed per quamdam operationem (I, q. LXXXIV, a. 6).

bles » (1). Voilà la différence radicale entre Platon et Aristote sur le procédé de la connaissance sensitive.

Saint Thomas répète souvent que la chose extérieure agit sur le sens et lui imprime sa ressemblance. Voici quelques passages très explicites :

« La similitude de la chose elle-même est imprimée par la chose elle-même sur la vue, comme lorsque je vois une pierre » (2).

« Le sens est à l'égard du sensible comme un patient à l'égard d'un agent, en ce que le sensible transforme le sens. Que si le sensible est quelquefois transformé par le sens, c'est par accident, en tant que l'organe même du sens a quelque qualité qui le prédispose à transformer quelque corps. Ainsi, l'action pernicieuse... par laquelle le basilic tue un homme en le regardant, ne sert de rien à la vision ; mais la vision s'accomplit au moyen de la réception de l'espèce visible dans la vue, ce qui est une sorte de passion. D'où il suit que le sens est une puissance passive »(3).

---

(1) Plato vero ... sensum etiam posuit virtutem quamdam per se operantem. Unde nec ipse sensus, quum sit quædam vis spiritualis, immutatur a sensibilibus, sed organa sensuum a sensibilibus immutantur; ex qua immutatione anima quodam modo excitatur, ut in se species sensibilium formet (*Ibid.*).

(2) Similitudo ipsius rei ab ipsa re imprimitur in visum, sicut quum video lapidem (*de Verit.*, q. VIII, a. 3, ad 17).

(3) Sensus autem comparatur ad sensibile sicut patiens ad agens, eo quod sensibile transmutat sensum. Quod autem sensibile aliquando a sensu transmutetur, hoc est per accidens, inquantum ipsum or-

On voit en cet endroit que saint Thomas oppose l'action du sensible extérieur sur le sens, pour la connaissance, à une action d'un autre genre de l'organe du sens sur un corps extérieur.

Ailleurs saint Thomas oppose le genre de passion dont est susceptible une puissance de l'âme, à la passion proprement dite que subissent les corps : « L'âme, dit-il, étant incorporelle ne peut éprouver cette passion corporelle : et, si elle aussi reçoit quelque chose, cependant cela ne se fait point par transformation de contraire en contraire, mais par simple influence de l'agent, comme l'air est illuminé par le soleil » (1). L'exemple de *l'illumination* est précisément celui qu'a pris saint Thomas, dans un passage cité plus haut, pour montrer ce qu'il entend par action proprement dite. On peut donc dire, d'après le Docteur angélique, que l'action du sensible extérieur sur le sens est une action proprement dite, quoique la passion du sens ne soit pas une passion proprement dite, c'est-à-dire une transformation de contraire en contraire.

---

ganum sensus habet aliquam qualitatem per quam natum est immutare aliquod corpus. Unde infectio illa ... qua basiliscus hominem videndo interficit, nihil confert ad visionem, sed visio perficitur per hoc quod species visibilis recipitur in visu, quod est quoddam pati. Unde sensus potentia passiva est (*de Verit.*, q. XXVI, a. 3, ad 4).

(1) Unde anima, quum sit incorporea, hoc modo pati non potest : et si etiam aliquid recipiat, non tamen hoc fit per transmutationem a contrario in contrarium, sed per simplicem agentis influxum, sicut aer illuminatur a sole (*de Verit.*, q. XXVI, a. 1).

A propos de l'origine de la connaissance, saint Thomas, dans la *Somme théologique*, se pose cette objection tirée de saint Augustin.

« Saint Augustin dit : Il ne faut pas penser qu'un corps fasse quelque chose sur un esprit, comme si un esprit était soumis, en guise de matière, à un corps agissant sur lui. En effet, celui qui fait une chose est de tout point supérieur à ce dont il la fait. D'où saint Augustin conclut : l'image d'un corps n'est pas faite par ce corps dans l'esprit, mais c'est l'esprit lui-même qui la fait en lui-même » (1).

Voici la réponse de saint Thomas : « Saint Augustin ne parle pas ici de la connaissance intellectuelle, mais de l'acte de l'imagination. Et comme, suivant le sentiment de Platon, l'opération de la puissance imaginative est de l'âme seule, saint Augustin, pour montrer que les corps n'impriment pas leurs similitudes sur la puissance imaginative, mais que l'âme fait cela elle-même, saint Augustin se sert de la même raison dont se sert Aristote, au 3ᵉ livre du *Traité de l'Ame*, pour prouver que l'intellect agent est quelque chose de séparé ; à savoir : que l'agent est plus honorable

---

(1) Augustinus dicit (XII, super Gen. ad litt., c. 16) : « Non est putandum facere aliquid corpus in spiritum, tanquam spiritus corpori facienti materiæ vice subdatur. Omni enim modo præstantior est qui facit, ea re de qua aliquid facit ». Unde concludit quod imaginem corporis non corpus in spiritu, sed ipse spiritus in seipso facit (I, q. LXXXIV, a. 6, 2).

que le patient. Sans aucun doute, dans l'hypothèse platonicienne, il faut attribuer à la faculté imaginative une puissance, non seulement passive, mais encore active. Mais, si nous posons d'abord, suivant l'opinion d'Aristote, que l'action de la vertu imaginative est du composé, il n'y a plus aucune difficulté; parce que le corps sensible est plus noble que l'organe de l'animal, en ce qu'il est, à l'égard de cet organe, comme un être en acte à l'égard d'un être en puissance, ainsi que le coloré en acte est à l'égard de la pupille, qui n'est colorée qu'en puissance » (1).

Ainsi, d'après saint Augustin, aucun corps ne peut agir sur l'imagination, parce que celle-ci est spirituelle, par conséquent supérieure par nature à un agent corporel, et ne peut être sous la dépendance d'un tel agent. D'après Aristote et saint

---

(1) Augustinus non loquitur de intellectuali cognitione, sed de imaginaria. Et quia secundum Platonis opinionem vis imaginaria habet operationem quæ est animæ solius, eadem ratione usus est Augustinus, ad ostendendum quod corpora non imprimunt suas similitudines in vim imaginariam, sed hoc facit ipsa anima, qua utitur Aristoteles, lib. III *de Anima*, ad probandum intellectum agentem esse aliquid separatum: quia scilicet agens est honorabilius patiente. Et procul dubio oportet secundum hanc positionem in vi imaginativa ponere non solum potentiam passivam, sed etiam activam. Sed si ponamus secundum opinionem Aristotelis, lib. II *de Anima*, quod actio virtutis imaginativæ sit conjuncti, nulla sequitur difficultas; quia corpus sensibile est nobilius organo animalis secundum hoc quod comparatur ad ipsum ut ens in actu ad ens in potentia, sicut coloratum in actu ad pupillam, quæ colorata est in potentia (*Ibid.*, ad 2).

Thomas, au contraire, le corps sensible extérieur peut agir sur le sens et sur l'imagination qui la suit, parce que l'imagination, comme le sens, est puissance du composé, et que le corps sensible du dehors lui est supérieur en tant qu'il est en acte, tandis que l'imagination, comme le sens, n'est qu'en puissance.

Conclusion de saint Thomas :

« La première transformation de la puissance imaginative est par un mouvement venant des sensibles, car l'imagination est un mouvement fait suivant le sens, comme il est dit au 2º livre du *Traité de l'Ame* » (1).

III. — Saint Thomas oppose au procédé de la connaissance sensitive celui de la connaissance intellectuelle.

Pour la connaissance sensitive, il n'est pas besoin dans le connaissant d'une puissance qui agisse sur le sensible extérieur pour le transformer ; parce que « les sensibles se trouvent en acte hors de l'âme ; et voilà pourquoi il n'a pas été nécessaire de poser un sens agent » (2)... C'est au contraire le sensible extérieur qui agit sur le sens et le transforme.

---

(1) Quamvis prima immutatio virtutis imaginariæ sit per motum sensibilium, quia phantasia est motus factus secundum sensum, ut dicitur in lib. II de *Anima*.... (*Ibid.*)
(2) Sensibilia inveniuntur actu extra animam ; et ideo non oportuit ponere sensum agentem (I, q. LXXIX, a. 3, ad 1).

Mais pour la connaissance intellectuelle, il faut une puissance active qui agisse sur l'image produite dans l'imagination, la transforme, et, au moyen de cette transformation, se fasse de cette image un instrument pour graver dans l'intellect réceptif la forme représentative de l'essence de l'objet.

Voici quelques textes fort clairs :

« Les couleurs ont, dans la matière corporelle individuelle, le même mode d'exister que dans la puissance de vision ; et voilà pourquoi elles peuvent imprimer leur similitude sur la vue. Mais les images d'imagination, comme elles sont des similitudes d'individus et qu'elles existent dans des organes corporels, n'ont pas le même mode d'exister qu'a l'intellect humain ; et voilà pourquoi elles ne peuvent pas par leur propre vertu faire impression sur l'intellect possible. Mais par la vertu de l'intellect agent, il résulte dans l'intellect possible, par suite de la conversion de l'intellect agent sur les images d'imagination, une certaine similitude, qui est représentative, seulement quant à la nature de l'espèce, des choses dont l'imagination a les images. Et c'est par ce moyen que les espèces intelligibles sont, comme on dit, abstraites de ces images ; ce qui ne signifie pas que quelque forme, numériquement la même, ait été d'abord dans ces images, puis arrive dans l'intellect possible, à la manière dont un corps est reçu d'un lieu et transporté à un autre » (1).

« Si l'intellect agent était à l'égard de l'intellect possible comme un objet agissant à l'égard d'une puissance, comme par exemple le visible en acte à l'égard de la vue, il s'ensuivrait que d'un coup nous comprendrions tout, car l'intellect agent est ce par quoi le sujet connaissant fait tout intelligible. Mais il n'est pas comme un objet : il est ce qui fait les objets en acte » (2).

« Dans la réception par laquelle l'intellect possible reçoit de l'image les espèces des choses, l'image a le rôle d'agent instrumental et secondaire ; l'intellect agent, celui d'agent principal et premier. Et voilà pourquoi l'effet de l'action reste dans l'in-

---

(1) Colores habent eumdem modum existendi, prout sunt in materia corporali individuali, sicut in potentia visiva ; et ideo possunt imprimere suam similitudinem in visum. Sed phantasmata, quum sint similitudines individuorum et existant in organis corporeis, non habent eumdem modum existendi quem habet intellectus humanus, ut ex dictis patet, in corp. art. 7 q. præced. ; et ideo non possunt sua virtute imprimere in intellectum possibilem. Sed virtute intellectus agentis resultat quædam similitudo in intellectu possibili ex conversione intellectus agentis supra phantasmata, quæ quidem est repræsentativa eorum quorum sunt phantasmata, solum quantum ad naturam speciei. Et per hunc modum dicitur abstrahi species intelligibilis a phantasmatibus, non quod aliqua eadem numero forma, quæ prius fuit in phantasmatibus, postmodum fiat in intellectu possibili, ad modum quo corpus accipitur ab uno loco et transfertur ad alterum (I, q. LXXXV, a. 1, ad 3). Cf. I, q. LXXIX, a. 3.

(2) Si intellectus agens compararetur ad intellectum possibilem ut objectum agens ad potentiam, sicut visibile in actu ad visum, sequeretur quod statim omnia intelligeremus, quum intellectus agens sit quo est omnia facere. Nunc autem non se habet ut objectum, sed ut faciens objecta in actu (I, q. LXXIX, a. 4, ad 3).

tellect possible suivant la condition de l'un et de l'autre, et non suivant la condition de l'un des deux seulement. Et ainsi, l'intellect possible reçoit bien les formes comme intelligibles en acte par la vertu de l'intellect agent, mais aussi comme similitudes de choses déterminées par suite de la connaissance des images. Donc, les formes intelligibles en acte n'existent vraiment comme telles, ni dans l'imagination, ni dans l'intellect agent, mais seulement dans l'intellect possible » (1).

« Cette similitude qui est dans notre intellect, est reçue de la chose en tant que la chose agit sur notre intellect, en agissant d'abord sur le sens ; or, la matière, à cause de la faiblesse de son être, parce qu'elle n'est qu'un être en puissance, ne peut pas être principe d'action ; et voilà pourquoi la chose qui agit sur notre âme, agit seulement par sa forme ; d'où il suit que la similitude de la chose qui est imprimée sur le sens et, après plusieurs degrés d'épuration, parvient jusqu'à l'intellect, est seulement une similitude de forme » (1).

---

(1) In receptione qua intellectus possibilis species rerum accipit a phantasmatibus, se habent phantasmata ut agens instrumentale et secundarium ; intellectus vero agens ut agens principale et primum. Et ideo actionis effectus relinquitur in intellectu possibili secundum conditionem utriusque, et non secundum conditionem alterius tantum. Et ideo intellectus possibilis recipit formas ut intelligibiles actu ex virtute intellectus agentis, sed ut similitudines determinatarum rerum ex cognitione phantasmatum. Et sic formæ intelligibiles in actu non sunt per se existentes, neque in phantasia neque in intellectu agente, sed solum in intellectu possibili (*de Veril.*, q. X, a. 6, ad 7).

En résumé, d'après tous ces textes de saint Thomas, dans l'acte essentiel de connaissance, la puissance cognitive et la forme de l'objet sont unies de manière à ne constituer qu'un seul principe de l'opération de connaissance : mais, préalablement à cette opération, il y a action proprement dite de la chose extérieure, sur le sens d'abord, puis, par le sens, sur l'imagination, et enfin, par l'imagination, sur l'intellect réceptif, ce dernier degré d'action n'étant qu'une action instrumentale soumise à l'action principale de l'intellect agent. A l'égard de ces actions, les facultés de connaitre, sens, imagination, intellect réceptif, sont passives ; l'intellect agent seul est uniquement actif. Ces explications montrent comment saint Thomas a pu dire, sans contradiction, tantôt, en pensant au principe immédiat de l'opération de connaissance : « Le connaissant et le connu ne sont pas entre eux comme agent et patient ; mais, dans l'acte de connaissance, ils sont unis comme ne formant qu'un seul principe d'opération » ; et tantôt, en décrivant les préliminaires de l'opération : « Le sens est à l'égard du sensible comme

---

(1) Similitudo rei quæ est in intellectu nostro, est accepta a re secundum quod res agit in intellectum nostrum, agendo per prius in sensum ; materia autem, propter debilitatem sui esse, quia est in potentia tantum, non potest esse principium agendi ; et ideo res quæ agit in animam nostram, agit solum per formam ; unde similitudo rei quæ imprimitur in sensum, et per quosdam gradus depurata usque ad intellectum pertingit, est tantum similitudo formæ (*de Verit.*, q. 11, a. 6).

un patient à l'égard d'un agent, en ce que le sensible transforme le sens; la chose extérieure agit sur l'intellect en agissant d'abord sur le sens; dans la réception par laquelle l'intellect possible reçoit de l'image la forme des choses, l'image a le rôle d'agent instrumental et secondaire, l'intellect agent a celui d'agent principal et premier ».

CHAPITRE II

Identification de la puissance avec son objet.

I. Opinion des théologiens de Salamanque sur les deux modes suivant lesquels la forme de l'objet connu serait unie à la puissance connaissante, d'après saint Thomas. — II. Discussion sur cette opinion. — III. La similitude de l'objet connu, existant dans le connaissant, est principe de connaissance en tant qu'elle est représentative de l'objet. — IV. Explication de quelques textes de saint Thomas sur cette théorie.

I. — On a dit que, d'après saint Thomas, la forme constitutive de l'objet extérieur sous une existence nouvelle, *aliud esse,* communique son essence, *rationem,* à la puissance qui la connait, notamment à l'intellect qui la perçoit. Par cette information, dit-on, l'intelligence qui connait l'arbre ou la pierre, devient essentiellement arbre ou pierre ; si elle n'en prend pas le nom, c'est que les mots signifient les objets avec leur existence naturelle.

Cette théorie serait résumée dans ce principe de saint Thomas :

« Les êtres connaissants se distinguent des non

connaissants en ceci, que les non connaissants n'ont que leur propre forme, tandis que le connaissant est de nature à avoir aussi la forme d'une autre chose : car l'espèce du connu est dans le connaissant » (1).

Et pour expliquer la manière d'être de l'espèce dans le connaissant, on recourt à l'interprétation des théologiens de Salamanque, d'après lesquels, dit-on, « les images contiennent deux ordres de nature et d'existence, le naturel ou *entitatif* et l'*intentionnel*. Sous le premier rapport, elles sont des accidents, des qualités inhérentes à l'air, aux organes et aux puissances, et, par suite, elles diffèrent essentiellement des substances qui les engendrent. Dans ce sens, saint Thomas répète souvent que la forme n'est pas de même nature dans l'objet et dans la faculté. Mais cet accident naturel sert de véhicule aux entités de l'ordre représentatif, c'est-à-dire à la forme de l'être, et à son existence immatérielle qui permet l'identification requise pour la connaissance ». Voilà pourquoi, d'après l'opinion qu'on attribue aux docteurs de Salamanque, saint Thomas tantôt parle d'inhérence et d'information, eu égard à l'existence *entitative* de l'espèce dans la puissance qu'elle

---

(1) Cognoscentia a non cognoscentibus in hoc distinguuntur, quia non cognoscentia nihil habent nisi formam suam tantum, sed cognoscens natum est habere formam etiam rei alterius : nam species cogniti est in cognoscente (I, q.XIV, a. 1).

informe et dont elle reste distincte, tantôt enseigne l'*identification* de l'espèce avec la puissance, eu égard à l'existence *intentionnelle* de l'espèce dans la puissance de connaître (1).

II. — Est-ce bien là ce qu'a voulu dire saint Thomas ? S'il en était ainsi, un ange connaissant un autre ange par l'espèce de ce dernier existant dans son intelligence, on devrait, même pour cette espèce, distinguer dans cette intelligence, l'être *entitatif* et l'être *intentionnel* : car, d'après les théologiens de Salamanque, cette distinction s'applique à toute espèce créée.

Or, dit saint Thomas, « un ange en connaît un autre par l'espèce de celui-ci existant dans son intellect ; et cette espèce diffère de l'autre ange, dont elle est la similitude, non suivant l'être matériel ou immatériel, mais suivant l'être naturel ou intentionnel. Car l'ange lui-même est une forme qui subsiste en être naturel, mais il n'en est pas de même de son espèce, qui est dans l'intellect de l'autre ange ; là elle n'a que l'être intel-

---

(1) Thomistæ communiter inquiunt quod, in unione cujusvis speciei intentionalis, saltem creatæ, intercedit ibi duplex unio, altera in esse entitativo, altera vero intentionali. — Unde S. Thomas, attendens ad hos diversos modos unionis convenientes speciei intentionali, aliquando asserit uniri per inhærentiam et informationem, et speciem sic unitam manere distinctam ab intellectu, in quo est, quemque informat ; aliquando vero esse idem cum intellectu, et intellectum per unionem cum illa fieri illammet speciem modo dicto ipsamque rem intellectam (Tract. III, disp. II, dubium 2, § 6, 80, 77).

ligible, comme la forme de couleur sur le mur a l'être naturel, mais dans le milieu qui la communique n'a que l'être intentionnel » (1).

On voit que saint Thomas parle de l'être naturel et de l'être intentionnel d'une manière qui exclut, dans le fait étudié, un autre genre d'être que l'être intentionnel pour l'espèce existant dans le connaissant.

D'après l'interprétation atttribuée aux docteurs de Salamanque, il semble que l'*information* se rapporte à l'existence *entitative* de l'espèce dans la puissance qu'elle informe, et qu'à ce point de vue de l'*information* l'espèce soit distincte de la puissance dans laquelle elle est, l'*identification* de la puissance et de l'espèce ne se rapportant qu'à l'être *intentionnel*.

Or, saint Thomas dit expressément :

« L'objet entendu est dans l'intelligent par sa similitude. Et la manière dont l'entendu en acte est, comme on dit, l'entendement en acte, c'est que la similitude de la chose entendue est forme de l'intellect en acte, comme la similitude de la chose sensible est forme du sens en acte » (2).

---

(1) Unus angelus cognoscit alium per speciem ejus in intellectu suo existentem ; quæ differt ab alio angelo, cujus similitudo est, non secundum esse materiale et immateriale, sed secundum esse naturale et intentionale. Nam ipse angelus est forma subsistens in esse naturali, non autem species ejus, quæ est in intellectu alterius angeli ; sed habet ibi esse intelligibile tantum ; sicut etiam et forma coloris in pariete habet esse naturale, in medio autem deferente habet esse intentionale tantum (I, q. LVI, a. 2, ad 3).

(2) Intellectum est in intelligente per suam similitudinem. Et per

« Dans les opérations qui passent en un effet extérieur, l'objet de l'opération, qu'on appelle son terme, est quelque chose en dehors de l'opérant: mais dans les opérations qui sont dans l'opérant, l'objet, qu'on appelle le terme de l'opération, est dans l'opérant lui-même ; et selon qu'il est en lui, l'opération est en acte. C'est pour cela qu'il est dit dans le 3ᵉ livre du *Traité de l'Ame* que *le sensible en acte est le sens en acte* et que *l'intelligible en acte est l'intellect en acte*. Car, ce qui fait qu'en acte nous sentons ou entendons quelque chose, c'est que notre entendement ou notre sens est informé en acte par l'espèce du sensible ou de l'intelligible. Et si le sens est autre chose que le sensible, ou si l'intellect est autre chose que l'intelligible, c'est uniquement selon que l'un et l'autre sont en puissance » (1).

« Le sens en acte est le sensible en acte, non pas parce que la faculté sensitive elle-même serait la similitude même du sensible qui est dans le sens, mais parce que de l'une et de l'autre se fait une seule chose comme d'acte et de puissance : de même l'entendement en acte est, comme on dit, l'objet entendu en acte, non pas parce que la substance de l'entende-

---

hunc modum dicitur quod intellectum in actu est intellectus in actu, inquantum similitudo rei intellectæ est forma intellectus, sicut similitudo rei sensibilis est forma sensus in actu (I, q. LXXXV, a. 2, ad 1).

(1) Licet in operationibus quæ transeunt in exteriorem effectum, objectum operationis, quod significatur ut terminus, sit aliquid extra operantem ; tamen in operationibus quæ sunt in operante, objectum, quod significatur ut terminus operationis, est in ipso operante ; et se-

ment serait la similitude même par laquelle il entend, mais parce que cette similitude est sa forme »(1).

Donc, c'est précisément en tant qu'elle est *informée* par l'espèce que, d'après saint Thomas, la puissance est identifiée à cette espèce représentative de l'objet. Conclusion directement opposée à l'interprétation qu'on a attribuée aux théologiens de Salamanque.

III. — Mais, si saint Thomas ne distingue pas dans l'espèce informant la puissance un *être entitatif* et un *être intentionnel*, il distingue nettement l'*être* que cette espèce a dans la puissance, comme sa *forme*, et la *relation* qu'elle a avec l'objet extérieur dont elle est la *représentation* :

« Ce qu'on connaît, dit-il, est connu selon qu'il est représenté dans le connaissant, et non selon qu'il est existant dans le connaissant : car la similitude existant dans la puissance de connaître est le principe de la connaissance de la chose, non pas

cundum quod est in eo, sic est operatio in actu. Unde dicitur in lib. III *de Anima* quod *sensibile in actu est sensus actu et intelligibile in actu est intellectus in actu*. Ex hoc enim aliquid in actu sentimus vel intelligimus, quod intellectus noster vel sensus informatur in actu per speciem sensibilis vel intelligibilis. Et secundum hoc tantum sensus vel intellectus aliud est a sensibili vel intelligibili, quia utrumque est in potentia (I, q. xiv, a. 2).

(1) Sensus in actu est sensibile in actu, ut dicitur in II *de Anima*, non ita quod ipsa vis sensitiva sit ipsa similitudo sensibilis quae est in sensu, sed quia ex utroque fit unum, sicut ex actu et potentia; ita et intellectus in actu dicitur esse intellectum in actu, non quod substantia intellectus sit ipsa similitudo perquam intelligit, sed quia illa similitudo est forma ejus (I, q. LV, a. 1, ad 2).

suivant l'être que cette similitude a dans cette puissance, mais suivant la relation qu'elle a avec la chose connue ; de là vient que la chose est connue, non à la manière dont la similitude de la chose a l'être dans le connaissant, mais à la manière dont la similitude existant dans l'intellect est représentative de la chose » (1).

« Entre le connaissant et le connu, dit-il encore, il n'est pas nécessaire qu'il y ait similitude suivant convenance en nature, mais seulement suivant représentation. Et en effet, il est certain que la forme de pierre dans l'âme est de tout autre nature que la forme de pierre dans la matière ; mais en tant qu'elle représente la pierre, par là elle est principe conduisant à la connaissance de la pierre » (2).

Il n'y a pas contradiction entre ces deux propositions ; d'une part : « la forme représentative dans l'âme

---

(1) Hoc modo aliquid cognoscitur, secundum quod est in cognoscente repræsentatum, et non secundum quod est in cognoscente existens : similitudo enim in vi cognoscitiva existens non est principium cognitionis rei secundum esse quod habet in potentia cognoscitiva, sed secundum relationem quam habet ad rem cognitam ; et inde est quod non per modum quo similitudo rei habet esse in cognoscente, res cognoscitur, sed per modum quo similitudo in intellectu existens est repræsentativa rei (*de Verit.*, q. II, a. 6, ad 17).

(2) Inter cognoscens et cognitum non exigitur similitudo quæ est secundum convenientiam in natura, sed secundum repræsentationem tantum. Constat enim quod forma lapidis in anima est longe alterius naturæ quam forma lapidis in materia ; sed inquantum repræsentat eam, sic est principium ducens in cognitionem ejus (*de Verit.*, q. VIII, a. 11, ad 3). — Cf. *de Verit.*, q. III, a 1, ad 2 et ad 3. — *Sum. th.*, I, q. XIV, a. 6, ad 1.

est d'une tout autre nature que la forme de l'objet dans la matière extérieure »; d'autre part : « la puissance de connaître est identifiée avec l'objet connu ». En effet, nous venons de le voir, d'après saint Thomas, cette identification de la puissance et de l'objet n'est pas autre chose que l'unification de la puissance avec l'espèce informante, à la manière dont est unie tout puissance passive avec la forme par laquelle elle est en acte. Par cela même que la puissance de connaître ne fait ainsi plus qu'un avec la forme qui la met en acte, cette forme est de tout autre nature que la forme extérieure de l'objet ; car la forme, dans cette unification, prend la nature de la puissance qu'elle détermine ; elle est dans la puissance *selon le mode de ce qui reçoit*, et, comme elle est représentative de l'objet, son unification sous ce mode avec la puissance identifie, par le fait même, la puissance avec l'objet, au sens où, dans le mouvement de connaissance, il y a identité, entre la puissance de connaître et l'objet connu. Cette identité, en définitive, consiste en ceci, à savoir : que la puissance reçoit une transformation qui représente, par similitude, la chose extérieure ; ce que saint Thomas exprime ainsi : « La similitude représentative de la chose est forme de la puissance ».

IV. — Afin de confirmer cette interprétation, je crois devoir compléter une citation qu'on a faite.

Pour montrer que la similitude est la forme elle-même de l'objet, on a cité ce passage de saint Thomas : « La similitude intelligible par laquelle est entendue une chose suivant sa substance, doit être de même espèce que cette chose, ou plutôt son espèce même ». Voici la citation complète : « La similitude intelligible par laquelle est entendue une chose suivant sa substance, doit être de même espèce que cette chose, ou plutôt son espèce même, comme la forme de maison qui est dans l'esprit de l'architecte est de même espèce que la forme de maison qui est dans la matière, ou plutôt son espèce même ; car ce n'est pas par l'espèce d'homme qu'on conçoit de l'âne ou du cheval ce qu'il est. Mais la nature même de la substance séparée n'est pas identique en espèce à la nature divine ; bien plus, elle n'est pas du même genre. Donc, il n'est pas possible que la substance séparée conçoive par sa propre nature la substance divine » (1).

N'est-il pas légitime de voir dans cette *espèce* une image plutôt que la forme réelle de l'objet, puisque saint Thomas applique ce terme à la similitude existant dans l'esprit de l'artiste avant la production de

---

(1) Similitudo intelligibilis, per quam intelligitur aliquid secundum suam substantiam, oportet quod sit ejusdem speciei, vel magis species ejus, sicut forma domus quæ est in mente artificis est ejusdem speciei cum forma domus quæ est in materia, vel potius species ejus ; non enim per speciem hominis intelligitur de asino vel equo quid est. Sed ipsa natura substantiæ separatæ non est idem specie cum natura divina ; quinimo nec genere, ut in primo, cap. 25, ostensum est. Non est igitur possibile quod substantia separata intelligat divinam substantiam per propriam naturam (*C. Gent.*, lib. III, c. 40).

son œuvre. Dira-t-on qu'un architecte, avant de construire une maison, avait dans son esprit la forme réelle d'une maison non encore construite ?

Voici, dans le même chapitre quarante neuvième du troisième livre de la *Somme contre les Gentils*, un autre passage à l'appui de mon interprétation : « Toute espèce intelligible par laquelle est conçue la quiddité ou l'essence d'une chose, comprend cette chose en représentation ; aussi appelons-nous *termes*, *raisons*, *définitions* les expressions verbales de ce qu'est la chose. Or, il est impossible que quelque similitude créée représente totalement Dieu, puisque toute similitude créée est d'un certain genre déterminé, et qu'il n'en n'est pas ainsi de Dieu. Donc, il n'est pas possible que la substance divine soit connue par le moyen de quelque similitude créée » (1).

Il est vrai que, dans le chapitre quatorzième du quatrième livre de la *Somme contre les Gentils*, saint Thomas établit la comparaison suivante entre la génération du Fils de Dieu et la conception de notre verbe intellectuel :

« La génération du Fils de Dieu n'étant pas matérielle, mais intelligible, il est déraisonnable de dou-

(1) Omnis intelligibilis species per quam intelligitur quidditas vel essentia alicujus rei, comprehendit in repræsentando rem illam. Unde et orationes significantes quod quid est, terminos et rationes et definitiones vocamus. Impossibile est autem quod aliqua similitudo creata totaliter Deum repræsentet, quum quælibet similitudo creata sit alicujus generis determinati, non autem Deus, ut in primo, c. 25, ostensum est. Non igitur est possibile quod per aliquam similitudinem creatam divina substantia intelligatur (*Ibid.*).

ter si le Père a donné toute sa nature au fils ou seulement une partie. Car évidemment, si Dieu se conçoit par intelligence, il faut que toute la plénitude de lui-même soit contenue dans son Verbe. Et cependant la substance donnée au Fils ne cesse pas d'être dans le Père, puisque la chose que nous-mêmes nous entendons, ne cesse pas d'avoir en elle sa propre nature, pendant que le verbe de notre entendement tient de cette chose entendue de contenir intelligiblement la même nature, numériquement la même » (1).

Et plus loin, dans le même chapitre :

« Rien n'empêche, dit notre docteur, une seule et même essence d'appartenir à la paternité et à la filiation, ni le Père et le Fils d'être un seul Dieu, quoique le Père ne soit pas le Fils ; car la même essence appartient à la chose qui a l'être naturellement et au verbe intelligible de cette chose » (2).

Mais dans le chapitre onzième, saint Thomas enseigne lui-même dans quelle limite est vraie cette comparaison entre le Verbe de Dieu et le verbe humain.

---

(1) Et quia Filii Dei generatio non est materialis, sed intelligibilis, stulte jam dubitatur si Pater totam naturam dedit aut partem. Manifestum est enim quod, si Deus se intelligit, oportet quod tota plenitudo ipsius contineatur in Verbo. Nec tamen substantia Filio data desinit esse in Patre, quia nec etiam apud nos desinit esse propria natura in re quæ intelligitur, ex hoc quod verbum nostri intellectus ex ipsa re intellecta habet ut intelligibiliter eamdem naturam numero contineat (*C. Gent.*, lib. IV, c. 14).

(2) Et sic nihil prohibet unam essentiam esse idem et paternitati

« Il y a différence, dit-il, entre l'entendement et le sens ; car le sens saisit la chose quant à ses accidents extérieurs, qui sont la couleur, la saveur, la quantité et cetera ; mais l'entendement pénètre dans l'intérieur de la chose : et, comme toute connaissance s'accomplit suivant la similitude qui est entre le connaissant et le connu, il faut que dans le sens il y ait similitude de la chose sensible quant à ses accidents ; mais dans l'entendement il doit y avoir similitude de la chose entendue quant à son essence. Donc, le verbe conçu dans l'entendement est image ou exemplaire de la substance de la chose entendue. Ainsi, comme le Verbe de Dieu est image de Dieu, il faut qu'il soit image de Dieu quant à l'essence divine. C'est ce qui fait dire à l'Apôtre qu'il est *figure de la substance de Dieu* (Hébr., I, 3). — Or, les images des choses sont de deux sortes. Il y a certaine image qui ne communique pas en nature avec ce dont elle est image ; qu'elle soit image quant à des accidents extérieurs, comme une statue d'airain est image d'homme, et cependant n'est pas homme ; ou bien qu'elle soit image quant à la substance de la chose, car l'essence d'homme dans l'entendement n'est pas homme ; aussi le Philosophe dit-il : « Ce n'est pas la pierre qui est dans l'âme, mais son espèce ». Mais, lorsque

---

et filiationi, et Patrem et Filium unum Deum esse, licet Pater non sit Filius, eadem enim essentia est quæ est res habens esse naturaliter et verbum intelligibile sui ipsius (*Ibid.*).

l'image a la même nature que la chose dont elle est image, elle est comme un fils de roi, en qui l'image de son père apparaît et qui est de même nature que lui. Or, le Verbe de Dieu est image du Père qui le dit, quant à l'essence même du Père, et communique en même nature avec Celui qui le dit. Donc, le Verbe de Dieu est, non seulement image, mais Fils de Dieu » (1).

Ainsi, d'après saint Thomas, la similitude de l'objet dans le sens ou dans l'intelligence est une image qui ne communique pas en nature avec ce dont elle est image : dans le sens, elle représente les accidents extérieurs de la chose, comme une statue d'homme est image de l'extérieur humain et n'est pas homme ; dans l'intelligence, elle représente l'essence de la chose, mais l'essence d'homme ainsi représen-

---

(1) Est autem differentia inter intellectum et sensum ; nam sensus apprehendit rem quantum ad exteriora ejus accidentia, quæ sunt color, sapor, quantitas et alia hujusmodi ; sed intellectus ingreditur ad interiora rei : et, quia omnis cognitio perficitur secundum similitudinem quæ est inter cognoscens et cognitum, oportet quod in sensu sit similitudo rei sensibilis quantum ad ejus accidentia, in intellectu vero sit similitudo rei intellectæ quantum ad ejus essentiam. Verbum igitur in intellectu conceptum est imago vel exemplar substantiæ rei intellectæ. Quum ergo Verbum Dei sit imago Dei, ut ostensum est, necesse est quod sit imago Dei quantum ad ejus essentiam. Hinc est quod Apostolus dicit (*Heb.*, 1,3) quod est *figura substantiæ Dei*. — Imago autem alicujus rei est duplex. Est enim aliqua imago quæ non communicat in natura cum eo cujus est imago ; sive sit imago ejus quantum ad exteriora accidentia, sicut statua ærea est imago hominis, nec tamen est homo ; sive sit imago quantum ad substantiam rei, ratio enim hominis in intellectu non est homo ; nam et Philosophus, III *de Anima*, dicit : « Lapis non est in anima, sed species lapidis ». Imago autem alicujus rei quæ eamdem naturam habet

tée dans l'intelligence n'est pas homme. En Dieu, au contraire, le Verbe est une image qui a la même nature que le Père dont elle est l'image : à ce titre, il est, non seulement *figure de la substance de Dieu*, mais *Fils de Dieu*.

Comment donc saint Thomas peut-il dire, au chapitre quatorzième, que « le verbe de notre entendement tient de la chose entendue de contenir intelligiblement la même nature, numériquement la même » ?

La conciliation de ces textes me paraît se trouver dans le mot « intelligiblement ». Ce n'est pas réellement que notre verbe a la même nature que la chose ; réellement il est une image qui ne communique pas en nature avec ce qu'elle représente. Mais, d'une manière intellectuelle, il contient la même nature que la chose, puisque c'est la propre nature de la chose que l'entendement connaît dans son verbe. Comme l'a dit saint Thomas, au chapitre quarante neuvième du troisième livre de la *Somme contre les Gentils* : « La similitude intelligible par laquelle est entendue une chose suivant sa substance, doit être de même espèce qu'elle ou plutôt son espèce même,... car ce n'est pas par l'espèce d'homme qu'on peut concevoir de l'âne ou du cheval ce

---

cum re cujus est imago, est sicut filius regis, in quo imago patris apparet et est ejusdem naturæ cum ipso. Ostensum est autem quod Verbum Dei est imago dicentis quantum ad ipsam ejus essentiam, et quod in eadem natura cum dicente communicat. Relinquitur ergo quod Verbum Dei non solum sit imago, sed etiam Filius (*C. Gent.*, lib IV, c. 11).

qu'il est ». Si par la similitude d'homme on pouvait concevoir le cheval, la similitude aurait intellectuellement une nature, et la chose entendue aurait physiquement une autre nature, ce qui ferait deux natures différentes ; mais, comme c'est par la similitude de cheval qu'on conçoit le cheval, la similitude a intellectuellement la nature de cheval, comme le cheval entendu a physiquement cette même nature de cheval : en ce sens, similitude et chose représentée ont numériquement même nature.

CHAPITRE III

Conséquence de l'identification de la puissance avec l'objet.

I. La forme représentative détermine la faculté de connaissance, non pas à se considérer d'abord elle-même en acte, mais à considérer d'abord la chose, terme de la connaissance. — II. L'entendement humain connaît d'abord l'objet extrinsèque, puis se connaît lui-même par la même forme qui lui fait connaître cet objet. — III. Le sens connaît d'abord le sensible extérieur ; l'acte du sens externe est connu par le sens central.

Voici comment, de l'identification de l'objet avec la puissance, on a conclu le procédé définitif de la connaissance.

« La forme de l'objet, dans une existence plus noble, s'identifie avec la puissance encore passive. Celle-ci devient alors active et consciente, et, en se considérant elle-même ainsi transformée, elle voit, par relation, toute la perfection essentielle de son objet ».

Il semble, dans cette explication, que la puissance

informée se considère d'abord elle-même en acte. Saint Thomas me paraît, au contraire, enseigner que l'espèce représentative, par cela même qu'elle informe la puissance, la détermine, non à se considérer d'abord elle-même en acte, mais à considérer d'abord la chose, terme de la connaissance, en tant qu'objectivement présente, et dans la mesure où l'espèce représentative la rend ainsi objectivement présente.

Dans l'explication que je combats, la puissance devrait connaître par un seul et même acte elle-même transformée par l'espèce, et l'acte de connaissance qui en dérive et qui est la dernière perfection de la puissance : de même que l'intelligence angélique connaît par un seul et même acte et son premier objet, qui est l'essence de l'ange, et l'acte intellectuel par lequel cette essence lui est connue.

« Il y a, dit saint Thomas, un intellect, à savoir celui de l'ange, qui n'est pas son acte d'intelligence, mais dont l'acte d'intelligence a pour premier objet l'essence de cet intellect. Aussi, bien que, dans l'ange, entendre qu'il entend soit logiquement autre chose qu'entendre son essence, cependant c'est par un seul et même acte qu'il entend et son acte et son essence ; parce qu'entendre son essence est la propre perfection de cette essence : or, c'est par un seul et même acte que sont entendues une chose et sa perfection. Mais il y a un autre intellect, à savoir celui de l'homme, qui n'est pas son acte d'intelligence, et dont l'acte d'intelligence a pour premier objet, non pas l'essence même de l'intellect, mais quelque chose d'extrinsèque, à savoir: la nature d'une chose matérielle. Et voilà pourquoi l'intellect humain connaît d'abord un tel objet extrinsèque ; secondairement il connaît l'acte même par lequel est connu l'objet ; et par cet acte il se connaît lui-même, intellect, dont la perfection est l'acte même d'entendre. Aussi le Philosophe dit-il, au livre 2º du *Traité de l'Ame*, que les objets sont connus avant les actes et les actes avant les puissances » (1).

II. — A l'appui de mon interprétation, remarquons que l'entendement humain se connaît lui-même par la même espèce qui lui fait connaître son objet extrinsèque. Et en effet, l'entendement de l'homme n'est pas en acte par essence, et ne peut donc se connaître qu'après avoir été mis en acte par quelque chose

---

(1) Est etiam alius intellectus, scilicet angelicus, qui non est suum intelligere, sicut supra dictum est, q. LIV, a. 1 et 2 ; sed tamen primum objectum sui intelligere est ejus essentia. Unde, etsi aliud sit in angelo secundum rationem quod intelligat se intelligere et quod intelligat suam essentiam, tamen simul et uno actu utrumque intelligit ; quia hoc quod est intelligere suam essentiam est propria perfectio suæ essentiæ : simul autem et uno actu intelligitur res cum sua perfectione. Est autem alius intellectus, scilicet humanus, qui nec est suum intelligere nec sui intelligere est objectum primum ipsa ejus essentia, sed aliquod extrinsecum, scilicet natura materialis rei. Et ideo id quod primo cognoscitur ab intellectu humano, est hujusmodi objectum ; et secundario cognoscitur ipse actus, quo cognoscitur objectum ; et per actum cognoscitur ipse intellectus, cujus est perfectio ipsum intelligere. Et ideo Philosophus dicit, lib II *de Anima*, quod objecta præcognoscuntur actibus et actus potentiis. (*Sum. th.*, I, q. LXXXVII, a. 3).

d'extrinsèque ; or, ce qui le met en acte, dans la vie présente, c'est l'objet, terme de sa connaissance, au moyen de la forme représentative de cet objet.

« L'intellect humain, dit saint Thomas, est, dans l'ordre des choses intelligibles, comme un être seulement en puissance, de même que la matière première dans l'ordre des choses sensibles ; c'est ce qui fait donner à l'intellect le nom de *possible*. Ainsi donc, considéré dans son essence, il est puissance intelligente ; aussi de lui-même il a la vertu pour entendre ; mais ce qu'il faut pour être entendu, il l'a seulement selon ce qu'il devient en acte... Au surplus, comme il est naturel à notre entendement, dans l'état de la vie présente, de porter son regard vers le matériel et le sensible, il s'ensuit que notre entendement s'entend lui-même selon qu'il devient en acte par les espèces abstraites des sensibles » (1).

« De même que le sens en acte est le sensible en acte par la similitude du sensible, qui est forme du sens en acte ; de même l'entendement en acte est l'entendu en acte par la similitude de la chose enten-

---

(1) Intellectus autem humanus se habet in genere rerum intelligibilium ut ens in potentia tantum, sicut et materia prima se habet in genere rerum sensibilium ; unde *possibilis* nominatur. Sic igitur in sua essentia consideratus se habet ut potentia intelligens ; unde ex seipso habet virtutem ut intelligat, non autem ut intelligatur, nisi secundum id quod fit actu . . . . . . Sed quia connaturale est intellectui nostro, secundum statum præsentis vitæ, quod ad materialia et sensibilia respiciat, sicut supra dictum est, q. præc. art. 4, ad 2, et q. LXXXIV, a. 7, consequens est ut sic seipsum intelligat intellectus noster secundum quod fit actu per species a sensibilibus abstractas (I, q. LXXXVII, a. 1).

due, qui est forme de l'entendement en acte. Et voilà pourquoi l'entendement humain, qui devient en acte par l'espèce de la chose entendue, est entendu lui-même par le moyen de cette même espèce, comme par le moyen de sa propre forme » (1).

Si donc l'identification de la puissance intellective avec l'espèce l'obligeait à se considérer d'abord elle-même ainsi transformée, pour voir son objet, elle se connaîtrait d'abord elle-même, avant de connaître l'objet, puisque dans la vie présente, cette même espèce, qui la met en acte, est précisément ce qui lui donne la connaissance d'elle-même.

Dans la pensée de saint Thomas, à ce qu'il me semble, si l'identification de la puissance avec l'espèce qui l'informe, détermine l'entendement à connaître d'abord, non lui-même ainsi transformé, mais l'objet extrinsèque, c'est que, comme nous l'avons vu, la similitude existant dans la puissance est principe de connaissance, non suivant l'être qu'elle a dans cette puissance, mais suivant la relation de similitude qu'elle a, par elle-même, avec la chose extrinsèque.

« Car, dit saint Thomas, la similitude existant dans la puissance de connaître est principe de con-

---

(1) Sicut enim sensus in actu est sensibile in actu propter similitudinem sensibilis, quæ est forma sensus in actu ; ita intellectus in actu est intellectum in actu propter similitudinem rei intellectæ, quæ est forma intellectus in actu. Et ideo intellectus humanus, qui fit in actu per speciem rei intellectæ, per eamdem speciem intelligitur, sicut per formam suam (*Ibid.*, ad 3). — Cf. I, q. xiv, a. 2, ad 3.

naissance de la chose, non pas selon l'être que cette similitude a dans cette puissance, mais selon la relation qu'elle a avec la chose connue » (1).

Mais, comme l'entendement est de nature à faire réflexion sur lui-même, après que la similitude représentative l'a tourné vers l'objet extrinsèque, il se porte vers l'acte d'entendre, que cette similitude a déterminé, et vers cette similitude même, forme de l'entendement en acte. Voici les propres expressions de saint Thomas :

« La similitude de la chose entendue, qui est l'espèce intelligible, est la forme suivant laquelle l'entendement entend. Mais, parce que l'entendement se réfléchit sur lui-même, suivant la même réflexion il entend et son acte d'entendre et l'espèce par laquelle il entend. Et ainsi, l'espèce entendue est secondairement ce qui est entendu ; mais ce qui est entendu d'abord, c'est la chose, dont l'espèce intelligible est la similitude » (2).

III. — En ce qui concerne la connaissance sensitive, il nous paraît encore plus évident que, d'après saint Thomas, l'espèce sensible ne détermine pas le sens externe à se considérer lui-même transformé par elle.

« Le sens propre, dit saint Thomas, sent sui-

---

(1) Similitudo enim in vi cognoscitiva existens non est principium cognitionis rei secundum esse quod habet in potentia cognoscitiva, sed secundum relationem quam habet ad rem cognitam (*de Verit.*, q. II, a. 5, ad 17).

(2) Similitudo rei intellectæ, quæ est species intelligibilis, est forma secundum quam intellectus intelligit. Sed quia intellectus supra

vant la transformation d'un organe matériel par le sensible extérieur. Or, il n'est pas possible que quelque chose de matériel se transforme soi-même, mais une chose matérielle est transformée par une autre : c'est pour cela que l'acte du sens propre est perçu par le sens central-commun » (1). — « Comme lorsque quelqu'un voit qu'il voit, dit-il ailleurs : car cela ne peut se faire par le sens propre, lequel ne connaît que la forme du sensible par lequel il est transformé ; dans cette transformation se fait la vision, et de cette transformation il en résulte une autre dans le sens central-commun, lequel perçoit la vision » (2).

Ici la similitude détermine, par sa relation avec l'objet, le sens particulier à percevoir la forme du sensible extérieur ; mais là s'arrête le mouvement de connaissance propre au sens externe : pour que l'acte de ce sens soit connu par l'être sentant, il

---

scipsum reflectitur, secundum eamdem reflexionem intelligit et suum intelligere et speciem qua intelligit. Et sic species intellecta secundario est id quod intelligitur : sed id quod intelligitur primo, est res cujus species intelligibilis est similitudo (I, q. LXXXV, a. 2).

(1) Sensus proprius sentit secundum immutationem materialis organi a sensibili exteriori. Non est autem possibile quod aliquid materiale immutet seipsum, sed unum immutatur ab alio ; et ideo actus sensus proprii percipitur per sensum communem (I, q. LXXXVII, a. 3, ad 3).

(2) Sicut quum aliquis videt se videre : hoc enim non potest fieri per sensum proprium, qui non cognoscit nisi formam sensibilis a quo immutatur ; in qua immutatione perficitur visio, et ex qua immutatione sequitur alia immutatio in sensu communi, qui visionem percipit (I, q. LXXVIII, a. 4, ad 2).

faut une autre détermination, dans un autre sens, conséquence d'une autre transformation, dans un autre organe. Nous pouvons, ce semble, en conclure que ce n'est pas en se considérant d'abord lui-même que le sens propre connaît la forme du sensible extérieur ; d'après saint Thomas, le sens propre est incapable de se tourner vers lui-même, il est seulement déterminé par l'espèce sensible à percevoir le sensible qui est son objet spécial.

CHAPITRE IV

Opposition de saint Thomas à la théorie des idées innées.

I. On peut, si l'on veut, dire que les intelligibles viennent de Dieu par participation, ou que la lumière qui les fait intelligibles vient de Dieu ; mais les intelligibles ne viennent de Dieu qu'indirectement, par l'intermédiaire de l'intellect agent, qui est en nous une participation créée de la lumière divine. — II. L'ange connaît les choses matérielles par des formes résultant en lui, et non par sa propre essence, et ce ne serait pas différent s'il recevait des choses ces formes représentatives, au lieu de les avoir innées en lui-même.

Pour prouver que saint Thomas n'a aucune répugnance pour les *idées innées* de saint Augustin, on a cité les deux textes suivants du Docteur angélique :

1° « Il importe peu de dire que les intelligibles eux-mêmes viennent de Dieu par participation, ou que la lumière qui les fait intelligibles vient de Dieu ». — 2° « Ce ne serait pas différent, si ces formes étaient reçues des choses, ou si elles étaient naturellement innées ».

Comme toujours, pour avoir le vrai sens de ces passages, il faut remonter au contexte.

I. — Dans le premier passage cité, pris dans l'article 10 de la question unique *sur les Créatures spirituelles*, après avoir exposé l'opinion de saint Augustin sur les idées innées, opinion empruntée à Platon dans la mesure où la foi catholique le permettait, saint Thomas rapporte la théorie différente posée par Aristote.

« Aristote, dit-il, procéda par une autre voie. Il montra d'abord, par nombre d'arguments, que dans les sensibles il y a quelque chose de stable. Secondement, que le jugement du sens est vrai sur les sensibles propres, mais sujet à erreur à l'égard des sensibles communs, et encore plus à l'égard des sensibles par accident. Troisièmement, qu'au dessus du sens est la vertu intellective, qui juge de la vérité, non par des intelligibles existant au dehors, mais par la lumière de l'intellect agent qui fait les intelligibles. *Du reste il importe peu de dire que les intelligibles eux-mêmes viennent de Dieu par participation, ou que la lumière qui les fait intelligibles vient ainsi de Dieu* » (1).

---

(1) Aristoteles autem, II *de Anima*, per aliam viam processit. Primo enim multipliciter ostendit in sensibilibus esse aliquid stabile. Secundo, quod judicium sensus verum est de sensibilibus propriis, sed decipitur circa sensibilia communia, magis autem circa sensibilia per accidens. Tertio, quod supra sensum est virtus intellectiva, quæ judicat de veritate, non per aliqua intelligibilia extra existentia, sed

Le sens de ce texte me paraît celui-ci : même dans la théorie aristotélicienne de l'intellect agent, théorie opposée à celle de saint Augustin sur les idées innées, on peut, si l'on veut, dire que les intelligibles eux-mêmes sont une participation de Dieu, puisqu'ils participent de lui indirectement par l'intermédiaire de l'intellect agent : de quelque manière qu'elles viennent de Dieu en nous, les formes intelligibles tirent toujours, en définitive, leur première origine de la Divinité.

C'est ainsi que saint Thomas dit ailleurs :

« Cette lumière de raison, par le moyen de laquelle les principes nous sont connus, nous est donnée par Dieu comme une certaine similitude de la vérité incréée reproduite en nous. Et, comme aucun enseignement humain n'a d'efficacité que par la vertu de cette lumière, il faut conclure que Dieu seul est celui qui enseigne intérieurement et principalement » (1). Et encore : « Ainsi donc, c'est par deux moyens que l'homme reçoit la connaissance de ce qu'il ne savait pas ; à savoir : et par la lumière intellectuelle, et

---

per lumen intellectus agentis, quod facit intelligibilia. *Non multum autem refert dicere quod ipsa intelligibilia participantur a Deo, vel quod lumen faciens intelligibilia participetur* (de Spirit. creat., q. un., a. 10, ad 8.)

(1) Hujusmodi autem rationis lumen, quo principia hujusmodi sunt nobis nota, est nobis a Deo inditum quasi quædam similitudo increatæ veritatis in nobis resultantis. Unde, quum omnis doctrina humana efficaciam habere non possit nisi ex virtute illius luminis, constat quod solus Deus est qui interius et principaliter docet (*de Verit.*, q. xi, a, 1).

par les premières conceptions connues par elles-mêmes, lesquelles sont à l'égard de cette lumière, c'est-à-dire de la lumière de l'intellect agent, comme des instruments à l'égard d'un artisan. Or, quant à l'un et l'autre de ces moyens, Dieu est éminemment la cause de la science humaine ; car c'est lui qui a doté l'âme elle-même de la lumière intellectuelle, et c'est lui qui a imprimé dans l'âme la connaissance des premiers principes, lesquels sont comme des semences des sciences ; de même qu'il a imprimé dans les autres choses naturelles les raisons séminales de tous les effets à produire » (1).

Et il explique nettement sa pensée dans le passage suivant :

« Il faut dire aussi, pour l'acquisition de la science, qu'il existe d'abord en nous certaines semences des sciences; à savoir: les premières conceptions de l'entendement, *lesquelles de suite, par la lumière de l'intellect agent, sont connues au moyen des espèces abstraites des sensibles*, tant les conceptions complexes, comme les propositions, que les incomplexes, comme la raison de l'être et de l'un et autres

---

(1) Sic igitur homo ignotorum cognitionem per duo accipit ; scilicet per lumen intellectuale et per primas conceptiones per se notas, quæ comparantur ad istud lumen, quod est intellectus agentis, sicut instrumenta ad artificem. Quantum igitur ad utrumque, Deus hominis scientiæ causa est excellentissimo modo ; quia et ipsam animam intellectuali lumine insignivit, et notitiam primorum principiorum ei impressit, quæ sunt quasi seminaria scientiarum ; sicut et aliis naturalibus rebus impressit seminales rationes omnium effectuum producendorum (*de Verit.*, q. xi, a. 3).

semblables, que l'entendement saisit de suite » (1).

On voit que, pour saint Thomas, même les premiers principes sont le résultat de l'action de l'intellect agent sur l'image sensible ; ils viennent donc de Dieu par l'intermédiaire de l'intellect agent, lequel est directement illuminé par Dieu. Saint Thomas n'en dit pas moins qu'ils sont imprimés par Dieu dans notre âme.

II. — L'autre texte dont on s'est prévalu pour établir que saint Thomas n'avait pas de répugnance pour les *idées innées*, est tiré de l'article huitième de la huitième question *sur la Vérité*. Dans cet article il s'agit de savoir : « Si l'ange connaît les choses matérielles par quelques formes ou par l'essence de lui-même, sujet connaissant » (2). Saint Thomas se pose cette huitième objection :

« Si un miroir matériel avait la connaissance, il connaîtrait les choses matérielles par son essence, à moins que des espèces venant des choses ne résultassent en lui. Mais dans l'intellect de l'ange il ne résulte point d'espèces venant des choses . . . . . Si

---

(1) Similiter etiam dicendum est, de scientiæ acquisitione, quod præexistunt in nobis quædam scientiarum semina, scilicet primæ conceptiones intellectus, *quæ statim lumine intellectus agentis cognoscuntur per species a sensibilibus abstractas*, sive sint complexa ut dignitates, sive incomplexa sicut ratio entis et unius et hujusmodi, quæ statim intellectus apprehendit (*de Verit.*, q. xi, a. 1).

(2) Utrum Angelus res materiales cognoscat per formas aliquas an per essentiam sui cognoscentis (*de Verit.*, q. viii, a. 8).

donc l'ange connaît les choses matérielles, il faut qu'il les connaisse par son essence, car l'ange, dit saint Denis, est comme un miroir » (1).

Voici la réponse :

« Un miroir matériel, s'il se connaissait lui-même, ne pourrait nullement, en connaissant son essence, connaître les autres choses, si ce n'est en tant qu'il connaîtrait des formes résultant en lui ; et *ce ne serait pas différent, si ces formes étaient reçues des choses ou si elles étaient naturellement innées* » (2).

C'est-à-dire : Que dans le miroir les formes aient été reçues des choses extérieures, ou bien qu'elles lui viennent de sa nature même, la conséquence est toujours identique : dans aucun cas le miroir ne pourra connaître les autres choses par sa propre essence ; il ne les pourra connaître que par des formes résultant en lui d'une cause extrinsèque, et s'ajoutant à ce qu'il est par lui-même.

Il est vraiment impossible de voir là une sympathie quelconque, ni même un défaut de répugnance, pour la théorie de saint Augustin sur les

---

(1) Si speculum materiale cognoscitivum esset, cognosceret res materiales per essentiam suam, nisi a rebus species in ipsum resultarent. Sed in intellectus angelorum non resultant species a rebus materialibus, ut patet per Dionysium, vii cap. *de Divin. Nomin.* Si ergo materialia cognoscant, oportet quod per essentiam suam ea cognoscant, quum sint quoddam speculum, ut patet per Dionysium, iv cap. *de Divin. Nomin.* (Ibid., 8).

(2) Speculum materiale, si seipsum cognosceret, nullo modo, essentiam suam cognoscendo, cognosceret res alias, nisi quatenus cognosceret formas resultantes in ipso ; *nec differret utrum formæ illæ essent acceptæ a rebus vel naturaliter inditæ* Ibid., ad 8).

idées innées en ce qui concerne l'entendement humain. De la dernière citation on peut conclure seulement que, d'après saint Thomas, les anges connaissent les choses matérielles par des formes résultant en eux et non par leur propre essence, et qu'admettre ces formes naturellement innées ou reçues par eux des choses matérielles est indifférent à cette conclusion, à savoir : qu'ils ne connaissent pas par leur propre essence, mais par des formes résultant en eux, les choses matérielles. Sans doute, saint Thomas attribue aux anges des idées innées, mais le passage cité oppose seulement la connaissance par la propre essence du sujet à la connaissance par formes résultant dans le sujet, quelle que soit l'origine extrinsèque de ces formes.

Par un raisonnement analogue, on dirait : « Que l'entendement humain ait des idées innées ou non, il ne s'ensuit pas qu'il connaisse les choses par sa propre essence ».

CHAPITRE V

Résumé et Conclusion.

Description abrégée des moyens par lesquels se forme la connaissance humaine.

De cette étude critique se dégagent des conclusions importantes dont la philosophie contemporaine peut faire son profit.

Voici, en effet, ce qu'enseigne saint Thomas.

Ni les sens ni l'entendement de l'homme n'ont en eux-mêmes d'une manière innée, ni ne forment par eux seuls en eux-mêmes, les représentations des objets qu'ils connaissent. Pour cette connaissance, il faut que l'objet sensible extérieur exerce une action proprement dite, *transitive*, sur un sens externe dans son organe, et par là sur les sens internes, notamment sur l'imagination. Cette action produit dans chaque sens, externe ou interne, une image de l'objet. L'image produite dans l'imagination reçoit l'action de la lumière intellectuelle, qui la transforme ; de cette action résulte dans l'entendement *réceptif* une image de la chose quant à son essence.

Les images produites dans les sens et dans l'entendement ne sont pas, à proprement parler, la chose elle-même ; mais elles lui sont semblables : elles la représentent par similitude, dans les sens quant à ses caractères extérieurs, dans l'entendement quant à son essence.

Le sens externe ne connaît pas lui-même son opération ; c'est un sens central interne qui la connaît. — L'entendement connaît lui-même son opération, mais non par sa première connaissance ; c'est par un second mouvement, par réflexion sur lui-même, qu'il connaît à la fois son opération et l'image intellectuelle qui la détermine.

V

LE LIBRE ARBITRE

LE LIBRE ARBITRE

INTRODUCTION

Position de la question. — Définition du libre arbitre.

La volonté humaine est-elle maîtresse de ses actes ? Quand elle paraît se décider elle-même à telle ou telle résolution, obéit-elle à une nécessité qui, pour être cachée, n'en serait pas moins irrésistible ? Ou bien choisit-elle elle-même ce qu'elle veut, et choisit-elle aussi de vouloir ou de ne vouloir pas ?

Question grave : car la liberté entraîne la responsabilité, sans laquelle il n'est pas de morale ; et la détermination nécessaire ferait de l'homme un animal indigne de louange ou de blâme, de récompense ou de châtiment.

Voilà pourquoi certaines âmes lâches, qui voudraient s'affranchir du remords et de la crainte d'avoir un jour un compte à rendre à la Justice souveraine, s'appliquent avec tant de soin à se persuader que l'homme n'a pas le libre arbitre, c'est-à-dire le pouvoir de choisir ce qu'il veut et de se déterminer à vouloir ou à ne pas vouloir.

Mais il faut reconnaître que la volonté humaine a vraiment ce libre pouvoir, quand elle se porte vers tel ou tel bien particulier, parce que l'intelligence qui l'éclaire lui montre ce bien comme une réalisation imparfaite du bien absolu, et que seul le bien absolu peut nécessiter l'adhésion de la volonté.

J'estime que cette raison donne la preuve fondamentale du libre arbitre, qu'elle est supposée implicitement par toute preuve solide de notre liberté, et que toute objection est impuissante à en détruire la valeur.

Aussi bien, c'est sur elle que s'appuie saint Thomas, comme le montreront quelques extraits de la *Somme théologique*.

CHAPITRE PREMIER

Démonstration du libre arbitre.

I. Le fond de la volonté humaine n'est pas le libre arbitre, mais, au contraire, une inclination naturelle et nécessaire vers le bien sous forme universelle : l'entendement montre ce bien à la volonté. — II. Preuve fondamentale du libre arbitre : la volonté, déterminée nécessairement par sa nature à l'amour du bien universel et absolu, se détermine librement elle-même à choisir tel ou tel bien particulier. — III. Parallèle entre la volonté et l'intelligence : la volonté est inclinée au bien absolu, comme l'intelligence adhère naturellement et nécessairement aux premiers principes ; la volonté est libre de choisir ou de rejeter les biens particuliers, de même que l'intelligence ne donne pas de toute nécessité son assentiment aux propositions contingentes. — IV. La preuve métaphysique, fondée sur la nature intellectuelle de la volonté, est la base des autres preuves du libre arbitre : sur elle s'appuient les arguments tirés de la conscience de notre liberté et du consentement de tous les hommes.

I. — Tout n'est pas libre dans la volonté : dans son fond même est une inclination naturelle et nécessaire, je ne dis pas vers tel ou tel bien, mais vers le bien.

Chez l'homme, à deux ordres de connaissance correspondent deux ordres d'appétit et d'inclination. Animal, il tend par un appétit inférieur vers le bien sensible et particulier, que lui désigne une appréciation instinctive ; être raisonnable, il tend par un appétit intellectuel, qui n'est autre chose que la volonté, vers le bien sous forme universelle, dont la vérité est saisie par l'entendement.

« Comme une représentation imaginative, sans appréciation d'un objet en tant que convenable ou nuisible, ne meut point l'appétit sensitif, ainsi l'appréhension du vrai, non saisi sous forme de bien ou de désirable, ne meut pas la volonté : voilà pourquoi ce n'est pas l'entendement spéculatif, qui meut la volonté, mais l'entendement pratique, comme il est dit au 3ème livre du traité *de l'Ame*. — L'appétit intellectuel, lors même qu'il se porte vers les choses qui sont singulières en dehors de l'âme, se porte cependant vers elles sous quelque forme universelle ; c'est ainsi qu'il tend vers une chose parce qu'elle est un bien. — Le bien en général, qui a nature de fin, est l'objet de la volonté » (1).

Mais, de même que l'inclination de la vie animale, avant la perception du bien sensible, est

---

(1) Sicut imaginatio formæ sine æstimatione convenientis vel nocivi non movet appetitum sensitivum, ita nec apprehensio veri sine ratione boni et appetibilis : unde intellectus speculativus non movet, sed intellectus practicus, ut dicitur in III do *Anima* (I-II, q. IX, a. 1, ad 2). — Appetitus intellectivus, etsi feratur in res quæ sunt extra animam singulares, fertur tamen in eas secundum aliquam rationem universalem, sicut quum appetit aliquid quia est bonum (I, q. LXXX, a. 2, ad 2). — Bonum autem in communi, quod habet rationem finis, est objectum voluntatis (I-II, q. IX, a. 1).

naturellement adaptée et conformée à ce bien ; de même il y a dans la volonté un amour primitif qui, avant la connaissance du bien universel, la prédispose à tendre vers ce bien dès que l'entendement le lui présentera : cet amour est naturel ; il fait partie de la constitution native de l'âme ; la volonté ne peut s'y soustraire, elle n'est pas libre de l'avoir ou de ne l'avoir pas ; elle est, non pas contrainte, mais nécessairement inclinée par sa propre nature vers le bien que l'intelligence lui montre sous forme universelle.

« Une nécessité naturelle ne répugne pas à la volonté. Bien plus, il est nécessaire que, comme l'entendement adhère de toute nécessité aux premiers principes, ainsi la volonté adhère de toute nécessité à la fin dernière, qui est la béatitude. En effet, la fin est pour l'opération ce qu'est le principe pour la spéculation, comme il est dit au 2ème livre de la *Physique*. Car ce qui convient naturellement et d'une manière immuable à une chose, doit être pour elle le fondement et le principe de tout ; parce que la nature de la chose est toujours ce qu'il y a de premier, et tout mouvement procède d'un immobile. — Or, manifestement, tout ce qui tend vers quelque fin a d'abord une aptitude, une proportion, à l'égard de cette fin ; nul sujet ne saurait tendre vers une fin qui ne lui serait pas proportionnée... Et l'aptitude même ou la proportion de l'appétit à l'égard du bien, c'est l'amour, qui n'est autre chose que la disposition à se plaire au bien. — Il y a un amour naturel, non seulement dans les forces de la vie végétative, mais dans toutes les puissances de l'âme, et même dans toutes les parties du corps, et universellement en toutes choses ; en effet, comme le dit saint Denis au chapitre 4ème du traité *des Noms divins*, « pour toutes choses il est un beau et un bien aimables » : car chaque chose a une disposition naturelle pour ce qui lui convient suivant sa nature. — Ainsi donc, parce que l'homme a le caractère naturel d'un être intellectuel, l'homme a naturellement une inclination vers la fin dernière, c'est-à-dire vers la béatitude : c'est un appétit naturel, qui n'est point sous l'empire du libre arbitre » (1).

(1) Nec necessitas naturalis repugnat voluntati ; quinimo necesse est quod, sicut intellectus de necessitate inhæret primis principiis, ita voluntas ex necessitate inhæreat ultimo fini, qui est beatitudo. Finis enim se habet in operativis sicut principium in speculativis, ut dicitur in II *Physic*. Oportet enim quod illud quod naturaliter alicui convenit et immobiliter, sit fundamentum et principium omnium aliorum ; quia natura rei est primum in unoquoque et omnis motus procedit ab aliquo immobili (I, q. LXXXII, a. 1). — Manifestum est autem quod omne quod tendit ad finem aliquem, primo quidem habet aptitudinem seu proportionem ad finem; nihil enim tendit in finem non proportionatum... Ipsa autem aptitudo sive proportio appetitus ad bonum est amor, qui nihil aliud est quam complacentia boni (I-II, q. XXV, a. 2). — Amor naturalis non solum est in viribus animæ vegetativæ, sed in omnibus potentiis animæ, et etiam in omnibus partibus corporis, et universaliter in omnibus rebus; quia, ut Dionysius dicit, cap. 4 *de Div. Nomin.*: *Omnibus est pulchrum et bonum amabile*, quum unaquæque res habeat connaturalitatem ad id quod est sibi conveniens secundum suam naturam (I-II, q. XXVI, a. 1, ad 3). —Ex eo igitur quod homo

Il suffit de rentrer en nous-mêmes pour constater, par la conscience, cette inclination nécessaire de notre volonté à adhérer à l'objet que lui indique l'entendement quand il lui dit : « Voilà le bien ! »

II. — Où est donc la liberté ? — L'analyse des mouvements de la volonté va nous le découvrir.

N'oublions pas qu'il s'agit de la volonté proprement dite, du vouloir intellectuel.

Or, quand je veux, de cette volonté, un bien particulier, je veux le bien dans ce bien ; c'est mon amour naturel du bien *en soi* qui s'applique à tel bien, réalisation relative et limitée du bien absolu que conçoit mon intelligence.

Mais pour nécessiter ma volonté, il faudrait l'objet même de son amour naturel, le bien *en soi*, le bien absolu, qui ne peut être réalisé que par le bien parfait. Dieu seul est ce souverain bien ; lui seul peut assouvir l'appétit naturel de l'âme intelligente.

Voyons-nous ici-bas Dieu, ce souverain bien ? Évidemment non. Aussi notre âme ne se porte-t-elle pas nécessairement vers lui comme elle le fera un jour, quand Dieu se révèlera à elle face à face.

« La volonté ne peut tendre à rien que sous la forme du bien. Mais, parce que le bien est

---

est aliqualis qualitate naturali quæ attenditur secundum intellectivam partem, naturaliter homo appetit ultimum finem, scilicet beatitudinem. Qui quidem appetitus naturalis est et non subjacet libero arbitrio (I, q. LXXXIII, a. 1, ad 5).

multiple, à cause de cela la volonté n'est pas déterminée par nécessité à une seule chose. — Un moteur cause de toute nécessité le mouvement dans un mobile, quand le pouvoir du moteur excède le mobile de telle sorte que la capacité de ce dernier soit dominée tout entière par le moteur. Mais, comme la capacité de la volonté est pour le bien universel et parfait, cette capacité n'est pas tout entière dominée par un bien particulier quelconque ; et voilà pourquoi la volonté n'est pas nécessairement mise en mouvement par un tel bien. — Il est impossible que la béatitude de l'homme soit en quelque bien créé. La béatitude, en effet, est un bien parfait, dans lequel se repose totalement l'appétit ; elle ne serait pas fin dernière, s'il restait encore quelque chose à désirer. Or, l'objet de la volonté, c'est-à-dire de l'appétit humain, est le bien universel, comme l'objet de l'entendement est le vrai universel. Donc, rien ne peut reposer la volonté de l'homme que le bien universel, lequel ne se trouve en rien de créé, mais seulement en Dieu : car la bonté de toute créature n'est qu'une part de bonté empruntée. Ainsi, Dieu seul peut assouvir la volonté de l'homme, suivant cette parole du *Psaume* CII, v. 5 : *C'est lui qui remplit en béatitude ton désir*. Donc, en Dieu seul est la béatitude de l'homme » (1).

(1) Voluntas in nihil potest tendere nisi sub ratione boni. Sed quia

Il reste à l'âme, dans la vie présente, l'inclination naturelle et nécessaire vers le bien universel non personnifié en un Être infini qui soit vu en lui-même. Ce bien universel, elle le veut comme son bien : elle veut avoir le bien absolu avec toute la plénitude de possession, toute la félicité de jouissance, que comporte sa nature intellectuelle.

« Nécessairement, tout ce que désire l'homme, c'est pour la fin dernière qu'il le désire ; et en voici une double preuve. D'abord, tout ce que désire l'homme, il le désire sous forme de bien ; et, si l'objet n'est pas désiré comme le bien parfait, qui est la fin dernière, il faut nécessairement qu'il soit désiré comme tendant au bien parfait : car toujours le commencement est ordonné vers l'achèvement de ce qui commence, comme on le voit

---

bonum est multiplex, propter hoc non ex necessitate determinatur ad unum... Movens tunc ex necessitate causat motum in mobili, quando potestas moventis excedit mobile, ita quod tota ejus possibilitas moventi subdatur. Quum autem possibilitas voluntatis sit respectu boni universalis et perfecti, non subjicitur ejus possibilitas tota alicui particulari bono ; et ideo non ex necessitate movetur ab illo (I, q. LXXXII, a. 2, ad 1 et ad 2). — Impossibile est beatitudinem hominis esse in aliquo bono creato. Beatitudo enim est bonum perfectum, quod totaliter quietat appetitum ; alioquin non esset ultimus finis, si adhuc restaret aliquid appetendum. Objectum autem voluntatis, quæ est appetitus humanus, est universale bonum, sicut objectum intellectus est universale verum. Ex quo patet quod nihil potest quietare voluntatem hominis nisi bonum universale ; quod non invenitur in aliquo creato, sed solum in Deo, quia omnis creatura habet bonitatem participatam. Unde solus Deus voluntatem hominis implere potest, secundum quod dicitur in *Psalm.* CII, 5 : *Qui replet in bonis desiderium tuum.* In solo igitur Deo beatitudo hominis consistit (I-II q. II, a. 8).

aussi bien dans les œuvres de la nature que dans les ouvrages de l'art; et ainsi, tout commencement de perfection est ordonné vers la perfection consommée, qui s'obtient par la fin dernière. Secondement, la dernière fin se comporte, dans le mouvement donné à l'appétit, comme le premier moteur dans les autres motions. Or, manifestement, les causes secondes motrices ne meuvent qu'autant qu'elles sont mues par le premier moteur; donc, les seconds désirables ne meuvent l'appétit qu'en rapport avec le premier désirable, qui est la dernière fin » (1).

Mais aucun bien particulier ne satisfait entièrement notre appétit volontaire, puisque tout bien de ce genre n'est qu'une réalisation partielle, limitée, incomplète, du bien absolu. Aussi, en présence d'un bien particulier quelconque, ne sommes-nous pas nécessairement inclinés vers ce bien : nous restons toujours libres de le vouloir ou de ne pas le vou

---

(1) Necesse est quod omnia quæ homo appetit, appetat propter ultimum finem; et hoc apparet duplici ratione. Primo quidem, quia quidquid homo appetit, appetit sub ratione boni; quod quidem, si non appetitur ut bonum perfectum, quod est ultimus finis, necesse est ut appetatur ut tendens in bonum perfectum; quia semper inchoatio alicujus ordinatur ad consummationem ipsius, sicut patet tam in his quæ fiunt a natura, quam in his quæ fiunt ab arte; et ita omnis inchoatio perfectionis ordinatur in perfectionem consummatam, quæ est per ultimum finem. Secundo, quia ultimus finis hoc modo se habet in movendo appetitum, sicut se habet in aliis motionibus primum movens. Manifestum est autem quod causæ secundæ moventes non movent nisi secundum quod moventur a primo movente; unde secunda appetibilia non movent appetitum nisi in ordine ad primum appetibile, quod est ultimus finis (I-II, q. 1, a. 6).

loir, de vouloir celui-là ou d'en vouloir un autre, particulier aussi.

« Dans le mouvement que chaque puissance reçoit de son objet, il faut considérer la raison par laquelle l'objet meut la puissance... Si l'objet proposé à la volonté est bon universellement et selon toute considération, de toute nécessité la volonté tend vers lui, si elle veut quelque chose ; car elle ne saurait vouloir le contraire. Mais, si l'objet proposé n'est pas à tous les points de vue un bien, la volonté ne se porte pas de toute nécessité vers lui ; et, comme un défaut dans un bien quelconque est un non-bien, seul le bien qui est parfait et sans défaut, est un bien tel que la volonté ne peut pas ne pas le vouloir ; et c'est la béatitude. Tous les autres biens, biens particuliers de leur nature, en tant qu'il leur manque quelque chose par rapport à un genre de bien, peuvent être pris pour des non-biens ; et, à cause de ce double point de vue, ils peuvent être rejetés ou acceptés par la volonté, qui peut se porter vers le même objet selon diverses considérations » (1).

Donc, l'inclination naturelle de l'âme vers sa félicité parfaite, toute nécessaire qu'elle est, est néanmoins le fondement même et le principe du libre arbitre. C'est ainsi que la volonté, déterminée nécessairement par sa nature à l'amour du bien uni-

---

(1) In motu enim cujuslibet potentiæ a suo objecto consideranda est ratio per quam objectum movet potentiam... Unde, si proponatur aliquod objectum voluntati quod sit universaliter bonum et secun-

versel et absolu, se détermine librement elle-même à choisir par amour tel ou tel bien particulier.

Voilà la preuve fondamentale de notre liberté.

III. — En appliquant, dans son libre choix, son amour nécessaire du bien, la volonté fait comme l'entendement qui, déterminé par une nécessité naturelle à la conception des notions premières et des premiers principes, reste libre de donner ou de refuser son assentiment à certaines propositions particulières, où il voit une connexion seulement imparfaite avec les principes premiers.

Le développement de ce parallèle entre la volonté et l'intelligence fera bien saisir la démonstration du libre arbitre.

Il est des vérités particulières nécessairement liées avec les premiers principes : l'entendement les affirme naturellement, nécessairement, pourvu qu'il voie clairement cette liaison. Le géomètre qui, par une suite de définitions et de théorèmes, a vu l'en-

---

dum omnem considerationem, ex necessitate voluntas in illud tendit, si aliquid velit; non enim poterit velle oppositum. Si autem proponatur ei aliquod objectum quod non secundum quamlibet considerationem sit bonum, non ex necessitate voluntas fertur in illud; et quia defectus cujuscumque boni habet rationem non boni, ideo illud solum bonum quod est perfectum et cui nihil deficit, est tale bonum quod voluntas non potest non velle, quod est beatitudo. Alia autem quælibet particularia bona, inquantum deficiunt ab aliquo bono, possunt accipi ut non bona; et secundum hanc considerationem possunt repudiari vel approbari a voluntate, quæ potest in idem ferri secundum diversas considerationes (I-II, q. x, a. 2). — Cf. I-II, q. xiii, a. 6.

chaînement irrésistible des axiomes fondamentaux de sa science avec cette proposition spéciale : « Les trois angles d'un triangle sont égaux à deux angles droits », ne peut s'empêcher d'affirmer cette vérité et son application à tel angle individuel qu'il considère.

Mais, d'autre part, certaines propositions sont incapables de s'imposer impérieusement à l'intelligence, parce qu'elle peut les nier sans faire brèche aux premiers principes. L'entendement peut en reconnaître la probabilité plus ou moins grande ; il ne les affirme point comme absolument certaines, et dès lors il n'y adhère pas nécessairement ; l'assentiment qu'il y donnera peut-être, il est libre de le refuser. Un savant, M. Pasteur par exemple, annonce des faits nouveaux comme démontrés par ses expériences personnelles : mais ces expériences mêmes étaient sujettes à erreur, elles peuvent être diversement interprétées ; d'autres savants restent libres de révoquer en doute les conclusions qu'on en tire ; pour un esprit sérieux, ces conclusions sont probables, presque certaines, si vous voulez ; mais, lors même qu'elles parviendront à entrer dans le domaine des lois acceptées par la science, si elles sont alors considérées comme incontestables, c'est que personne n'aura intérêt à les contester. S'il s'agissait, au contraire, de lois qui eussent des conséquences pour la pratique morale, on verrait la liberté reprendre ses droits, et l'entendement pourrait joindre son indépendance à celle de la volonté pour se dérober à l'empire prétendu de pareilles assertions.

« La volonté n'est pas nécessitée à vouloir tout ce qu'elle veut. En effet, il faut se le rappeler, comme l'entendement adhère naturellement et de toute nécessité aux premiers principes, ainsi fait la volonté pour la fin dernière. Or, il est certaines choses intelligibles qui n'ont pas une connexion nécessaire avec les premiers principes : telles sont les propositions contingentes, que l'on peut repousser sans repousser pour cela les premiers principes ; et à de telles propositions l'entendement ne donne pas de toute nécessité son assentiment. D'autres propositions sont nécessaires ; elles ont une connexion nécessaire avec les premiers principes : telles sont les conclusions démontrables que l'on ne peut pas repousser sans repousser les premiers principes ; et à ces propositions l'entendement donne de toute nécessité son assentiment, dès qu'il connaît, par la déduction de la démonstration, la connexion nécessaire des conclusions avec les principes. Mais il ne donne pas nécessairement son assentiment avant de connaître, par la démonstration, la nécessité de cette connexion. Semblable est le rôle de la volonté. Il est certains biens particuliers qui n'ont pas une connexion nécessaire avec la béatitude, parce que sans eux quelqu'un peut être heureux ; et à ces biens la volonté ne donne pas nécessairement son adhésion. Il est d'autres biens qui ont une connexion nécessaire avec la béatitude : par eux l'homme adhère à Dieu, en qui seul est la vraie béatitude. Et cependant, avant que la certitude de la vision divine ne rende évidente la nécessité de cette connexion, la volonté n'adhère pas de toute nécessité à Dieu, ni à ce qui est de Dieu. Mais la volonté de celui qui voit Dieu par l'essence divine, adhère nécessairement à Dieu, comme maintenant nous voulons nécessairement être heureux. Il est donc manifeste que la volonté ne veut pas par nécessité tout ce qu'elle veut » (1).

Aussi libre que l'intelligence, la volonté a le pouvoir de choisir tel ou tel acte particulier qui réalise ou a l'apparence de réaliser quelque chose de ce bien absolu vers lequel tend nécessaire-

(1) Voluntas non ex necessitate vult quæcumque vult. Ad cujus evidentiam considerandum est quod, sicut intellectus naturaliter et ex necessitate inhæret primis principiis, ita voluntas ultimo fini. Sunt autem quædam intelligibilia quæ non habent necessariam connexionem ad prima principia, sicut contingentes propositiones, ad quarum remotionem non sequitur remotio primorum principiorum; et talibus non ex necessitate assentit intellectus. Quædam autem propositiones sunt necessariæ, quæ habent connexionem necessariam cum primis principiis, sicut conclusiones demonstrabiles, ad quarum remotionem sequitur remotio primorum principiorum ; et his intellectus ex necessitate assentit, cognita connexione necessaria conclusionum ad principia per demonstrationis deductionem. Non autem ex necessitate assentit antequam hujusmodi necessitatem connexionis per demonstrationem cognoscat. Similiter etiam ex parte voluntatis. Sunt enim quædam particularia bona quæ non habent necessariam connexionem ad beatitudinem, quia sine his potest aliquis esse

ment sa nature. Elle ne serait nécessitée dans son adhésion que si tel bien désigné par l'intelligence apparaissait comme une dépendance nécessaire du bien parfait. Or, dans la vie présente, l'entendement ne voit pas l'Être parfait, parfaitement bon ; il ne conçoit le bien absolu que par abstraction, et ce concept est tellement au dessus de tous les biens relatifs dont la vue l'a fait naître, qu'aucun de ces biens partiels, limités, n'y paraît compris comme une dépendance nécessaire : tels qu'ils sont, ils ne tiennent pas au bien absolu ; ils n'en sont qu'une application incomplète. Ce bien-ci, comme celui-là, en est une application imparfaite ; aussi la volonté peut-elle choisir librement celui-ci ou celui-là, et même ne choisir ni l'un ni l'autre, son refus pour les deux pouvant lui paraître un bien préférable au choix d'un de ces biens.

« L'homme peut vouloir ou ne pas vouloir, agir ou ne pas agir ; il peut encore vouloir ceci ou cela ; en voici la preuve, tirée de la puissance même de la raison. Tout ce que la raison peut saisir comme un bien, peut être objet de tendance pour

---

beatus ; et hujusmodi bonis voluntas non de necessitate inhæret. Sunt autem quædam habentia necessariam connexionem ad beatitudinem, quibus scilicet homo Deo inhæret, in quo solo vera beatitudo consistit. Sed tamen, antequam per certitudinem divinæ visionis necessitas hujusmodi connexionis demonstretur, voluntas non ex necessitate Deo inhæret, nec his quæ Dei sunt. Sed voluntas videntis Deum per essentiam de necessitate inhæret Deo, sicut nunc ex necessitate volumus esse beati. Patet ergo quod voluntas non ex necessitate vult quæcumque vult (I, q. LXXXII, a. 2).

la volonté. Or, la raison peut saisir comme un bien, non seulement de vouloir et d'agir, mais encore de ne pas vouloir et de ne pas agir » (1).

Si je considère un bien particulier quelconque, même parmi les plus relevés, par exemple la contemplation de la vérité dans la vie présente, ce bien, si conforme qu'il soit à ma nature dans ce qu'elle a de plus humain, c'est-à-dire de plus raisonnable, peut néanmoins me paraître imparfait, fût-il en présence de biens très inférieurs, par exemple de la satisfaction des sens, vue, ouïe, odorat, goût, toucher. C'est que maintenant les hautes facultés de mon âme n'atteignent qu'imparfaitement leur objet naturel. Ainsi, je ne puis contempler la vérité tout entière en elle-même : si profondément que je la pénètre, je reste en deçà de la perfection intégrale de ma nature intelligente ; il me manque donc toujours quelque chose de mon bien parfait, et ce défaut est un non-bien qui laisse la place libre à l'amour volontaire d'un autre bien particulier, si imparfait qu'il soit. Saint Paul, ravi en extase jusqu'à voir Dieu face à face, n'en reste pas moins exposé à une tentation d'appétit inférieur, dès l'instant qu'il ne

---

(1). Potest enim homo velle et non velle, agere et non agere ; potest etiam velle hoc aut illud : cujus ratio ex ipsâ virtute rationis accipitur. Quidquid enim ratio potest apprehendere ut bonum, in hoc voluntas tendere potest. Potest autem ratio apprehendere ut bonum, non solum hoc quod est velle aut agere, sed hoc etiam quod est non velle et non agere (I-II, q. XIII, a. 6).

voit plus Dieu : dès lors, en effet, malgré la sublimité de ses souvenirs, il n'est plus affranchi de la condition de l'homme naturel, et, si la grâce suffit pour lui donner le pouvoir de vaincre, elle ne suffit point pour l'exempter *nécessairement* de tout attachement de la volonté à un bien sensible, parce qu'elle ne détruit pas en lui l'amour naturel du bien, qui peut incliner sa volonté vers tout ce qui a quelque apparence de bien, en l'absence de la vision directe du bien parfait.

On le voit, la preuve du libre arbitre est, avant tout, une preuve métaphysique, fondée sur la nature intellectuelle de la volonté.

IV.—A mon avis, c'est sur cette preuve métaphysique que doivent être appuyés les arguments tirés, soit de la conscience que nous avons de notre liberté, soit du consentement unanime de tous les peuples, qui ont des lois, des récompenses et des peines supposant le libre arbitre, et de tous les hommes, pris individuellement, qui se plaignent et se vengent de l'injustice comme d'un acte émané d'une cause libre.

La preuve métaphysique, établie d'après l'observation attentive du choix librement volontaire, complète et illumine l'argument fourni par la simple conscience de notre liberté. La libre élection est un acte complexe, composé d'intelligence et de volonté ; l'entendement délibère, pèse et compare les biens qui peuvent solliciter l'adhésion de la volonté, indique celui qui lui paraît préférable, mais celui qui est définitivement préféré est celui auquel la volonté a donné elle-même sa préférence ; c'est un bien connu comme tel par l'entendement qu'elle préfère toujours, mais c'est elle qui pose définitivement la préférence.

« L'élection comprend une part de raison ou d'intelligence et une part de volonté. Aussi le Philosophe dit-il, au 6ème livre de l'*Ethique*, chapitre 2ème, que *l'élection est intelligence appétitive ou appétit intellectuel*. Or, toutes les fois que deux éléments concourent à constituer un tout doué d'unité, l'un d'eux est comme un principe *formel* à l'égard de l'autre. Voilà pourquoi Grégoire de Nysse, dans son livre *de la Nature de l'homme*, chapitre 33ème vers la fin, dit que *l'élection n'est, en elle-même, ni appétit ni conseil seulement, mais un composé des deux*. Comme nous disons que l'animal est un composé d'âme et de corps, et n'est, en lui-même, ni âme ni corps seulement, mais âme et corps, ainsi faut-il dire de l'élection. — Mais, dans les actes de l'âme, l'acte qui vient essentiellement de telle puissance ou de telle disposition, reçoit sa forme et son caractère spécifique de la puissance ou disposition supérieure qui, par supériorité, ordonne ce qui est inférieur. Par exemple, un acte de courage accompli pour l'amour de Dieu est matériellement un acte de courage, mais formellement un acte de charité. Or, évidemment, la raison d'une certaine manière précède la volonté, dont elle ordonne l'acte : la volonté tend à son objet suivant l'ordonnance de la raison, en ce sens que la faculté qui saisit le vrai présente à l'appétit son objet. Ainsi donc, l'acte par lequel la volonté tend à quelque chose qui est proposé comme un bien, parce que cet acte est ordonné par la raison à la fin, est matériellement de la volonté, mais formellement de la raison. — Dans un composé de ce genre, c'est la substance de l'acte qui se comporte matériellement suivant l'ordre imposé par la puissance supérieure ; aussi l'élection, substantiellement, n'est pas un acte de raison, mais de volonté ; car l'élection s'accomplit dans un mouvement de l'âme vers le bien qui est choisi : elle est donc manifestement un acte de la puissance appétitive » (1).

Tant que la volonté n'a pas posé son consente-

(1) In nomine electionis importatur aliquid pertinens ad rationem sive ad intellectum, et aliquid pertinens ad voluntatem. Dicit enim Philosophus, in VI *Ethic.* cap. 2, quod *electio est appetitivus intellectus vel appetitus intellectivus.* Quandocumque autem duo concurrunt ad aliquid unum constituendum, unum eorum est ut formale respectu alterius. Unde Gregorius Nyssenus vel Nemes., lib. *de Nat. hom.* cap. 33 prope fin., dicit quod *electio neque est appetitus secundum seipsam, neque consilium solum, sed ex his aliquod compositum.* Sicut enim dicimus animal ex anima et corpore compositum esse, neque vero corpus esse secundum seipsum, neque animam solam, sed utrumque, ita et electionem. — Est autem considerandum in actibus animæ quod actus qui est essentialiter unius potentiæ vel habitus, recipit formam et speciem a superiori

ment, l'acte humain reste dans le domaine des jugements, il n'est encore qu'en formation ; dès que la volonté a dit : Oui, il est accompli. La délibération peut être très rapide, à peine aperçue, mais, pour qu'un acte soit directement volontaire et libre, il faut que l'intelligence éclaire le consentement de la volonté : tout acte de libre arbitre suppose une certaine connaissance actuelle du bien universel partiellement réalisé dans un bien particulier, et une certaine application à un bien particulier de l'amour naturel de l'âme humaine pour le bien absolu. Notre conscience saisit, implicitement du moins, ce concours de l'entendement et de la volonté, elle voit que le bien particulier attire l'amour sans le nécessiter, qu'il l'attire parce qu'il est un bien, mais qu'il ne le nécessite point, parce qu'il est particulier, c'est-à-dire imparfait.

Quant au consentement de tous les hommes et

potentia vel habitu, secundum quod ordinatur inferius a superiori. Si enim aliquis actum fortitudinis exerceat propter Dei amorem, actus quidem ille materialiter est fortitudinis, formaliter vero charitatis. Manifestum est autem quod ratio quodam modo voluntatem præcedit et ordinat actum ejus, inquantum scilicet voluntas in suum objectum tendit secundum ordinem rationis, eo quod vis apprehensiva appetitivæ suum objectum repræsentat. Sic igitur ille actus quo voluntas tendit in aliquid quod proponitur ut bonum, ex eo quod per rationem est ordinatum ad finem, materialiter quidem est voluntatis, formaliter autem rationis. — In hujusmodi autem, substantia actus materialiter se habet ad ordinem qui imponitur a superiori potentia ; et ideo electio substantialiter non est actus rationis, sed voluntatis ; perficitur enim electio in mo-

de tous les peuples, il est fondé sur la conscience de chacun de nous, et, par conséquent, appuyé comme elle sur la nature de l'acte librement volontaire, telle que nous la révèle l'analyse précédente.

Ainsi armés, nous pouvons attendre de pied ferme les attaques des déterministes. Nous savons que la volonté choisit toujours un bien que l'intelligence lui montre comme réalisation du bien absolu, mais réalisation imparfaite, qui a en soi la raison suffisante d'une préférence volontaire, mais ne peut nécessiter cette préférence (1).

tu quodam animæ ad bonum quod eligitur: unde manifestus actus est appetitivæ potentiæ (I-II, q. XIII, a. 1).

(1) Voir ci-après, p. 355 et suiv.

CHAPITRE II

Réfutation des objections.

I. Objection physique : Le déterminisme des forces de la nature ne laisse point de place au libre arbitre. Réponse : Rien ne démontre rigoureusement que le libre arbitre ne puisse pas intervenir dans la série des causes naturelles, pour en modifier la détermination. — II. Objection psychologique : La volonté est toujours déterminée par le motif le plus fort. Réponse : C'est la volonté elle-même qui donne, par son libre choix, une force décisive au motif qui prévaut. — III. Objection métaphysique : Le libre arbitre est inconciliable avec la perfection nécessaire de la création, œuvre d'un Dieu parfait, avec la prescience infaillible et l'action souveraine de Dieu. Réponse : La liberté est une perfection que Dieu possède et qu'il a pu donner à une créature ; Dieu connaît de toute éternité les *futurs contingents* parce qu'il voit, tout à la fois, et non successivement, le temps tout entier ; l'action libre d'une cause créée est soumise à la motion première de la causalité divine, qui fait la liberté même de l'action de la cause seconde, loin de la rendre impossible.

Le déterminisme prend trois formes principales pour attaquer le libre arbitre : le caractère de ses objections est tantôt physique, tantôt psychologique, tantôt métaphysique. Mais, de quelque forme qu'il se revête, il ne réussit pas à entamer la solidité de la thèse qui établit notre liberté.

I. — Les progrès des sciences physiques, objecte tel savant de nos jours, ne laissent plus de place au libre arbitre. Si l'homme était libre, il pourrait, à son gré, imprimer à son corps un mouvement qui ne serait pas exclusivement la résultante du jeu d'ensemble des forces physiques qui tiennent tous les corps sous leur empire, le corps humain aussi bien que tous les autres. Mais, pour produire un tel mouvement, l'homme devrait créer une force nouvelle par sa propre liberté. Or, on ne peut plus en douter aujourd'hui, rien ne se crée, comme rien ne se perd, dans la nature : l'*énergie* prend des formes multiples, elle se déploie en des forces variées, qui peuvent aussi se dissimuler à l'état latent, mais, au fond, elle se conserve intégrale et invariable dans le monde. Les mouvements de notre corps qui nous paraissent les plus libres, sont absolument déterminés par la combinaison de toutes les forces externes et internes auxquelles il ne peut pas ne pas obéir. Cette détermination se fait souvent sans violence, par le fonctionnement naturel d'un mécanisme parfaitement adapté à nos besoins : nous avons plaisir à être mus de cette manière, parce que nos tendances instinctives sont satisfaites ; mais rien en cela n'est œuvre d'une véritable liberté.

Eh bien ! non ; l'homme n'est pas uniquement une pareille machine. Sans doute, il y a en lui toute une organisation de vie physique et animale qui, en soi, est incapable de se déterminer librement à agir ou à ne pas agir, à agir de telle manière plutôt que de telle autre, comme la plante et l'animal sont impuissants à faire acte de libre arbitre. Mais cette vie végétative et sensitive, loin de rendre impossible la liberté de l'âme humaine, est soumise à l'empire de cette liberté.

Et d'abord, peu m'importe que mes organes, mes sens, mon imagination, mes passions soient par eux-mêmes incapables d'échapper à la tyrannie des forces physiques et de leurs propres tendances: pourvu que j'aie le pouvoir de refuser ou d'accorder mon consentement volontaire à ce qu'ils font en moi, je suis vraiment libre en tant qu'homme, c'est-à-dire comme être doué d'intelligence et de volonté.

Or, qui niera ce libre pouvoir de consentir ou de ne pas consentir? On connaît la plainte de saint Paul: « Je ne fais pas le bien que je veux; mais le mal que je ne veux pas, je le fais » (1). Sans doute, c'est une sorte d'esclavage, que d'être forcé d'assister, sans y consentir, à quelque agitation de notre corps; mais aussi, c'est une liberté, que de ne pas être forcé d'y consentir.

« Quoique la volonté ne puisse pas faire que cer-

---

(1) Non enim quod volo bonum, hoc ago; sed quod odi malum, illud facio... Non enim quod volo bonum, hoc facio; sed quod nolo malum, hoc ago (*Ep. ad. Romanos*, vii, 15, 19).

tain mouvement d'appétit inférieur ne surgisse point, cependant la volonté peut ne pas vouloir ce mouvement, ou ne pas y consentir, et ainsi, elle n'est pas nécessitée à le suivre » (1).

Mais ce n'est pas tout : j'ai, par ma libre volonté, un véritable empire sur la partie non raisonnable de moi-même. Cet empire s'exerce par une influence hiérarchique des puissances de l'âme agissant les unes sur les autres. La volonté, éclairée par l'intelligence, agit à son tour sur la raison et lui fait ordonner, commander une opération. La raison proprement dite, c'est-à-dire celle qui saisit l'universel, ne conçoit rien, dans la vie présente, sans le secours d'une image sensible; et cette coopération de l'imagination est le nœud de l'influence intellectuelle et volontaire sur l'homme animal et corporel. L'imagination, qui est naturellement accompagnée d'appréciation instinctive, est le trait d'union entre la *raison universelle* et cette faculté d'apprécier les caractères individuels qui, dans l'homme, est une sorte de raison, mais de *raison particulière*. Cette puissance de juger l'individuel éveille l'inclination sensible, de laquelle dépend la puissance motrice qui transmet en défi-

---

(1) Etsi voluntas non possit facere quin motus concupiscentiæ insurgat, de quo Apostolus dicit, *Rom.* vii, 15 : *quod odi malum, illud facio*, id est, *concupisco*, tamen potest voluntas non velle concupiscere, aut concupiscentiæ non consentire ; et sic non ex necessitate sequitur concupiscentiæ motum (I-II, q. x, a. 3, ad 1).

nitive la motion physique aux organes ; et ces derniers exécutent le mouvement, s'ils sont convenablement disposés pour obéir. Ainsi, imagination, appréciation instinctive, inclination sensible et puissance motrice, telles sont les facultés qui agissent successivement pour communiquer au corps les ordres de la raison sous la motion de la volonté.

" Dans cette série d'influences multiples, qui peuvent être extrêmement rapides, où est la production de force physique, d'énergie corporelle ? Elle peut être, ce me semble, dès le moment où un organe intervient : c'est-à-dire au point où l'imagination, dépendante du cerveau, entre dans la série, à ce point que j'ai appelé le nœud de l'influence intellectuelle et volontaire. Là est une variation d'énergie qui ne vient pas uniquement de la combinaison physique des forces auxquelles notre corps est soumis comme tous les corps, ni du jeu nécessaire des puissances végétatives et animales qu'il porte en lui.

Mais, il faut le remarquer, cette variation ne doit pas s'appeler une *création* d'énergie, si l'on entend ce mot de *création* au sens rigoureux. Elle est simplement l'accessoire naturel, dans l'organe cérébral, d'une production d'image sensible par l'âme, dont la faculté d'imagination n'est point indépendante du corps. Quant à cette production d'image, elle est l'accessoire naturel de l'acte intellectuel qu'elle accompagne : les deux opérations s'enchaînent, parce que les puissances d'où elles naissent ont leur source fondamentale dans la même âme humaine.

Telle qu'elle est, cette variation d'énergie est-elle absolument incompatible avec la loi prétendue de la conservation invariable de l'énergie physique ?

Mais qui peut affirmer que cette loi soit absolument rigoureuse dans la nature ?

La mécanique rationnelle proclame bien haut qu'elle démontre *a priori* la conservation de l'énergie comme une vérité certaine. Cependant, regardons-y de près ; nous verrons qu'elle prouve seulement ceci : « dans un système de points matériels mus exclusivement par leurs forces attractives et répulsives dont les intensités ne dépendent que des distances, la diminution de l'énergie potentielle est toujours égale à l'accroissement de l'énergie actuelle ou force vive, et l'accroissement de l'énergie potentielle est toujours égal à la diminution de l'énergie actuelle ; de sorte que la somme des énergies potentielles et des énergies actuelles est toujours constante » (1). On voit, par l'énoncé même de cette loi, qu'elle ne concerne nullement les cas où des corps seraient soumis à d'autres actions que celles de leurs forces attractives et répulsives. Qu'une cause indépendante du système vienne à interposer son action ; voilà l'équilibre rompu ; l'énergie peut subir une variation imprévue.

(1) Voir : Helmholtz, *Mémoire sur la conservation de la force* ; — Lionel Dauriac, *des Notions de matière et de force dans les sciences de la nature*, p. 142.

Le docteur Mayer, d'Heilbronn, dans son mémoire de 1842, s'était appliqué à établir par le raisonnement la conservation invariable de l'énergie dans les manifestations successives des forces de la nature, et notamment dans la transformation du mouvement mécanique en chaleur. Il s'appuyait sur cet axiome : « il y a égalité entre l'effet et la cause », pour conclure que la chaleur produite par un mouvement précédent est toujours équivalente à la quantité du mouvement détruit. « S'il est démontré, ajoutait-il, que dans beaucoup de cas la disparition du mouvement n'a pas d'autre suite appréciable qu'une production de chaleur, nous devons préférer l'hypothèse d'une relation de causalité à celle qui ferait de la chaleur un effet sans cause et du mouvement une cause sans effet » (1). Fort bien : mais, dirai-je encore, si une autre cause intervient, qui soit capable de produire de la chaleur, la chaleur totale produite ne sera plus seulement équivalente au mouvement, mais elle sera mesurée par l'efficacité de toutes les causes qui l'auront engendrée. Or, il n'est pas prouvé *a priori* qu'une action de l'âme soit incapable de produire, directement ou indirectement, de la chaleur dans le corps.

Si le raisonnement *a priori* est impuissant à démontrer l'incompatibilité de la loi de la conservation

---

(1) Voir : *Dictionnaire de chimie* de Wurtz, art. *Chaleur*, p. 810.

de l'énergie avec l'action de l'âme libre sur l'organisme, peut-on, du moins, chercher cette démonstration dans l'expérience ? Non : le déterminisme physique n'a pas même ce refuge.

Comment, en effet, aucune expérience prouverait-elle rigoureusement que l'énergie totale est absolument invariable dans le monde des corps ? Ne sait-on pas que toute observation et toute expérimentation humaines sont sujettes à erreur et ne peuvent donner que des résultats approximatifs. Voyez si l'on a pu déterminer avec une exactitude parfaite l'équivalent mécanique de la chaleur, c'est-à-dire le travail mécanique qui correspond à la disparition de l'unité de chaleur appelée *calorie*. Le calcul indiqué par le docteur Mayer donne, pour l'évaluation de ce travail, 424 kilogrammètres et 3 dixièmes. Joule a trouvé 424 kilogrammètres ; mais c'est en prenant la moyenne d'un grand nombre d'expériences. M. Hirn et M. Favre ont fait, à leur tour, d'autres expériences, qui ont donné, en moyenne, un nombre voisin de 425 ; et, en définitive, c'est le nombre 425 qui a été adopté dans la pratique. Mais ce nombre n'est qu'un résultat approximatif des expériences ; il n'est pas même la moyenne exacte des résultats successifs obtenus, mais seulement à peu près cette moyenne : chaque expérience prise à part a pu donner un autre nombre. Qui donc prétendrait démontrer rigoureusement, par l'expérience, qu'aucune modification ne peut être apportée, par l'action libre de l'âme sur le corps, à l'énergie physique qui se conserve dans la nature (1) ?

Ainsi, la psychologie et la métaphysique n'ont point à s'émouvoir d'un déterminisme appuyé sur la loi de la conservation de l'énergie.

II. — Le libre arbitre trouvera-t-il un adversaire plus redoutable dans un déterminisme armé d'arguments psychologiques ?

La liberté du consentement et de l'élection volontaires n'est, dit-on, qu'une illusion. En réalité, c'est toujours le motif considéré comme le plus fort qui détermine le consentement et le choix. L'intelligence n'est pas libre de son appréciation ; elle déclare certain ou probable ce qui lui apparaît comme tel ; elle voit tel objet plus ou moins préférable, tel motif de choisir plus ou moins digne de l'adhésion de la volonté ; mais elle ne peut juger autrement qu'elle ne voit. Si elle hésite à se prononcer, c'est qu'elle n'a pas une vue assez claire des choses ; et si elle prononce qu'il n'y a pas lieu de choisir, c'est que les motifs lui semblent avoir exactement la même valeur les uns que les autres : sa délibération aboutit donc toujours à une conclusion qui s'impose. La volonté, à son tour, suit toujours l'appréciation définitive de l'intelligence ; elle ne fait pas le choix,

---

(1) Cf. Fonsegrive, *Essai sur le libre arbitre*, p. 328 et suiv.

elle le subit ; elle ne peut pas ne pas vouloir ce qui lui est montré comme préférable ; et lorsqu'elle ne veut pas, c'est que l'entendement lui indique qu'il ne faut pas vouloir.

Cette objection accepte le caractère intellectuel de l'acte volontaire ; elle s'en fait un instrument de combat pour renverser la théorie du libre arbitre. Si on la poussait à bout, elle ferait appel à un principe rationnel qui soutient tout l'édifice de l'intelligence, au principe de raison suffisante, et elle condenserait ainsi son attaque : tout a sa raison d'être ; or, si la volonté est libre de porter arbitrairement sa préférence où il lui plaît, sans obéir au jugement de la raison, ce bon plaisir et cette préférence sont sans raison d'être ; donc le libre arbitre est inadmissible.

Dans ce suprême effort, l'objection prend une tournure quelque peu métaphysique ; mais ne lui refusons pas cette satisfaction : elle n'y trouvera pas une force invincible.

Le déterminisme fait ici confusion entre l'appréciation simplement intellectuelle et l'élection, à la fois intellectuelle et volontaire, qui complète l'acte humain. Sans doute, quand la volonté a choisi librement, elle a donné au jugement rationnel une force prépondérante, et en ce sens on peut dire que l'acte volontaire est conforme nécessairement à un jugement définitif de l'intelligence. Mais ce jugement, c'est la volonté qui le rend définitif ; avant sa libre décision, il n'était que provisoire: c'est par une application de son libre arbitre qu'elle lui donne sa valeur dernière. Tout consentement libre et direct de la volonté est fondé ainsi sur une indication de l'intelligence, que le libre arbitre s'approprie parce qu'il décide lui-même de la faire sienne en y adhérant, et non parce que l'intelligence lui impose sa propre manière de voir. Une fois l'adhésion consommée, jugement et consentement ne font qu'un ; mais cette constitution des deux actes en un seul est l'œuvre libre de la volonté.

Et en effet, comment un bien jugé préférable par l'entendement pourrait-il déterminer nécessairement la volonté à le choisir ? Comment un bien particulier quelconque, présenté comme bien par l'intelligence, pourrait-il nécessiter le consentement de la volonté ? Puisqu'un tel bien ne satisfait point totalement l'aspiration naturelle de notre âme, il ne peut que solliciter notre inclination, il ne peut nous forcer à le vouloir. Son ampleur est insuffisante pour remplir la capacité de notre volonté, et ce qui lui manque est une raison suffisante pour le faire rejeter ; car c'est la plénitude que nous voulons naturellement.

Quelle est donc, en définitive, la raison d'être du consentement, de la préférence du libre arbitre? Elle est à double face : d'un côté, la soif du bonheur parfait qui nous fait constamment chercher du bonheur quelque part ; de l'autre, la dose restreinte de bonté que possède tout bien de la vie présente. Cette bonté étant réelle, notre amour naturel du bien peut s'y attacher ; mais, comme elle est imparfaite en chaque bien particulier, notre inclination, toujours incomplètement satisfaite, peut librement se porter tantôt vers celui-ci, tantôt vers celui-là ; et même librement se montrer indifférente à tout bien d'ici-bas, parce que librement elle peut prendre comme un bien cette apparente indifférence.

Ainsi, la volonté a vraiment le libre arbitre de ses actes, parce que c'est elle-même qui donne force décisive aux motifs intellectuels qui la font agir.

III. — Le déterminisme ne s'avoue pas vaincu, et le voici qui s'avance résolument sur le terrain de la métaphysique, prétendant porter ses coups jusqu'à la racine des choses.

Notre liberté est impossible, s'écrie-t-il, parce que Dieu même, créateur et maître souverain de tous les êtres, n'a pu vouloir donner et laisser l'être qu'à un ensemble de créatures aussi parfait que possible. Si tout paraît imparfait, c'est que nous ignorons la raison dernière de ce qui existe et de ce qui se fait ; mais cette raison, que Dieu voit, donne à chaque chose une bonté nécessaire. Le libre arbitre serait une cause d'imprévu, une source d'actes non ordonnés au plan rigoureux de la création : Dieu n'a pu le vouloir, parce qu'il ne peut vouloir l'incohérent et l'arbitraire.

Un tel déterminisme, loin d'exalter la perfection divine, la rabaisse, parce qu'il ne saisit pas l'infinie supériorité de Dieu sur tout ce qui n'est pas lui-même. Précisément parce que Dieu est l'Être infiniment parfait, aucun être créé ne peut représenter, si ce n'est imparfaitement, la nature divine. Aussi nulle créature n'a-t-elle en soi de quoi motiver nécessairement l'acte créateur. Dieu crée donc toujours librement ; et il crée ce qu'il veut, parce qu'il veut le créer. Le degré de perfection qu'une créature quelconque possède, elle le tient du libre arbitre de Dieu, qui départit à toutes choses la dose d'être qu'il lui plaît (1). Or, en nous comme en Dieu, le libre arbitre est une certaine perfection, et d'autant plus grande qu'il est de sa nature de n'être nécessité que par le bien absolument parfait, et que c'est précisément cette prérogative qui le fait libre. Donc, Dieu a pu le créer comme un degré d'être, image réelle, quoique inégale, de sa propre liberté. S'il ne l'avait point fait, une beauté manquerait à son œuvre.

Le déterminisme insiste. Le libre arbitre est impossible, dit-il, parce qu'il est inconciliable avec la prescience et la toute-puissance de Dieu. Ce que Dieu a prévu, doit nécessairement arriver : donc, les actes même de la volonté humaine sont déterminés d'avance. Rien ne se fait qui ne soit ordonné par la

---

(1) *Sum. th.*, I, q. XIX, a. 3 et a. 10. — *Q. disput.*, de *Potentia*, q. III, a. 15 ; de *Veritate*, q. XXIII, a. 4 ; q. XXIV, a. 3.

volonté immuable de Dieu ; donc, l'homme n'a pas le libre domaine de ses actions ; il croit se gouverner lui-même, mais c'est la Providence suprême qui le mène infailliblement où elle veut et comme elle veut.

Pour répondre à ces arguments, il suffira de bien préciser la nature de la prescience et du gouvernement de Dieu (1).

La science divine appelée prescience n'est en réalité qu'une science supérieure au temps : elle embrasse dans une seule vue le passé, le présent et l'avenir.

« Ce qui se fait dans le temps, est connu par nous successivement dans le temps, mais connu de Dieu dans l'éternité, qui est au-dessus du temps. Aussi nous, qui connaissons les *futurs contingents* en tant qu'ils sont un avenir qui pourrait ne pas arriver, ne pouvons-nous les connaître avec certitude ; Dieu seul peut les connaître infailliblement, parce que son intelligence est dans l'éternité au-dessus du temps : de même, celui qui marche dans un chemin ne voit pas ceux qui viennent après lui ; mais celui qui, placé sur une hauteur, voit de là le chemin tout entier, voit d'un seul coup d'œil tous ceux qui passent dans ce chemin. — Ainsi, bien que les contingents soient faits successivement, cependant Dieu ne les connait pas comme nous, successivement, tels qu'ils

---

(1) Voir ci-après, p. 368 et suiv.

sont en eux-mêmes, mais tous ensemble ; parce que sa connaissance est mesurée par l'éternité, comme son être : or, l'éternité, existant tout entière à la fois, embrasse le temps tout entier. Voilà pourquoi tout ce qui est dans le temps, est présent à Dieu de toute éternité, non pas seulement parce que Dieu a présentes en lui-même les raisons des choses, comme on le dit quelquefois ; mais parce que son intuition se porte de toute éternité sur toutes choses, en tant que pour lui elles sont toujours présentes. Il est donc évident que les contingents sont connus de Dieu infailliblement, parce qu'ils sont sous le regard divin comme présents ; et cependant, ce sont bien des *futurs contingents*, par rapport à leurs causes les plus prochaines » (1).

Il n'est donc pas exact de dire que les actes de la

---

(1) Ea quæ temporaliter in actum reducuntur, a nobis successive cognoscuntur in tempore, sed a Deo in æternitate, quæ est supra tempus. Unde nobis, quia cognoscimus futura contingentia inquantum talia sunt, certa esse non possunt, sed soli Deo, cujus intelligere est in æternitate supra tempus : sicut ille qui vadit per viam, non videt illos qui post eum veniunt ; sed ille qui ab aliqua altitudine totam viam intuetur, simul videt omnes transeuntes per viam. — Et licet contingentia fiant in actu successive, non tamen Deus successive cognoscit contingentia prout sunt in suo esse, sicut nos, sed simul ; quia ejus cognitio mensuratur æternitate, sicut etiam suum esse ; æternitas autem tota simul existens ambit totum tempus. Unde omnia quæ sunt in tempore, sunt Deo ab æterno præsentia, non solum ea ratione qua habet rationes rerum apud se præsentes, ut quidam dicunt, sed quia ejus intuitus fertur ab æterno supra omnia, prout sunt in sua præsentialitate. Unde manifestum est quod contingentia infallibiliter a Deo cognoscuntur, inquantum subduntur divino conspectui secundum suam præsentialitatem, et tamen sunt futura contingentia, suis causis proximis comparata (I, q. xiv, a. 13, ad 3 et corp.).

volonté humaine sont déterminés d'avance, parce qu'ils sont prévus de Dieu infailliblement. L'infaillibilité de la vision divine, à leur égard, vient de ce qu'ils sont toujours présents à l'éternité divine ; ils restent futurs par rapport à la volonté humaine qui les produit, et par là restent libres en eux-mêmes, bien que connus éternellement de l'intelligence éternelle.

Mais, comment Dieu pourrait-il connaître un acte qu'il ne ferait point ? Le Créateur ne peut dépendre de rien ; et, par conséquent, ce n'est pas parce que les choses sont, qu'il les connaît ; mais plutôt elles sont parce qu'ils les connaît et qu'il veut qu'elles soient.

Oui, Dieu est cause de tout par sa volonté jointe à son intelligence, et l'acte libre n'échappe pas à cette causalité divine (1). Mais, si Dieu en est la cause totale comme cause première, l'homme, par sa propre volonté, en est la cause totale comme cause seconde. Or, en tant que cause première, Dieu cause l'acte humain avec tous ses caractères, et, par conséquent, avec son caractère essentiel de liberté. Remarquons-le bien : cet acte n'est libre que parce que Dieu veut qu'il soit libre, parce qu'il le fait libre,

---

(1) Scientia Dei est causa rerum... Deus per intellectum suum causat res, quum suum esse sit suum intelligere ; unde necesse est quod sua scientia sit causa rerum, secundum quod habet voluntatem conjunctam... Præscire Deum aliqua, quia sunt futura, intelligendum est secundum causam consequentiæ, non secundum causam essendi. Sequitur enim, si aliqua sunt futura, quod Deus ea præscierit ; non tamen res futuræ sunt causa quod Deus sciat (I, q. xiv, a. 8).

non seulement en donnant à l'homme et en lui conservant la puissance de volonté libre, mais en appliquant cette puissance à l'opération, en la pénétrant, actuellement et jusqu'au fond, de son influx de cause souveraine, agissant en toute cause.

Cette doctrine très profonde demande à être bien comprise. Voici en quels termes l'exprime saint Thomas :

« Le libre arbitre est cause de son mouvement, parce que l'homme par le libre arbitre se meut lui-même à l'action. Cependant il n'est pas de l'essence de la liberté que ce qui est libre soit la première cause de son acte ; de même que, pour être cause d'une autre chose, il n'est pas nécessaire d'en être la première cause. Dieu donc est la première cause qui met en mouvement et les causes naturelles et les causes volontaires. Et, de même qu'en mettant en mouvement les causes naturelles, il ne leur enlève point ce caractère que leurs actes soient naturels ; de même, en mettant en mouvement les causes volontaires, il n'empêche point que leurs actions soient volontaires, mais plutôt il fait en elles ce caractère ; car il opère en tout suivant la propriété de chaque chose » (1).

---

(1) Liberum arbitrium est causa sui motus, quia homo per liberum arbitrium seipsum movet ad agendum. Non tamen hoc est de necessitate libertatis, quod sit prima causa sui id quod liberum est : sicut nec ad hoc quod aliquid sit causa alterius, requiritur quod sit prima causa ejus. Deus igitur est prima causa movens et naturales causas et voluntarias. Et sicut naturalibus causis, movendo eas, non

« Comme le dit saint Denis, au chapitre 4° du traité *des Noms divins*, 23° leçon, il appartient à la Providence divine, non de changer, mais de conserver la nature des choses. Voilà pourquoi il meut toutes choses suivant leur condition ; si bien que des causes nécessaires, par la motion divine, suivent des effets nécessaires, mais des causes contingentes suivent des effets contingents. — Comme donc la volonté est un principe actif non déterminé à un seul acte, mais porté indifféremment à plusieurs, Dieu la met en mouvement de telle sorte qu'il ne la détermine pas nécessairement à un seul acte, mais que son mouvement reste contingent, et non nécessaire, si ce n'est pour ses tendances naturelles. — Il faut donc dire que la volonté divine va jusqu'à vouloir, non seulement qu'un acte soit produit par l'être qu'elle met en mouvement, mais encore qu'il le soit de la manière qui convient à la nature de cet être. Et ainsi, il répugnerait plus à la motion divine que le mouvement de la volonté fût nécessaire, car cela n'appartient pas à sa nature, que si ce mouvement est libre, comme il convient à la nature de la volonté » (1).

aufert quin actus earum sint naturales, ita movendo causas voluntarias non aufert quin actiones earum sint voluntariæ, sed potius hoc in eis facit ; operatur enim in unoquoque secundum ejus proprietatem (I , q. LXXXIII, a. 1, ad 3).

(1) Sicut Dionysius dicit, 4 cap. *de Div. Nom.*, lect. 23, ad Providentiam divinam non pertinet naturam rerum corrumpere, sed servare. Unde omnia movet secundum eorum conditionem; ita quod ex

Ici le déterminisme nous arrête, effrayé d'une conséquence qu'il croit pouvoir tirer de notre doctrine. Si Dieu est cause première de tout acte volontaire, il est donc cause première du mal moral voulu par l'homme? La volonté divine est donc complice des crimes humains?

Nullement; mais il faut savoir que le mal, même le mal moral, n'est en soi que la privation d'un bien dû à l'être, et que cette privation n'est jamais directement ce que veut l'homme : il veut le bien relatif qu'accompagne la privation d'un autre bien.

« Le lion qui tue un cerf, a en vue sa propre nourriture, à laquelle est joint l'acte de tuer un animal; de même le débauché a en vue la jouissance, qu'accompagne la laideur de la faute. Le mal qui est joint à quelque bien, est la privation d'un autre bien. Jamais donc le mal ne serait voulu, pas même accessoirement, si le bien auquel est annexé le mal n'était pas voulu de préférence au bien dont le mal est la privation.

causis necessariis per motionem divinam sequuntur effectus ex necessitate, ex causis autem contingentibus sequuntur effectus contingentes. Quia igitur voluntas est activum principium non determinatum ad unum, sed indifferenter se habens ad multa, sic Deus ipsam movet quod non ex necessitate ad unum determinat, sed remanet motus ejus contingens, et non necessarius, nisi in his ad quæ naturaliter movetur. — Ergo dicendum quod voluntas divina non solum se extendit ut aliquid fiat per rem quam movet, sed ut etiam eo modo fiat quo congruit naturæ ipsius. Et ideo magis repugnaret divinæ motioni si voluntas ex necessitate moveretur, quod suæ naturæ non competit, quam si moveretur libere, prout competit suæ naturæ (I-II, q. X, a. 4).

« Or, Dieu ne veut aucun bien plus que sa propre bonté ; il veut cependant quelque bien plus que quelque autre bien. Aussi le mal d'une faute, qui est la privation de l'ordre par rapport au bien divin, n'est-il nullement voulu de Dieu ; mais le mal d'un défaut naturel ou le mal d'une punition, Dieu le veut en voulant quelque bien auquel est joint un tel mal ; par exemple, en voulant la justice, il veut la punition, et en voulant que l'ordre de la nature soit conservé, il veut que certains êtres naturellement périssent » (1).

Ainsi donc, Dieu ne veut jamais le mal moral, mais il veut et il fait tout le bien relatif compris dans l'acte mauvais ; quant à la privation de bien qui constitue le mal moral, elle est le résultat de l'imperfection du libre arbitre. Dieu veut cette imperfection naturelle, parce qu'elle est une perfection relative, utile à l'ordre et à la beauté de l'univers : mais la détermination volontaire de ce libre arbitre

---

(1) Leo enim occidens cervum intendit cibum, cui conjungitur occisio animalis ; similiter fornicator intendit delectationem, cui conjungitur deformitas culpæ. Malum autem quod conjungitur alicui bono, est privatio alterius boni. Nunquam igitur appeteretur malum, nec per accidens, nisi bonum cui conjungitur malum magis appeteretur quam bonum quod privatur per malum. — Nullum autem bonum Deus magis vult quam suam bonitatem ; vult tamen aliquod bonum magis quam aliud quoddam bonum. Unde malum culpæ, quod privat ordinem ad bonum divinum, Deus nullo modo vult ; sed malum naturalis defectus vel malum pœnæ vult, volendo aliquod bonum cui conjungitur tale malum ; sicut volendo justitiam, vult pœnam, et volendo ordinem naturæ servari, vult quædam naturaliter corrumpi (I, q. XIX, a. 9).

n'est imputable à Dieu, cause première, que pour le bien qu'elle vise ; elle n'est imputable qu'à la cause seconde libre, pour la privation de bien qui donne à l'acte son caractère de mal. Dieu permet cette privation : « Il ne veut pas que le mal moral arrive, il ne veut pas non plus qu'il n'arrive pas ; mais il veut permettre que ce mal arrive, et cela est bien » (1). En effet, ce mal moral, sans cesser d'être mal en soi, est l'effet d'une liberté qui, tout imparfaite qu'elle est, n'en est pas moins une noble prérogative digne d'être créée de Dieu ; et, en outre, le mal, tout mal qu'il est, est l'occasion d'un bien ; souvent d'une vertu, comme la persécution suscite l'héroïsme des martyrs ; toujours d'une manifestation de justice, car tôt ou tard le coupable est puni.

Telle est l'éminente dignité de l'homme : il est libre, capable de se déterminer lui-même ; et ce pouvoir, souverain dans sa sphère, dérive de la connaissance et de l'amour du bien absolu. L'âme humaine ressemble ainsi à Dieu, qui, amoureux infiniment et nécessairement de sa parfaite bonté, veut librement les autres biens comme réalisation extérieure et imparfaite du Bien infini, de l'Être divin. Mais Dieu ne tend point à sa perfection ; il s'y complaît en lui-même, et en fait resplendir au dehors quelques rayons qui n'ajoutent rien à ce qu'il est ; s'il est vrai

---

(1) Deus igitur neque vult mala fieri, neque vult mala non fieri, sed vult permittere mala fieri, et hoc est bonum (I, q. XIX, a. 9, ad 3).

de dire qu'il nous a faits pour lui, c'est qu'il ne peut avoir en vue, en créant, que la diffusion de sa bonté ; mais nulle créature n'est pour lui un moyen d'acquérir, ni perfection, ni félicité. Nous, au contraire, nous sommes en cette vie toujours en voie de devenir, soit meilleurs et enfin plus heureux, si nous nous servons convenablement des vrais biens pour tendre au Bien suprême, soit mauvais et tôt ou tard malheureux, si nous appliquons mal notre libre volonté. Notre sort est entre nos mains : Dieu nous gouverne et nous dirige de haut, mais en nous laissant, à notre place, le gouvernement et la direction de nous-mêmes. Nous serons, en définitive, ce que nous aura fait l'usage de notre propre liberté.

CHAPITRE III

Perfection de la liberté.

Le libre arbitre ne suppose pas nécessairement l'imperfection de la connaissance ni la capacité de mal faire : le Christ était libre, les anges et Dieu lui-même ont le libre arbitre.

Pour compléter la solution du problème du libre arbitre, je voudrais m'arrêter encore un moment sur une considération de nature à faire ressortir toute la valeur de la liberté.

Dans la vie présente, notre volonté s'exerce dans des conditions d'ignorance et de fragilité qui peuvent faire illusion sur sa dignité naturelle. Il faut savoir que ces conditions ne sont pas essentielles à l'existence ni à l'usage du libre arbitre. Il n'est pas nécessaire d'être ignorant, sujet à l'incertitude, au doute et à l'erreur, pas plus qu'il n'est nécessaire d'être capable de mal faire, pour être libre ; loin de là : les êtres les plus libres sont ceux qui ont le plus de science et de sainteté, et Dieu, l'Être parfait par essence, est aussi l'Être souverainement libre.

Peut-être n'a-t-on pas toujours mis cette vérité

assez en lumière dans la démonstration du libre arbitre. Voici, par exemple, comment M. Fonsegrive a exposé la théorie de saint Thomas :

« Saint Thomas dirait volontiers avec saint Bernard : « La raison a été donnée à la volonté pour l'édifier, non pour la détruire » (1). C'est ce qu'il établit par une théorie qui forme une des parties les plus profondes et, il faut bien le dire, les plus ignorées de sa doctrine. Il remarque d'abord que les moyens se présentent à nous en grand nombre, contraires les uns aux autres. Je veux le bien, et ma pensée me représente tous les moyens qui peuvent me le procurer. Ces moyens ont sans doute avec la fin des rapports réels plus ou moins étroits, mais, pour que je fusse nécessité à choisir l'un ou l'autre, il faudrait que je visse avec certitude leur liaison avec la fin, que je susse de science certaine quel est celui qui est le meilleur. Et à quelle condition pourrais-je avoir cette science ? A la condition que je visse clairement le moyen relié à la fin par un syllogisme ou une suite de syllogismes. — Or, cela n'arrive jamais en réalité, à cause de la faible portée de l'intelligence humaine. Il faut donc nous décider, en dehors d'une certitude démonstrative, d'après des probabilités contingentes, non d'après des nécessités rationnelles. Nous choisissons ainsi parmi

---

(1) Ratio data est voluntati ut instruat illam, non destruat (S. Bernard, de Gr. et Lib. Arb., II, 3).

les moyens ; c'est nous-mêmes qui décidons du degré de bonté de nos actions ; nous en sommes donc les maîtres. Nous ne resterons jamais immobiles entre deux partis contraires, il y aura toujours une inégalité quelconque entre deux actions ; et nous pourrons prendre parti. Le libre arbitre réside donc dans le choix des moyens ; il tient à la fois, comme le disait le Lombard, de la volonté et de la raison ; il est un décret de la volonté que la raison éclaire, mais d'une clarté faible et vague sans lui imposer aucune nécessité. — Délivrée des doctrines logiques d'Aristote, cette théorie a aussi d'évidentes analogies avec le système de Platon ; c'est parce que nous ne connaissons pas, parce que nous ne savons pas, que nous choisissons souvent le pire en face du mieux. Le libre arbitre ainsi entendu vient de notre impuissance à tout connaître et à tout peser. C'est ainsi que nous sommes libres et dans une sorte d'indifférence entre diverses actions » (1).

Il semble, d'après cet exposé, que, dans la doctrine de saint Thomas, la cause du libre arbitre soit l'incapacité de tout connaître et de tout peser, et qu'un être plus parfait qui n'aurait point cette impuissance, ne pourrait avoir le libre arbitre.

Or, tout au contraire, le Docteur angélique enseigne expressément que le Christ, éclairé, même dans sa vie mortelle, de toutes les lumières divines,

---

(1) Fonsegrive, *Essai sur le libre arbitre*, couronné par l'Académie des sciences morales et politiques, pp. 120, 121.

et jouissant, alors même, de la vision béatifique de Dieu, avait néanmoins le libre arbitre ; que les anges, même après leur fixation définitive dans la gloire et dans l'impeccabilité, ont aussi le libre arbitre ; enfin que Dieu a le libre arbitre, Lui, la Vérité même et la Sainteté par essence.

Les raisons que donne saint Thomas, pour établir ces thèses importantes, jettent une clarté décisive sur la nature de la liberté.

« Le doute, dit-il, n'est pas nécessaire à l'élection, puisqu'à Dieu même il appartient de choisir, suivant cette parole de l'Épître aux Éphésiens, chapitre 1er : *Il nous a choisis en lui-même ;* bien que cependant en Dieu il n'y ait aucun doute. Toutefois, on rencontre le doute accessoirement à l'élection, lorsqu'elle est dans une nature ignorante..... L'élection, qui présuppose la délibération, n'est cependant la suite de la délibération qu'autant que celle-ci est déjà fixée par un jugement. Car nous choisissons, après l'enquête de la délibération, ce que nous jugeons chose à faire. Et voilà pourquoi si, sans aucun doute ni enquête préalable, il est jugé qu'une chose est à faire, cela suffit pour l'élection. Ainsi, il est manifeste que le doute ou l'enquête n'appartient pas essentiellement à l'élection, mais seulement selon que celle-ci est dans une nature ignorante. — Quant à la volonté du Christ, bien qu'elle soit déterminée au bien, elle n'est cependant pas déterminée à ce bien-ci ou à ce bien-là. Voilà pourquoi il appartient au Christ de choisir par un libre arbitre confirmé dans le bien, comme aux bienheureux »(1).

Remarquons la suite des idées dans cette argumentation. Comme nous l'avons vu dans le cours de cette étude, la volonté ne se décide que sur un jugement de la raison, auquel elle donne elle-même force décisive : l'intelligence propose une chose à faire, fixe cette proposition dans un jugement, et la volonté y donne, s'il lui plaît, son consentement. La liberté de choisir qui reste à la volonté, même après la proposition formulée par le jugement intellectuel, a sa fondamentale raison d'être, non pas dans l'ignorance et la faiblesse de l'intelligence, non pas dans la possibilité d'erreur que comporte son jugement, mais dans la contingence même des objets jugés par elle. Ces objets sont des biens, mais des biens incomplets, par conséquent des biens par ce qu'ils ont de bien, et des non-biens par ce qui leur en manque.

---

(1) Hæc tamen dubitatio non est de necessitate electionis, quia etiam Deo convenit eligere, secundum illud *Eph.*, I : *Elegit nos in ipso* ; quum tamen in Deo nulla sit dubitatio. Accidit tamen dubitatio electioni, inquantum est in natura ignorante ...; Electio præsupponit consilium ; non tamen sequitur ex consilio, nisi jam determinato per judicium. Illud enim quod judicamus agendum, post inquisitionem consilii eligimus, ut in III *Ethic.*, cap. 2 et 3, dicitur. Et ideo, si aliquid judicetur ut agendum absque dubitatione et inquisitione præcedente, hoc sufficit ad electionem. Et sic patet quod dubitatio sive inquisitio non per se pertinet ad electionem, sed solum secundum quod est in natura ignorante. — Voluntas Christi, licet sit determinata ad bonum, non tamen est determinata ad hoc vel ad illud bonum. Et ideo pertinet ad Christum eligere per liberum arbitrium confirmatum in bono, sicut ad beatos (III, q. XVIII, a. 4, ad 1, ad 2 et ad 3).

Une intelligence infaillible ne peut les juger autrement, puisqu'ils sont ainsi en eux-mêmes. En désignant tel de ces biens à la volonté par un jugement déterminé, l'intelligence ne change pas la nature de l'objet qu'elle lui propose ; or, cette nature même laisse la volonté indéterminée à l'égard de cet objet, puisque ce qu'il a de non-bien est suffisant pour lui permettre de s'en détourner ; donc, un jugement, même infaillible, de l'entendement ne saurait porter atteinte au libre arbitre. La perfection de la volonté ne peut non plus être un obstacle à la liberté ; car une volonté parfaite ne saurait être nécessitée par un bien imparfait : elle ne peut vouloir le mal, c'est-à-dire un bien qui la priverait de sa fin dernière ; mais elle peut vouloir ce bien-ci ou ce bien-là, à son gré, car celui-ci comme celui-là contient assez de bien pour lui plaire ; et si elle choisit celui qui en contient le plus, c'est librement, car même ce bien supérieur est trop inférieur au bien absolu pour qu'elle soit absolument nécessitée à le choisir.

La démonstration que donne saint Thomas du libre arbitre des anges bienheureux, montre bien toute sa pensée sur la question qui nous occupe. Comme il s'agit de dissiper tout malentendu sur ce point de sa doctrine, je crois devoir lui laisser la parole pour qu'il nous explique lui-même sa théorie.

« Seul, l'être qui a l'intelligence, peut agir par

un jugement libre, en tant qu'il connaît la raison universelle du bien, par laquelle il peut juger que ceci ou cela est un bien. D'où il suit que, partout où est l'intelligence, est aussi le libre arbitre. Et ainsi, il est évident que le libre arbitre est dans les anges, et même d'une manière plus excellente que dans les hommes, aussi bien que l'intelligence » (1).

« Il y a dans les anges un certain amour naturel et un certain amour électif; et l'amour naturel est en eux le principe de l'électif, parce que toujours ce qui appartient à ce qui est premier a raison de principe : ainsi, comme la nature est ce qui est premier en chaque chose, nécessairement ce qui appartient à la nature est principe en chaque chose. Et cela apparaît dans l'homme, tant pour l'entendement que pour la volonté. En effet, l'entendement connaît les principes naturellement, et cette connaissance produit dans l'homme la science des conclusions, lesquelles sont connues par lui, non pas naturellement, mais par invention ou enseignement. D'autre part, pour la volonté, la fin se comporte comme le principe à l'égard de l'entendement, ainsi qu'il est dit au 2e livre de la *Physique*; car, de même que l'entendement con-

---

(1) Solum id quod habet intellectum potest agere judicio libero, inquantum cognoscit universalem rationem boni, ex qua potest judicare hoc vel illud esse bonum. Unde ubicumque est intellectus, est liberum arbitrium. Et sic patet liberum arbitrium esse in angelis etiam excellentius quam in hominibus, sicut et intellectum (I, q. LIX, a. 3).

dait les principes naturellement, de même la volonté veut la fin naturellement. D'où il suit que la volonté tend naturellement à sa fin dernière : en effet, tout homme veut naturellement le bonheur ; et cette volonté naturelle est la cause de toutes les autres volontés, car tout ce que l'homme veut, il le veut pour la fin. Donc, l'amour du bien que l'homme veut naturellement comme fin, est un amour naturel, et l'amour dérivé de celui-là, qui a pour objet le bien qui est aimé pour la fin, est un amour électif. Cependant il y a, à cet égard, une différence entre l'entendement et la volonté. En effet, comme il a été dit à la question précédente, article 2, l'entendement connaît selon que les choses connues sont dans le connaissant ; et c'est à cause de l'imperfection de la nature intellectuelle dans l'homme, que son entendement n'a pas tout de suite, naturellement, tous les intelligibles, mais certains seulement, par lesquels se fait en quelque manière son mouvement vers les autres. Au contraire, l'acte de la puissance appétitive est selon l'ordre de l'appétit vers les choses. Or, certaines choses sont bonnes par elles-mêmes, et pour cela désirables par elles-mêmes ; certaines tiennent la raison de leur bonté, de leur rapport à une autre, et sont désirables pour une autre chose. En conséquence, ce n'est point à cause de l'imperfection de l'appétit qu'une chose est désirée naturellement comme fin, et une autre chose par élection en tant qu'elle est ordonnée à la fin. Comme donc dans les anges la nature intellectuelle est parfaite, il se trouve en eux une connaissance seulement naturelle, et non par raisonnement ; mais en eux se trouvent un amour naturel et un amour électif. Il est bien entendu qu'on ne parle pas ici de ce qui est au-dessus de la nature, car de cela la nature n'est pas principe suffisant » (1).

« Les anges bienheureux ne peuvent pas pécher. La raison en est que leur béatitude consiste en ce qu'ils voient Dieu par son essence. Or, l'essence de Dieu est l'essence même de la bonté. D'où il suit que l'ange voyant Dieu est par rapport à Lui comme quiconque ne voyant pas Dieu est par rapport à la raison générale du bien. Or, il est impossible que quelqu'un veuille ou opère quelque chose s'il n'a en vue le bien, ou qu'il veuille se détourner

---

(1) In angelis est quædam dilectio naturalis, et quædam electiva; et naturalis dilectio in eis est principium electivæ, quia semper id quod pertinet ad prius, habet rationem principii. Unde, quum natura sit primum quod est in unoquoque, oportet quod id quod ad naturam pertinet, sit principium in quolibet. Et hoc apparet in homine quantum ad intellectum et quantum ad voluntatem. Intellectus enim cognoscit principia naturaliter ; et ex hac cognitione causatur in homine scientia conclusionum, quæ non cognoscuntur naturaliter ab homine, sed per inventionem vel doctrinam. Similiter autem, in voluntate finis hoc modo se habet sicut principium in intellectu, ut dicitur in II *Physic.* ; sicut enim intellectus cognoscit principia naturaliter, sic voluntas vult finem naturaliter. Unde voluntas naturaliter tendit in suum finem ultimum ; omnis enim homo naturaliter vult beatitudinem : et ex hac naturali voluntate causantur omnes aliæ voluntates, quum quidquid homo vult velit propter finem. Dilectio

du bien en tant que bien. Donc, l'ange bienheureux ne peut pas vouloir ou agir autrement qu'en ayant Dieu en vue ; et en voulant ou en agissant ainsi, il ne peut pécher. En conséquence, l'ange bienheureux ne peut pécher en aucune manière..... Les puissances rationnelles se portent aux termes opposés dans les choses auxquelles elles ne sont pas ordonnées naturellement ; mais, pour celles auxquelles elles sont ordonnées naturellement, elles ne se portent point aux termes opposés. En effet, l'entendement ne peut pas ne pas donner son assentiment aux principes naturellement connus ; et, de même, la volonté ne peut pas ne pas adhérer au bien en tant qu'il est bien, parce qu'elle est

---

Igitur boni quod homo naturaliter vult sicut finem, est dilectio naturalis ; dilectio autem ab hac derivata, quæ est boni quod diligitur propter finem, est dilectio electiva. Hoc tamen differenter se habet ex parte intellectus et voluntatis. Quia, sicut supra dictum est, quæst. præced., art. 2, cognitio intellectus fit secundum quod res cognitæ sunt in cognoscente : est autem ex imperfectione intellectualis naturæ in homine quod non statim ejus intellectus naturaliter habet omnia intelligibilia, sed quædam, a quibus in alia quodam modo movetur. Sed actus appetitivæ virtutis est e converso secundum ordinem appetentis ad res. Quarum quædam sunt secundum se bona, et ideo secundum se appetibilia ; quædam vero habent rationem bonitatis ex ordine ad aliud, et sunt appetibilia propter aliud. Unde non est ex imperfectione appetentis quod aliquid appetat naturaliter ut finem, et aliquid per electionem, ut ordinatur ad finem. Quia igitur natura intellectualis in angelis perfecta est, invenitur in eis sola cognitio naturalis, non autem ratiocinativa, sed invenitur in eis dilectio et naturalis et electiva. Hæc autem dicta sunt prætermissis his quæ supra naturam sunt ; horum enim natura non est principium sufficiens (I, q. LX, a. 2).

PERFECTION DE LA LIBERTÉ

naturellement ordonnée au bien comme à son objet. Donc, la volonté, dans les anges, se porte aux termes opposés pour beaucoup de choses à faire ou à ne pas faire ; mais, en ce qui concerne Dieu même, qu'ils voient être l'essence même de la bonté, ils ne se portent point aux termes opposés ; mais c'est en vue de Lui-même que se fait leur direction vers toutes choses, quelle que soit celle des choses opposées qu'ils choisissent : et cela est sans péché. — Le libre arbitre, par rapport au choix de ce qui est pour la fin, se comporte comme l'entendement à l'égard des conclusions. Or, manifestement, il appartient à la perfection de l'entendement de pouvoir arriver à des conclusions diverses suivant les principes donnés. Mais, arriver à une certaine conclusion en violant l'ordre des principes, cela vient d'un défaut de l'intelligence. Conséquemment, que le libre arbitre puisse choisir des choses diverses, en conservant l'ordre de la fin, cela appartient à la perfection de sa liberté ; mais qu'il choisisse quelque chose en se détournant de l'ordre de la fin, ce qui est pécher, cela vient d'un défaut de la liberté. Donc, dans les anges, qui ne peuvent pas pécher, il y a une liberté d'arbitre plus parfaite qu'en nous, qui pouvons pécher » (1).

---

(1) Angeli beati peccare non possunt. Cujus ratio est quia eorum beatitudo in hoc consistit quod per essentiam Deum vident. Essentia autem Dei est ipsa essentia bonitatis. Unde hoc modo se habet angelus videns Deum ad ipsum, sicut se habet quicumque non

On voit se dégager le fondement de toute liberté : il n'est ni dans l'ignorance ou la faiblesse de l'intelligence, ni dans l'imperfection ou la perversité de la volonté, mais dans l'imperfection même des biens particuliers : n'étant pas bons par eux-mêmes, et n'ayant qu'une bonté d'emprunt, la volonté la plus parfaite ne saurait les aimer pour eux-mêmes, mais seulement pour une autre fin ; or, le bien en soi, le bien par essence, est le seul objet auquel la volonté soit ordonnée naturellement et nécessairement ; donc, aucun bien particulier ne peut par lui-même nécessiter le choix de la volonté à son égard. Cela reste vrai lors même que la volonté est rendue impeccable par la vision directe de l'essence du bien ; car l'amour indéfectible du bien vu dans son essence, loin de faire juger autrement les biens particuliers, ne peut que mettre en évidence ce qu'ils ont d'emprunté et d'imparfait, et, par conséquent, élève la liberté et la fortifie, loin de la détruire.

C'est pour cette raison que Dieu est le premier libre, et qu'il a le libre arbitre le plus parfait.

videns Deum ad communem rationem boni. Impossibile est autem quod aliquis quidquam velit vel operetur nisi attendens ad bonum, vel quod velit divertere a bono inquantum hujusmodi. Angelus igitur beatus non potest velle vel agere nisi attendens ad Deum ; sic autem volens vel agens, non potest peccare. Unde angelus beatus nullo modo peccare potest..... Virtutes rationales se habent ad opposita in illis ad quæ non ordinantur naturaliter ; sed quantum ad illa ad quæ naturaliter ordinantur, non se habent ad opposita. Intellectus enim non potest non assentire principiis naturaliter

« La volonté de Dieu a une disposition nécessaire à l'égard de la bonté divine, qui est son objet propre. D'où il suit que Dieu veut nécessairement sa bonté, comme notre volonté veut nécessairement le bonheur ; de même que toute autre puissance a une disposition nécessaire à l'égard de son objet propre et principal, comme la vue pour la couleur, parce qu'il est de sa nature de tendre à cet objet. Mais les choses autres que Lui-même, Dieu les veut en tant qu'elles sont ordonnées à sa bonté comme à une fin. Or, les choses qui sont pour une fin, nous ne les voulons pas nécessairement en voulant la fin, à moins que sans elles la fin ne puisse être obtenue. Par exemple, nous voulons la nourriture en voulant la conservation de la vie, et un navire en voulant naviguer ; mais nous ne voulons pas

nobis, et similiter voluntas non potest non adhærere bono inquantum est bonum, quia in bonum naturaliter ordinatur sicut in suum objectum. Voluntas igitur in angelis se habet ad opposita, quantum ad multa facienda vel non facienda ; sed quantum ad ipsum Deum quem vident esse ipsam essentiam bonitatis, non se habent ad opposita ; sed, secundum ipsum ad omnia diriguntur, quodcumque oppositorum eligant, quod sine peccato est. — Liberum arbitrium sic se habet ad eligendum ea quæ sunt ad finem, sicut se habet intellectus ad conclusiones. Manifestum est autem quod ad virtutem intellectus pertinet ut in diversas conclusiones præcedere possit secundum principia data ; sed quod in aliquam conclusionem procedat prætermittendo ordinem principiorum, hoc est ex defectu ipsius. Unde quod liberum arbitrium diversa eligere possit servato ordine finis, hoc pertinet ad perfectionem libertatis ejus ; sed quod eligat aliquid divertendo ab ordine finis, quod est peccare, hoc pertinet ad defectum libertatis. Unde major libertas arbitrii est in angelis, quia peccare non possunt, quam in nobis, qui peccare possumus, (I, q. LXII, a. 8).

ainsi nécessairement les choses sans lesquelles nous pouvons obtenir la fin, par exemple un cheval pour une promenade, car sans cheval nous pouvons nous promener : et ainsi du reste. Donc, comme la bonté de Dieu est parfaite, et qu'elle peut être sans les autres choses, puisqu'elle ne reçoit d'elles aucun accroissement de perfection, il n'est pas nécessaire que Dieu veuille les choses autres que Lui-même, si l'on parle au point de vue absolu ; mais cependant cela est nécessaire par supposition : car, supposé qu'il veuille, il ne peut pas ne pas vouloir, parce que sa volonté ne peut changer.... Ainsi, quoique Dieu veuille de toute nécessité sa bonté, cependant il ne veut pas par nécessité ce qu'il veut pour sa bonté, parce que sa bonté peut être sans les autres choses... Et que Dieu ne veuille pas par nécessité quelqu'une des choses qu'il veut, cela ne vient pas d'un défaut de la volonté divine, mais d'un défaut naturel de ce qui est voulu, à savoir : de ce que cet objet est tel que sans lui la bonté de Dieu peut être parfaite. Or, ce défaut est inhérent à tout bien créé » (1).

« Nous avons le libre arbitre à l'égard de ce que

(1) Voluntas enim divina necessariam habitudinem habet ad bonitatem suam, quæ est proprium ejus objectum. Unde bonitatem suam Deus ex necessitate vult, sicut et voluntas nostra ex necessitate vult beatitudinem ; sicut et quælibet alia potentia necessariam habitudinem habet ad proprium et principale objectum, ut visus ad colorem, quia de sui ratione est ut in illud tendat. Alia autem a se Deus vult inquantum ordinantur ad suam bonitatem ut in finem. Ea autem quæ

PERFECTION DE LA LIBERTÉ 353

nous ne voulons pas nécessairement ou par instinct naturel... Donc, puisque Dieu veut par nécessité sa bonté, mais non par nécessité les autres choses, comme on l'a montré plus haut, Dieu, à l'égard de ce qu'il ne veut pas par nécessité, a le libre arbitre... Mais le mal d'une faute impliquant une aversion par rapport à la bonté divine, en vue de laquelle Dieu veut toutes choses, il est manifestement impossible que Dieu veuille le mal d'une faute : et cependant, il se porte aux termes opposés en tant qu'il peut vouloir que telle chose soit ou ne soit pas ; comme nous, sans pécher, nous pouvons vouloir rester assis ou ne pas le vouloir » (1).

Voilà donc toute la valeur du libre arbitre. La li-

---

sunt ad finem, non ex necessitate volumus volentes finem, nisi sint talia sine quibus finis esse non potest : sicut volumus cibum, volentes conservationem vitæ ; et navem, volentes transfretare. Non sic autem ex necessitate volumus ea sine quibus finis esse potest, sicut equum ad ambulandum, quia sine hoc possumus ire ; et eadem ratio est in aliis. Unde quum bonitas Dei sit perfecta, et esse possit sine aliis, quum nihil ei perfectionis ex aliis accrescat, sequitur quod alia a se cum velle non sit necessarium absolute ; et tamen necessarium est ex suppositione : supposito enim quod velit, non potest non velle, quia non potest voluntas ejus mutari.... Licet Deus ex necessitate velit bonitatem suam, non tamen ex necessitate vult ea quæ vult propter bonitatem suam, quia bonitas ejus potest esse sine aliis ... Quod Deus non ex necessitate velit aliquid eorum quæ vult, non accidit ex defectu voluntatis divinæ, sed ex defectu qui competit volito secundum suam rationem, quia scilicet est tale ut sine eo esse possit perfecta bonitas Dei. Qui quidem defectus consequitur omne bonum creatum (I, q. XIX, a 3).

(1) Liberum arbitrium habemus respectu eorum quæ non necessario volumus vel naturali instinctu.... Quum igitur Deus ex necessitate suam bonitatem velit, alia vero non ex necessitate, ut supra os-

berté du mal moral ne lui est pas essentielle ; elle n'est qu'un accident à la volonté libre. L'ignorance, le doute, l'erreur ne sont pas non plus nécessaires à l'exercice du libre arbitre. Loin de là : ce libre pouvoir est en nous, comme en toute créature intelligente, l'image d'une perfection divine ; et, plus notre intelligence sera éclairée, mieux elle verra l'imperfection de tout bien autre que le bien suprême, plus aussi notre volonté sera libre et indépendante à l'égard de tout bien qui ne nous paraîtra point nécessairement lié à la parfaite béatitude. Enfin, quand il nous sera donné de voir Dieu directement en lui-même, nous ne serons pas libres de ne pas l'aimer, mais nous conserverons notre libre arbitre à l'égard de tout ce qui ne sera pas en connexion nécessaire avec le bonheur dont nous jouirons en Dieu.

tensum est, art. 3 hujus quæst., respectu illorum quæ non ex necessitate vult, liberum arbitrium habet ... Quum malum culpæ dicatur per aversionem a bonitate divina, per quam Deus omnia vult, ut supra ostensum est, manifestum est quod impossibile est cum malum culpæ velle ; et tamen ad opposita se habet, inquantum velle potest hoc esse vel non esse ; sicut et nos, non peccando, possumus velle sedere et non velle sedere (I, q. XIX, a. 10).

CHAPITRE IV

Eclaircissements.

I. La preuve fondamentale du libre arbitre. — II. L'accord du libre arbitre avec la prescience et l'action de Dieu.

I. — L'ordre dans lequel j'ai présenté la démonstration du libre arbitre, a provoqué quelque étonnement. « Pourquoi, m'a-t-on dit, ne pas mettre en première ligne la preuve par la conscience ? L'évidence psychologique de notre libre arbitre devait être le premier argument. C'est ce qu'a bien compris Bossuet, quand il a dit dans son traité *de la Connaissance de Dieu et de soi-même* : « Un homme qui n'a pas l'esprit gâté, n'a pas besoin qu'on lui prouve son franc arbitre, car il le sent, et il ne sent pas plus clairement qu'il voit, ou qu'il oit (1), ou qu'il raisonne, qu'il se sent capable de délibérer ou de choisir ».

Je crains qu'il n'y ait ici une méprise, et il me semble, au contraire, que Bossuet, dans l'ou-

(1) Du verbe *ouïr*, entendre.

vrage auquel on se réfère, ne présente pas autrement que je ne les ai données d'après saint Thomas, les preuves du libre arbitre.

Le passage qui vient d'être cité, est tiré de l'article intitulé : « La volonté et ses actes » ; dans le traité *de la Connaissance de Dieu et de soi-même*. Or, dans cet article, cette phrase, dans laquelle Bossuet fait appel à la conscience, ne vient qu'après l'argument fondé sur la distinction entre le bien en général et les biens particuliers, et il est expliqué par ce qui précède. Voici la démonstration tout entière de Bossuet :

« Nous sommes déterminés par notre nature à vouloir le bien général ; mais nous avons la liberté de notre choix à l'égard de tous les biens particuliers. Par exemple, tous les hommes veulent être heureux, et c'est le bien général que la nature demande. Mais les uns mettent leur bonheur dans une chose, les autres dans une autre ; les uns dans la retraite, les autres dans la vie commune ; les uns dans les plaisirs et dans les richesses, les autres dans la vertu. — C'est à l'égard de ces biens particuliers que nous avons la liberté de choisir, et c'est ce qui s'appelle le franc arbitre ou le libre arbitre. — Avoir son franc arbitre, c'est pouvoir choisir une certaine chose plutôt qu'une autre ; exercer son franc arbitre, c'est la choisir en effet. — Ainsi le libre arbitre est la puissance que nous avons de faire ou de ne pas faire quelque chose. Par exemple, je puis parler ou ne parler pas, remuer ma main ou ne la remuer pas, la remuer d'un côté plutôt que d'un autre. — C'est par là que j'ai mon franc arbitre ; et je l'exerce quand je prends parti entre les choses que Dieu a mises en mon pouvoir. — Avant que de prendre son parti, on raisonne en soi-même sur ce qu'on a à faire, c'est-à-dire qu'on délibère ; et qui délibère sent que c'est à lui à choisir. — Ainsi, un homme qui n'a pas l'esprit gâté, n'a pas besoin qu'on lui prouve son franc arbitre, car il le sent ; et il ne sent pas plus clairement qu'il voit, ou qu'il oit, ou qu'il raisonne, qu'il se sent capable de délibérer et de choisir ».

La pensée de Bossuet me paraît pouvoir se traduire ainsi : l'homme se sent libre, parce qu'il se sent capable de délibérer et de choisir ; or, délibérer, c'est raisonner sur la réalité ou l'apparence de bien que présentent les biens particuliers ; et choisir, c'est appliquer la tendance nécessaire de notre nature pour le bien, le bonheur en général, à mettre notre bonheur dans un bien particulier plutôt que dans un autre bien, particulier aussi.

J'ai suivi, dans la démonstration du libre arbitre, l'ordre même adopté par Bossuet dans le traité *de la Connaissance de Dieu et de soi-même*, et j'ai conclu comme lui, car voici la conclusion du premier chapitre de cette étude : « La délibération peut être très rapide, à peine aperçue, mais, pour qu'un acte soit directement volontaire et libre, il faut que l'intelligence éclaire le consentement de la volonté : tout acte de libre arbitre suppose une certaine connaissance actuelle du bien universel partiellement réalisé dans un bien particulier, et une certaine application à un bien particulier de l'amour naturel de l'âme humaine pour le bien absolu. *Notre conscience saisit, implicitement du moins, ce concours de l'entendement et de la volonté ; elle voit que le bien particulier attire l'amour sans le nécessiter, qu'il l'attire parce qu'il est un bien, mais qu'il ne le nécessite point, parce qu'il est particulier, c'est-à-dire imparfait* ».

Dans le *Traité du Libre arbitre*, chapitre 2, Bossuet dit que le libre arbitre, ou la liberté de choisir certaines choses ou de ne les choisir pas, est certainement en nous, et que cette liberté nous est évidente : 1° par l'évidence du sentiment et de l'expérience ; 2° par l'évidence du raisonnement. Mais, au début même de son exposition de la preuve par le sentiment, il montre que nous nous sentons capables d'appliquer au choix de tel ou tel moyen particulier d'être heureux la détermination nécessaire de notre nature à désirer le bien, le bonheur en général. Voici ses propres termes :

« Quant à l'évidence du sentiment, que chacun

de nous s'écoute et se consulte lui-même, il sentira qu'il est libre, comme il sentira qu'il est raisonnable. En effet, nous mettons grande différence entre la volonté d'être heureux et la volonté d'aller à la promenade. Car nous ne songeons pas seulement que nous puissions nous empêcher de vouloir être heureux ; et nous sentons clairement que nous pouvons nous empêcher de vouloir aller à la promenade. De même, nous délibérons et nous consultons nous-mêmes si nous irons à la promenade ou non ; et nous résolvons, comme il nous plaît, ou l'un ou l'autre ; mais nous ne mettons jamais en délibération si nous voudrons être heureux ou non : ce qui montre que, comme nous sentons que nous sommes nécessairement déterminés par notre nature même à désirer d'être heureux, nous sentons aussi que nous sommes libres à choisir les moyens de l'être ».

C'est donc toujours, au fond, la même démonstration. Or, cette preuve par le sentiment qui s'appuie sur la distinction entre le bonheur en général et les moyens particuliers d'être heureux, n'est-elle point éclairée par cette phrase que Bossuet place vers la fin de sa preuve par le raisonnement ?

« A l'égard de tous les biens particuliers, et même du bien suprême connu imparfaitement, comme nous le connaissons en cette vie, nous avons la liberté de notre choix : et jamais nous ne la perdrons, tant que nous serons en état de balancer un bien avec l'autre ; parce que *notre volonté, trouvant par-*

tout une idée de son objet, c'est-à-dire la raison du bien, aura toujours à choisir entre les uns et les autres, sans que son objet la puisse déterminer tout seul ».

J'ai pensé qu'il fallait tout d'abord développer cette distinction rationnelle entre *le bien* et *les biens particuliers*, pour donner par cela même à la preuve par la conscience toute sa valeur. Nous avons vu que Bossuet suit explicitement cet ordre dans *la Connaissance de Dieu et de soi-même*.

C'est aussi la méthode indiquée par saint Thomas, dans la *Somme théologique*. Cependant on m'a opposé deux textes de cette *Somme*, dans lesquels, a-t-on dit, saint Thomas attribue à l'homme le libre arbitre parce que l'homme a le pouvoir de comparer entre eux les différents biens perçus et de n'être pas déterminé *à un seul* comme l'animal.

L'un de ces textes est pris dans le corps même de l'article premier de la question *sur le Libre arbitre*. « Certains êtres agissent par jugement, mais sans liberté, par exemple les bêtes. La brebis, en effet, voyant le loup, juge qu'il faut le fuir, par un jugement naturel, mais non libre ; parce qu'elle juge cela, non point par suite d'une comparaison, mais par l'effet d'un instinct naturel : et il en est ainsi de tout jugement des bêtes. L'homme agit par jugement, puisque par une puissance de connaître il juge qu'il faut fuir ou poursuivre une chose : mais ce jugement ne vient pas d'un instinct naturel au sujet d'une opération particulière, mais d'une certaine comparaison rationnelle ; voilà pourquoi l'homme agit par jugement libre et peut se porter vers divers objets » (1).

L'autre texte est la réponse à la troisième objection dans l'article 2 de la question LXXXII.

« La puissance sensitive ne fait pas de comparaison entre divers objets comme la raison, mais saisit simplement un objet unique ; et voilà pourquoi c'est suivant cet objet unique qu'elle détermine le mouvement de l'appétit sensitif. Mais la raison compare plusieurs objets ; aussi l'appétit intellectuel, c'est-à-dire la volonté, peut-il être mû par plusieurs, et non pas nécessairement par un seul » (2).

Mais ces citations ne prouvent pas que j'aie changé l'ordre de la démonstration de saint Thomas.

En effet, la question *sur le Libre arbitre*, dont on vient de citer un passage pris dans le corps de l'ar-

---

(1) Quædam agunt judicio, sed non libero, sicut animalia bruta. Judicat enim ovis videns lupum, cum esse fugiendum, naturali judicio, et non libero ; quia non ex collatione, sed ex naturali instinctu hoc judicat : et simile est de quolibet judicio brutorum animalium. Sed homo agit judicio, quia per vim cognoscitivam judicat aliquid esse fugiendum vel prosequendum : sed quia judicium istud non est ex naturali instinctu in particulari operabili, sed ex collatione quadam rationis ; ideo agit libero judicio, potens in diversa ferri (I, q. LXXXIII, a. 1).

(2) Vis sensitiva non est collativa diversorum sicut ratio, sed simpliciter aliquid unum apprehendit ; et ideo secundum illud unum determinate movet appetitum sensitivum. Sed ratio est collativa plurium, et ideo ex pluribus moveri potest appetitus intellectivus, scilicet voluntas, non ex uno ex necessitate (I, q. LXXXII, a. 2, ad 3).

ticle premier, n'est que la quatre vingt troisième de la première partie de la *Somme théologique*. Or, avant cette question, saint Thomas avait déjà traité, dans la question LXXXII, en quoi la volonté est nécessairement déterminée par sa nature, et en quoi elle n'est pas nécessitée.

J'ai cité, presque tout entier, l'article 2 de cette question LXXXII. Cet article est capital ; il est ainsi intitulé : « La volonté veut-elle par nécessité tout ce qu'elle veut » (1) ?

La démonstration de la négative est en forme didactique ; je l'ai traduite littéralement (2). Elle commence par ces mots, qui posent nettement la thèse du libre arbitre: « La volonté ne veut pas par nécessité tout ce qu'elle veut » (3) ; et se termine par cette conclusion, qui formule de nouveau la thèse : « Il est donc manifeste que la volonté ne veut pas par nécessité tout ce qu'elle veut » (4).

Dans cette démonstration, la force de l'argument est dans ce caractère que possèdent les biens particuliers, de n'avoir pas une connexion nécessaire avec la béatitude, de même que certaines propositions contingentes n'ont pas une connexion nécessaire avec les premiers principes : « Il est certaines choses intelligibles qui n'ont pas une connexion né-

---

(1) Utrum voluntas ex necessitate omnia velit quæcumque vult.
(2) Voir plus haut, p. 308.
(3) Voluntas non ex necessitate vult quæcumque vult.
(4) Patet ergo quod voluntas non ex necessitate vult quæcumque vult.

cessaire avec les premiers principes : telles sont les propositions contingentes...; et à de telles propositions l'entendement ne donne pas de toute nécessité son assentiment... Il est certains biens particuliers qui n'ont pas une connexion nécessaire avec la béatitude...; et à ces biens la volonté ne donne pas nécessairement son adhésion » (1).

Dans ce même article 2 de la question LXXXII, les réponses de saint Thomas à la première et à la seconde objection sont un développement de la même preuve. Elles se fondent encore sur la nature des biens particuliers, qui sont des réalisations multiples et imparfaites du bien. « La volonté ne peut tendre à rien que sous la forme du bien. Mais, parce que le bien est multiple, à cause de cela la volonté n'est pas déterminée par nécessité à une seule chose. — Comme la capacité de la volonté est pour le bien universel et parfait, cette capacité n'est pas tout entière dominée par un bien particulier quelconque ; et voilà pourquoi la volonté n'est pas nécessairement mise en mouvement par un tel bien » (2).

La réponse à la troisième objection, qui termine ce même article, m'a été opposée comme prouvant

---

(1) Sunt autem quædam intelligibilia quæ non habent necessariam connexionem ad prima principia, sicut contingentes propositiones..; et talibus non ex necessitate assentit intellectus... Sunt quædam particularia bona quæ non habent necessariam connexionem ad beatitudinem... ; et hujusmodi bonis voluntas non de necessitate inhæret (I, q. LXXXII, a. 2).

(2) Voluntas in nihil potest tendere nisi sub ratione boni. Sed quia

le libre arbitre par le pouvoir de comparer entre eux les différents biens perçus. « La puissance sensitive, dit saint Thomas, n'est pas une faculté qui compare des choses diverses comme la raison, mais elle saisit simplement une seule chose ; voilà pourquoi, suivant cette seule chose saisie, elle meut d'une manière déterminée l'appétit sensitif. Mais la raison compare plusieurs objets; et voilà pourquoi l'appétit intellectuel, c'est-à-dire la volonté, peut être mue par plusieurs objets, et non pas nécessairement par un seul ».

Remarquons que cette réponse sommaire vient après le corps de l'article et les réponses aux deux premières objections, et que, par conséquent, le premier et le principal argument de saint Thomas ne doit pas être cherché d'abord dans cette réponse à une troisième objection, mais plutôt dans le corps de l'article, où est une démonstration en forme, comme nous l'avons vu.

Mais, même dans cette réponse, je vois l'application de la théorie de saint Thomas sur l'incapacité qu'ont les biens particuliers de nécessiter l'adhésion de notre volonté. En effet, voici comment est présenté l'argument tiré de la comparaison rationnelle:

---

bonum est multiplex, propter hoc non ex necessitate determinatur ad unum. — Quum autem possibilitas voluntatis sit respectu boni universalis et perfecti, non subjicitur ejus possibilitas tota alicui particulari bono ; et ideo non de necessitate movetur ab illo (*Ibid.*, ad. 1 et ad 2).

« La raison compare plusieurs objets ; donc l'appétit intellectuel peut être mû par plusieurs objets ». Il y a ici une idée sous-entendue ; c'est celle du résultat de la comparaison. Si ce résultat était un terme unique, par exemple la simple supériorité d'un objet sur un autre, la raison indiquerait ce terme unique à l'adhésion de la volonté, et l'on ne pourrait en conclure le libre arbitre. Mais, en comparant les biens qui se présentent à nous, la raison voit dans chacun d'eux une réalisation imparfaite du bien ; elle voit qu'ils sont *des biens*, et non pas *le bien*, et qu'ils ne sont pas nécessairement liés *au bien* absolu : or, *le bien* absolu est seul capable de nécessiter l'adhésion de la volonté ; voilà pourquoi la volonté n'adhère nécessairement à aucun de *ces biens*, et peut se porter vers celui-ci ou vers celui-là. C'est donc, en définitive, parce que la raison, en comparant les objets, y voit des biens multiples et imparfaits, que la volonté, éclairée par elle, peut être inclinée vers plusieurs de ces objets, et non pas nécessairement vers un seul. Cette réponse de saint Thomas à la troisième objection a besoin d'être lue après ce qui la précède, dans le même article, pour être bien comprise.

De même ce que j'ai cité de la question LXXXII fixe le vrai sens du corps de l'article premier de la question LXXXIII *sur le Libre arbitre :* « Le jugement de l'homme, dit S. Thomas dans cet article, ne vient pas d'un instinct naturel au sujet d'une opération particulière, mais d'une certaine comparaison rationnelle : voilà pourquoi l'homme agit par un jugement libre, et peut se porter vers divers objets. Car, ajoute-t-il (en rappelant manifestement l'article 2 de la question LXXXII), à l'égard de ce qui est contingent, la raison a le pouvoir de se porter aux conclusions opposées, comme on le voit dans les syllogismes dialectiques et dans les persuasions de rhétorique. Or, les opérations particulières sont choses contingentes ; et voilà pourquoi, en ce qui les concerne, le jugement de la raison se porte à des termes divers, et n'est pas déterminé à un seul. Donc, ce qui fait que l'homme est doué de libre arbitre, c'est qu'il est raisonnable » (1).

On voit que ce qui empêche la volonté d'être déterminée nécessairement dans les opérations particulières, c'est qu'elles ont un caractère de contingence, c'est-à-dire qu'elles pourraient ne pas être, par rapport à la fin dernière de la volonté, ou en d'autres termes, comme le dit saint Thomas dans l'article 2 de la question LXXXII, c'est qu'elles n'ont pas une connexion nécessaire avec la béatitude, les

---

(1) Sed quia judicium istud non est ex naturali instinctu in particulari operabili, sed ex collatione quadam rationis; ideo agit libero judicio, potens in diversa ferri. Ratio enim circa contingentia habet vim ad opposita, ut patet in dialecticis syllogismis et rhetoricis persuasionibus. Particularia autem operabilia sunt quaedam contingentia, et ideo circa ea judicium rationis ad diversa se habet et non est determinatum ad unum. Et pro tanto necesse est quod homo sit liberi arbitrii ex hoc ipso quod rationalis est (I, q. LXXXIII, a. 1).

biens qu'elles procurent n'étant pas absolument nécessaires pour que l'homme soit heureux. C'est ce caractère que met en évidence la comparaison rationnelle. Donc, la cause du libre arbitre, c'est l'application de la raison à des objets contingents dans l'ordre de l'opération ; la comparaison rationnelle montre cette contingence, mais c'est la contingence elle-même qui fait que la volonté peut se porter à plusieurs objets, sans être déterminée nécessairement à un seul. En définitive, saint Thomas reproduit dans la question LXXXIII la preuve même qu'il avait donnée dans la question LXXXII.

Fénelon a exprimé à son tour cette preuve en ces termes :

« Il faut avouer que l'homme n'est libre, ni à l'égard du bien pris en général, ni à l'égard du souverain bien clairement connu. La liberté consiste dans une espèce d'équilibre de la volonté entre deux partis. L'homme ne peut choisir qu'entre des objets dignes de quelque choix et de quelque amour en eux-mêmes, et qui font une espèce de contrepoids entre eux. Il faut de part et d'autre des raisons vraies ou apparentes de vouloir : c'est ce qu'on appelle des motifs... Mais, si le bien suprême venait à se montrer tout à coup avec évidence, avec son attrait infini et tout-puissant, il ravirait d'abord tout l'amour de la volonté, et il ferait disparaître tout autre bien, comme le grand jour dissipe les ombres de la nuit. Il est aisé de voir que, dans le cours de cette vie, la plupart des biens qui se présentent à nous sont, ou si médiocres en eux-mêmes, ou si obscurcis, qu'ils nous laissent en état de les comparer. C'est par cette comparaison que nous délibérons pour choisir ; et quand nous délibérons, nous sentons par conscience intime que nous sommes les maîtres de choisir, parce que la vue d'aucun de ces biens n'est assez puissante pour détruire tout contre-poids, et pour entraîner invinciblement notre volonté. C'est dans le contre-poids des biens opposés que la liberté s'exerce » (1).

II. — Il ne faut point se flatter de pénétrer jusqu'au fond le mystère de l'accord qui doit exister et qui existe entre le libre arbitre, d'une part, et, d'autre part, la prescience et l'action de Dieu à l'égard de tout ce qui a l'être en quelque manière. Mais, puisque le déterminisme a prétendu que ce n'est pas seulement un mystère, qu'on ne peut qu'imparfaitement comprendre, mais une impossibilité absolue, qui ruine entièrement tout essai de démonstration du libre arbitre, il faut bien le suivre sur ce terrain. Aussi bien, tout problème où sont mises en cause les perfections divines, n'est-il susceptible que d'une solution où l'ombre reste mêlée à la lumière ; mais aussi n'est-ce pas une raison de

(1) *Lettre II sur la Métaphysique*, chap. III, 6.

ne point chercher, en pareille matière, à aller jusqu'au bout de notre intelligence, car il y a toujours gloire pour Dieu et profit pour nous à consacrer toutes nos forces intellectuelles à saisir ce que nous pouvons de sa nature infinie.

L'objection de la prescience divine se présente la première. Elle n'a pas toujours été réfutée de la même façon par les partisans du libre arbitre. La réponse que j'y ai faite, d'après saint Thomas, a été quelquefois négligée, même par tel de ses fervents disciples.

Je rappelle que, d'après le Docteur angélique, « bien que les contingents soient faits successivement, cependant Dieu ne les connnaît pas, comme nous, successivement, tels qu'ils sont en eux-mêmes, mais tous à la fois ; parce que sa connaissance est mesurée par l'éternité, comme son être. Or, l'éternité, existant tout entière à la fois, embrasse le temps tout entier, comme il a été dit (articles 2 et 4 de la question x): ainsi, tout ce qui est dans le temps, est présent à Dieu de toute éternité, non pas seulement parce que Dieu a présentes en lui-même les raisons des choses, comme on le dit quelquefois, mais parce que son intuition se porte de toute éternité sur toutes choses, en tant que pour lui elles sont toujours présentes. Il est donc évident que les contingents sont connus de Dieu infailliblement, parce qu'ils sont sous le regard divin comme présents ; et cependant ce sont des futurs contingents, par rapport à leurs causes les plus prochaines » (1).

Il n'y a, d'après cette théorie, dans la prescience divine aucune atteinte à la libre détermination de la volonté par la volonté même; car, si la science divine est bien une prescience en ce sens qu'elle est absolument première en nature par rapport à toutes choses créées, elle n'est toutefois qu'une science du présent, même à l'égard du futur contingent, parce que pour Dieu éternel le futur même est présent. La science de Dieu ne précède donc point dans le temps l'existence dans le temps des évènements futurs, mais elle domine et embrasse dans l'éternité, par une vue en bloc, et non successive, tous les évènements qui dans le temps se succèdent sous les modes de passé, présent et futur. Ainsi, on ne peut pas dire que Dieu détermine *à l'avance* par sa science infaillible les actes particuliers de la volonté, lesquels dès lors ne sauraient être libres, parce qu'il y aurait contradiction à ce qu'une volonté déjà déterminée *à l'avance* infailliblement à tel acte particulier, se déterminât *ensuite* elle-même librement à ce même acte. Non : cette prétendue détermination, antérieure dans le temps, de la volonté par la prescience divine n'est qu'une illusion. Dieu voit comme *présent* le futur libre, et dès lors il n'y a pas lieu de s'étonner qu'il le con-

(1) I, q. XIV, a. 13. — Voir plus haut, p. 330.

naisse infailliblement, bien que cet acte, si on le considère par rapport à la volonté, sa cause seconde et prochaine, soit à la fois futur et libre, c'est-à-dire absolument indéterminé relativement aux évènements qui l'ont précédé dans le temps.

Si je ne me trompe, cette explication a été laissée dans l'ombre par Bossuet, dans son *Traité du Libre arbitre*. Voici, en effet, comment il rend compte de la prescience divine :

« Loin de s'imaginer, dit-il, que Dieu ait donné la liberté aux créatures raisonnables pour les mettre hors de sa main, on doit juger, au contraire, qu'en créant la liberté même, il s'est réservé des moyens certains pour la conduire où il lui plaît... Sans cela on ôte à Dieu la prescience des choses humaines. En effet, si on reconnaît que Dieu, ayant des moyens certains de s'assurer des volontés libres, résout à quoi il les veut porter, on n'a point de peine à entendre sa prescience éternelle, puisqu'on ne peut douter qu'il ne connaisse et ce qu'il veut dès l'éternité et ce qu'il doit faire dans le temps. C'est la raison que rend saint Augustin de la prescience divine : *Novit procul dubio quæ fuerat ipse facturus*. Mais, si on suppose, au contraire, que Dieu attend simplement quel sera l'évènement des choses humaines, sans s'en mêler, on ne sait plus où il peut les voir dès l'éternité ; puisqu'elles ne sont encore ni en elles-mêmes ni dans la volonté des hommes, et encore moins dans la volonté divine, dans les décrets de laquelle on ne veut pas qu'elles soient comprises » (1).

Ne semble-t-il pas, dans cette opinion de Bossuet, que Dieu ne peut voir de toute éternité les futurs libres, qui ne sont encore ni en eux-mêmes ni dans la volonté des hommes, à moins que Dieu ne décrète lui-même d'avance, de toute éternité, tous les effets particuliers auxquels il lui plaît de porter la volonté humaine ? Dans cette manière de présenter la solution de la difficulté, l'éternité paraît une série indéfinie antérieure à chaque moment du temps, et non pas un ensemble indivisible coexistant tout à la fois à tous les moments qui se succèdent dans le temps. Bossuet est ainsi amené à exprimer l'opération de Dieu, cause première, sous une forme qui lui donne l'apparence d'une cause nécessitante, même à l'égard de la volonté libre : Dieu détermine antérieurement, décrète, ordonne ce qui lui plaît, et la volonté n'a plus qu'à exécuter. Bossuet affirme bien que la volonté exécute librement, parce que Dieu décrète que cette exécution sera libre, mais il est malaisé de voir comment se résout cette contradiction entre une volonté agissant librement et un décret divin qui d'avance a déterminé et ordonné, comme il lui plaît, l'acte précis de cette volonté. « Pour fonder la prescience universelle de Dieu, dit Bossuet, il faut lui donner des moyens certains, par

---

(1) *Traité du Libre arbitre,* chap. III.

lesquels il puisse tourner notre volonté à tous les effets particuliers qu'il lui plaira d'ordonner » (1). Saint Thomas, nous l'avons vu, fonde plutôt la prescience de Dieu sur la coexistence de l'éternité tout entière simultanément à tous les instants successifs du temps. Cette coexistence une fois posée, il est plus facile d'entendre l'action de Dieu, cause première, concourant avec la volonté libre, cause seconde, à l'opération humaine.

Et cependant, il ne faudrait pas s'imaginer que ce caractère attribué à l'éternité, d'exister tout entière simultanément, ait été inventé pour les besoins du problème qui nous occupe. Dans son explication de la prescience divine à l'égard des futurs contingents, saint Thomas a soin de renvoyer lui-même aux articles 2 et 4 de la question x de la première partie de la *Somme théologique* : or, dans ces articles, il établit que Dieu est éternel parce qu'il est immuable, et que l'éternité diffère du temps principalement en ce que l'éternité est tout entière simultanément, dans une permanence immobile, tandis que le temps est la mesure du mouvement.

Toutefois, la coopération de Dieu à l'action libre de la volonté reste mystérieuse. La permanence simultanée de l'éternité tout entière ne suffit pas pour accorder la liberté de l'opération humaine

---

(1) *Loc. cit.*

avec la coopération divine, car il faut bien que la cause première, Dieu, soit cause de tout ce qui se fait, comme de tout ce qui est, et, par conséquent, soit cause de l'effet même que produit librement notre volonté. Et ici il faut reconnaître, avec Bossuet, « qu'étant impossible que Dieu emprunte rien du dehors, il ne peut avoir besoin que de lui-même pour connaître tout ce qu'il connaît. D'où il s'ensuit qu'il faut qu'il voie tout, ou dans son essence, ou dans ses décrets éternels; et, en un mot, qu'il ne peut connaître que ce qu'il est ou ce qu'il opère par quelque moyen que ce soit »(1).

Comment donc Dieu opère-t-il avec nous nos actes libres ? Qu'on me permette de rappeler la réponse que donne saint Thomas, article 4 de la question x, dans la première partie de la seconde de la *Somme théologique*.

« Il appartient à la Providence divine, non de changer, mais de conserver la nature des choses. Voilà pourquoi Dieu meut toutes choses suivant leur condition ; si bien que des causes nécessaires, par la motion divine, suivent des effets nécessaires, mais des causes contingentes suivent des effets contingents. — Comme donc la volonté est un principe actif non déterminé à un seul acte, mais porté indifféremment à plusieurs, Dieu la met en mouvement de telle sorte qu'il ne la détermine pas né-

(1) *Loc. cit.*

cessairement à un seul acte, mais que son mouvement reste contingent, et non nécessaire, si ce n'est pour ses tendances naturelles. — Il faut donc dire que la volonté divine va jusqu'à vouloir, non seulement qu'un acte soit produit par l'être qu'elle met en mouvement, mais encore qu'il le soit de la manière qui convient à la nature de cet être. Et ainsi, il répugnerait plus à la motion divine que le mouvement de la volonté fût nécessaire, car cela n'appartient pas à sa nature, que si ce mouvement est libre, comme il convient à la nature de la volonté »(1).

Ainsi, dans cette doctrine, l'action de Dieu sur notre volonté est une motion, une mise en mouvement, et cette motion applique à l'opération la puissance naturelle par laquelle nous voulons, sans changer la nature de cette puissance, mais, au contraire, conformément à cette nature. Or, nous l'avons vu en étudiant la volonté en elle-même, notre faculté de vouloir est indifférente et indéterminée en présence de tout bien qui n'est pas le bien parfait : donc, Dieu, en l'appliquant à l'action, en la mettant en mouvement, ne saurait la déterminer lui-même à ce bien-ci plutôt qu'à ce bien-là, car cette détermination venant de Dieu rendrait nécessaire l'acte de la volonté et, par conséquent, en changerait la nature. Mais Dieu applique notre volonté à se dé-

---

(1) Voir plus haut, p. 334.

terminer elle-même comme il plait à notre volonté même : il la meut vers le bien, il l'applique à vouloir le bien actuellement, mais il ne la limite pas lui-même à vouloir tel bien particulier plutôt que tel autre. C'est la volonté elle-même qui se détermine ainsi ; mais, comme cette détermination qu'elle se donne est le résultat de l'application actuelle que Dieu fait de notre faculté de vouloir, Dieu est vraiment cause de cette opération volontaire, mais cause première, et notre volonté en est aussi vraiment cause, mais cause seconde.

Il importe de ne pas entendre d'une manière superficielle cette application que Dieu fait de notre volonté à l'opération. Dieu ne nous dirige pas seulement d'une manière vague vers le bien universel, mais en nous faisant vouloir actuellement le bien, il nous fait vouloir actuellement tel bien particulier qui nous plait. Rappelons-nous que notre choix de tel bien particulier n'est que l'application à ce bien-ci, plutôt qu'à ce bien-là, de notre amour naturel du bien universel. Dieu fait en nous cette application, mais en nous faisant déterminer nous-mêmes le bien particulier sur lequel nous voulons la poser.

« Dieu meut la volonté de l'homme, dit saint Thomas, comme moteur universel, vers l'objet universel de la volonté, qui est le bien ; et, sans cette motion universelle, l'homme ne peut pas vouloir quelque chose ; mais l'homme, par la raison, se détermine lui-même à vouloir ceci ou cela, qui est un bien véritable ou un bien apparent » (1).

Ainsi, Dieu met en mouvement notre volonté et nous fait vouloir, mais il ne nous détermine pas à vouloir ceci plutôt que cela ; c'est notre volonté qui se détermine elle-même à ceci ou à cela, sous la motion et par la motion divine. Nous ne parlons ici, bien entendu, que de l'ordre naturel.

Cette solution laisse, il faut l'avouer, une certaine obscurité ; mais on ne peut espérer faire la lumière complète sur une question dont une des données est une perfection divine.

---

(1) Deus movet voluntatem hominis, sicut universalis motor, ad universale objectum voluntatis, quod est bonum; et sine hac universali motione homo non potest aliquid velle ; sed homo per rationem determinat se ad volendum hoc vel illud, quod est vere bonum vel apparens bonum (I-II, q. IX, a. 6, ad 3).

EPILOGUE

EPILOGUE

Ai-je atteint le but que je poursuivais en publiant ces études ? Ont-elles donné une idée de la philosophie de saint Thomas ? Ont-elles engagé à pénétrer davantage dans sa doctrine par un travail personnel ?

Ce qui est certain, c'est qu'une philosophie profonde ne se livre pas tout entière en quelques pages ; il faut, pour en saisir toute la valeur, de longues méditations, et rien ne saurait remplacer, à cet égard, une conversation intime avec le philosophe lui-même par la lecture assidue de ses œuvres. Du reste, on peut ainsi progresser toujours : qui oserait se flatter, en effet, d'avoir lu jusqu'au fond dans la pensée de saint Thomas ?

Mais pourquoi tant de travail ? dira-t-on. Les intelligences contemporaines sont-elles ouvertes à des conceptions vieillies comme celles des rêveurs de la Grèce et des illuminés du moyen âge chrétien ? Notre époque est trop positive pour se nourrir d'abstractions ; elle a trop bien constaté ce que peut l'esprit de l'homme dans le domaine des sciences expérimentales, pour n'être pas guérie définitivement des spéculations élevées, mais creuses, d'une métaphysique qui a eu ses gloires, mais qui est morte pour ne plus revivre.

En dépit de ce préjugé, je persiste à croire que la philosophie du treizième siècle a un rôle à jouer encore, au sein même des développements modernes de la science. La métaphysique n'a pas fait son temps ; car il est facile de voir, de tous côtés, les esprits avides d'un aliment mieux approprié à l'appétit de l'intelligence humaine que les lois physiques et chimiques ou les formules de l'algèbre. Qu'un théoricien se présente pour expliquer la nature de l'univers, l'origine des êtres, l'apparition de la vie, la formation de la conscience, la production de l'idée, la persuasion de la liberté, la croyance à une existence immortelle : quelle curiosité l'accueille, le lit ou l'écoute ! Jamais peut-être on n'a tant fait de systèmes, et l'on dit cependant que les systèmes sont morts.

Il ne serait pas difficile de montrer, dans les philosophies du jour, la marque héréditaire de théories anciennes dont elles ne reconnaissent pas toujours l'influence sur leur origine. Aristote, notamment, a laissé la trace de son génie sur les conceptions des plus modernes métaphysiciens. C'est que les problèmes qui se posent devant l'esprit humain, à notre époque, ressemblent fort à ceux qui appelaient les investigations des anciens. Voilà la raison permanente qui empêche de vieillir l'antique philosophie, et, comme après tout le christianisme imprègne encore jusqu'à la racine les intelligences même qui s'en croient entièrement dégagées, on peut espérer leur apporter quelque lumière, en relevant les doctrines élaborées à un âge où la foi religieuse augmentait la vigueur de la raison naturelle et la hardiesse de son élan.

Au surplus, ce n'est point se séparer du mouvement philosophique de notre temps, que de reprendre l'étude d'Aristote et de saint Thomas. Aristote est remis en honneur dans toutes les écoles, et le nom de saint Thomas ne rencontre que des respects dans tous les milieux éclairés. La réapparition de leur philosophie à la Sorbonne a provoqué une sérieuse attention. Est-il téméraire d'y voir le présage d'une diffusion plus large de leur doctrine ? Nous pouvons du moins affirmer que la pensée moderne gagnerait puissamment à se retremper au contact d'une pensée antique complétée par une pensée chrétienne.

TABLE DES MATIÈRES

PRÉFACE. v

I. — L'ACTIVITÉ DANS LES CORPS INORGANIQUES

CHAPITRE PREMIER
Nature et sujet de l'activité physico-chimique.

I. Description de l'activité qui apparait dans le monde inorganique : mouvement, transmission des qualités physiques, combinaisons et décompositions chimiques. — II. Explication hypothétique de ces phénomènes par l'inertie de la matière et par le mouvement, dont Dieu seul serait la cause active. — III. Réfutation de cette hypothèse ; preuves de l'activité seconde des corps inorganiques. — IV. Sujet de cette activité : l'univers n'est pas un seul être individuel, mais un assemblage de corps individuellement distincts. — V. Objection de la divisibilité indéfinie de l'étendue contre l'unité individuelle d'un corps : le dynamisme résout la difficulté en niant l'étendue et en conservant l'unité et l'activité. — VI. Discussion sur le dynamisme de Leibniz et du P. Boscowich. — VII. Exposé sommaire d'une autre solution d'après la théorie de la *matière* et de la *forme*. — VIII. Les atomes, les forces et l'éther. Critique des systèmes de Hirn et de Wurtz. Problème de l'indivisibilité des atomes. . . . 3

CHAPITRE II
Atomes et forces d'après saint Thomas.

I. L'hypothèse des atomes et de l'éther interprétée d'après l'enseignement d'Aristote et de saint Thomas. — II. Le vide : possibilité du mouvement sans vide parfait. — III. Désaccord entre la théorie aristotélicienne et la science moderne sur la nature des combinaisons chimiques : il n'atteint pas le fond du système d'Aristote sur la *matière* et la *forme*. — IV. La synthèse chimique exposée par M. Berthelot dans des termes semblables à ceux qu'emploient Aristote et son école. — V. Nature des forces physico-chimiques d'après saint Thomas : la *force* est *forme accidentelle*, comme le principe fondamental de l'activité des corps est *forme substantielle*. — VI. Rôle des forces dans la génération des substances composées. Action du mouvement sidéral sur la génération des substances corporelles, leurs mouvements et leurs modifications : rapprochement sur ce point entre la science moderne et la théorie aristotélicienne. — VII. Tableau résumé de l'activité des corps, subordonnée à l'action de Dieu.   34

II. — LES PUISSANCES DE L'AME

INTRODUCTION

La puissance et l'acte. — Définition aristotélicienne de l'âme. — Plan de cet essai sur les puissances de l'âme   61

CHAPITRE PREMIER.
Distinction des puissances de l'âme.

I. La puissance est distincte de l'essence de l'âme. — II. L'âme a plusieurs puissances distinctes ; puissances de la vie végétative, puissances de la vie sensitive, puissances de la vie intellectuelle ; la plante, l'animal, l'homme   64

CHAPITRE II
Les puissances végétatives.

I. Les puissances végétatives agissent par les forces physico-chimiques, mais avec une direction qui est propre à la vie : accord sur ce point entre saint Thomas et la science moderne. — II. Ces puissances ont pour sujet le corps animé. — III. Comment l'âme humaine, indépendante de la matière, est le principe des puissances végétatives dans le corps humain   75

CHAPITRE III
Les puissances sensitives.

I. Le sujet des puissances sensitives est le composé de corps et d'âme. — II. Néanmoins les forces physico-chimiques ne concourent pas directement aux opérations sensitives. — III. Discussion sur les systèmes de Descartes, Bossuet, Malebranche, Leibniz, relativement au sujet de la sensation. — IV. Saint Thomas oppose à la théorie de Platon et à celle de Démocrite la solution d'Aristote : « sentir est l'acte, non pas de l'âme seulement, mais du composé ». — V. Explication de cette formule au moyen de l'unité substantielle de l'être corporel vivant et sensible. — VI. C'est parce que la sensation s'accomplit dans un organe corporel, que les sens ne perçoivent que l'individuel. Application de cette règle, non seulement aux sens externes, mais encore aux sens internes : sens central, imagination, sens appréciatif, mémoire sensitive.   91

CHAPITRE IV

Les puissances intellectuelles.

I. Quel est le sujet des puissances intellectuelles ? Importance et données du problème. — II. Les deux lois de toute connaissance : le connu est dans le connaissant ; le connaissant est assimilé au connu. — III. Les caractères d'universalité et de nécessité que présente la connaissance intellectuelle, exigent une puissance indépendante du corps étendu. — IV. Les systèmes qui nient la réalité de l'étendue, sont obligés de reconnaître l'immatérialité de toute puissance intellectuelle. — V. Comment l'individualité de l'entendement n'est pas un obstacle à son immatérialité. — VI. Réfutation du système de M. Taine sur la formation de l'universel. — VII. Caractère intellectuel de la volonté. 141

CHAPITRE V

Résumé et Conclusion.

I. Vue d'ensemble sur les puissances de l'âme : leur hiérarchie. — II. Que deviennent les puissances de l'âme lorsqu'elle est séparée du corps ? 177

III. — L'ORGANISME ET LA PENSÉE

INTRODUCTION

Position du problème : La pensée a-t-elle un organe ? Aperçu de la solution 185

CHAPITRE PREMIER

Théories sur l'union de l'âme et du corps.

Trois classes de systèmes. I. Fénelon, Malebranche, Leibniz : l'union de l'âme et du corps ne consiste que dans une certaine harmonie entre les opérations de l'âme et les mouvements du corps. — II. Bossuet : l'âme et le corps ne font ensemble qu'un tout naturel, et il y a entre les parties une parfaite et nécessaire communication. MM. P. Janet, Tissot, Fr. Bouillier. Analogie avec Descartes. — III. Saint Thomas : le corps et l'âme forment une seule substance composée. Interprétation inexacte de saint Thomas par M. Fr. Bouillier. Rapprochement entre la solution de saint Thomas et les opinions de plusieurs philosophes modernes 188

CHAPITRE II
La pensée a besoin de l'organisme.

I. — Correspondance entre les opérations intellectuelles et les changements physiques de l'organisme. — II. Explication : les facultés de connaissance inférieures, sens externes et internes, préparent l'acte intellectuel ; or, ces facultés ont des organes. Aristote, Bossuet, saint Thomas. — III. Développement de la théorie de saint Thomas : l'organe vivant est l'agent de l'opération de connaissance sensitive, mais par une vertu supérieure à toute force physico-chimique. 211

CHAPITRE III
La pensée n'a pas d'organe.

I. La simplicité de la pensée ne suffit pas pour prouver que la pensée n'a pas d'organe. — II. L'universalité et la nécessité, caractères de la pensée reconnus par Leibniz, prouvent qu'elle est indépendante d'un organe matériel et étendu. — III. Ces caractères prouvent aussi que la pensée est radicalement indépendante de la matière 225

CHAPITRE IV
Résumé et Conclusion.

L'organisme humain est agent véritable, par l'âme qui le forme substantiellement, des opérations de connaissance sensitive, lesquelles sont indispensables pour l'exercice de la pensée. Mais la pensée, en elle-même, est sans organe 237

IV. — LA CONNAISSANCE

INTRODUCTION

Quatre points sur lesquels cette étude cherchera à éclaircir la doctrine de saint Thomas : 1° Comment le connaissant est-il assimilé à l'objet connu ? — 2° Comment le connaissant est-il identifié avec le connu ? — 3° Le connaissant connaît-il en se considérant lui-même identifié à l'objet ? — 4° Saint Thomas regarde-t-il comme acceptable la théorie de saint Augustin sur les idées innées ? 243

CHAPITRE PREMIER
Rapport entre le connaissant et l'objet extérieur.

I. Union du connaissable au connaissant, d'après saint Thomas : dans l'acte de connaissance, la forme de l'objet est unie à la puissance de connaître, de manière à n'être avec elle qu'un seul principe d'opération ; mais, pour que cette forme s'unisse à la puissance, il y a au préalable action et passion. — II. Action et passion pour la connaissance sensitive ; le sensible extérieur agit sur le sens et lui imprime sa ressemblance. — III. Action et passion pour la connaissance intellectuelle : l'intellect agent agit sur l'image d'imagination, la transforme, et, par le moyen de cette transformation, grave dans l'intellect réceptif la représentation intellectuelle de l'objet 245

CHAPITRE II
Identification de la puissance avec son objet.

I. Opinion des théologiens de Salamanque sur les deux modes suivant lesquels la forme de l'objet connu serait unie à la puissance connaissante, d'après saint Thomas. — II. Discussion sur cette opinion. — III. La similitude de l'objet connu, existant dans le connaissant, est principe de connaissance, en tant qu'elle est représentative de l'objet. — IV. Explication de quelques textes de saint Thomas sur cette théorie. 260

CHAPITRE III
Conséquence de l'identification de la puissance avec l'objet.

I. La forme représentative détermine la faculté de connaissance, non pas à se considérer d'abord elle-même en acte, mais à considérer d'abord la chose, terme de la connaissance. — II. L'entendement humain connaît d'abord l'objet extrinsèque, puis se connaît lui-même par la même forme qui lui fait connaître cet objet. — III. Le sens connaît d'abord le sensible extérieur ; l'acte du sens externe est connu par le sens central. 275

CHAPITRE IV
Opposition de saint Thomas à la théorie des idées innées.

I. On peut, si l'on veut, dire que les intelligibles viennent de Dieu par participation, ou que la lumière qui les fait intelligibles vient de Dieu ; mais les intelligibles ne viennent de Dieu qu'indirectement, par l'intermédiaire de l'intellect agent, qui est en nous une participation créée de la lumière divine. — II. L'ange connaît les choses matérielles par des formes résultant en lui, et non par sa propre essence, et ce ne serait pas différent s'il recevait des choses ces formes représentatives, au lieu de les avoir innées en lui-même.. 283

CHAPITRE V
Résumé et Conclusion.

Description abrégée des moyens par lesquels se forme la connaissance humaine 289

V. — LE LIBRE ARBITRE

INTRODUCTION

Position de la question. — Définition du libre arbitre 295

CHAPITRE PREMIER

Démonstration du libre arbitre.

I. Le fond de la volonté humaine n'est pas le libre arbitre, mais, au contraire, une inclination naturelle et nécessaire vers le bien sous forme universelle : l'entendement montre ce bien à la volonté. — II. Preuve fondamentale du libre arbitre : la volonté, déterminée nécessairement par sa nature à l'amour du bien universel et absolu, se détermine librement elle-même à choisir tel ou tel bien particulier. — III. Parallèle entre la volonté et l'intelligence : la volonté est inclinée au bien absolu, comme l'intelligence adhère naturellement et nécessairement aux premiers principes ; la volonté est libre de choisir ou de rejeter les biens particuliers, de même que l'intelligence ne donne pas de toute nécessité son assentiment aux propositions contingentes. — IV. La preuve métaphysique, fondée sur la nature intellectuelle de la volonté, est la base des autres preuves du libre arbitre : sur elle s'appuient les arguments tirés de la conscience de notre liberté et du consentement de tous les hommes. 297

CHAPITRE II

Réfutation des objections.

I. Objection physique : Le déterminisme des forces de la nature ne laisse point de place au libre arbitre. Réponse : Rien ne démontre rigoureusement que le libre arbitre ne puisse pas intervenir dans la série des causes naturelles, pour en modifier la détermination. — II. Objection psychologique : La volonté est toujours déterminée par le motif le plus fort. Réponse : C'est la volonté elle-même qui donne, par son libre choix, une force décisive au motif qui prévaut. — III. Objection métaphysique : Le libre arbitre est inconciliable avec la perfection nécessaire de la création, œuvre d'un Dieu parfait, avec la prescience infaillible et l'action souveraine de Dieu. Réponse : La liberté est une perfection que Dieu possède et qu'il a pu donner à une créature ; Dieu connaît de toute éternité les *futurs contingents* parce qu'il voit tout à la fois, et non successivement, le temps tout entier ; l'action libre d'une cause créée est soumise à la motion première de la causalité divine, qui fait la liberté même de l'action de la cause seconde, loin de la rendre impossible 317

CHAPITRE III
Perfection de la liberté.

Le libre arbitre ne suppose pas nécessairement l'imperfection de la connaissance ni la capacité de mal faire : le Christ était libre, les anges et Dieu lui-même ont le libre arbitre. 339

CHAPITRE IV
Eclaircissements.

I. La preuve fondamentale du libre arbitre. — II. L'accord du libre arbitre avec la prescience et l'action de Dieu. 355

EPILOGUE. 381

www.ingramcontent.com/pod-product-compliance
Lightning Source LLC
Chambersburg PA
CBHW052035230426
43671CB00011B/1664